本书系国家社科基金一般项目"精神分析维度中的商品拜物教研究"(批准号：12BZX008)的结项成果。

国家社科基金丛书
GUOJIA SHEKE JIJIN CONGSHU

精神分析维度中的商品拜物教研究

A Study of the Commodity Fetishism in
the Perspective of Psychoanalysis

孔明安　著

人民出版社

目　录

前　　言

　　精神分析理论起始于弗洛伊德,之后经过 100 多年的发展,至今已经成为异常复杂、深奥、晦涩的理论。精神分析流派众多,各个流派及其观点各不相同,甚至相互冲突。本书谈及的主要是发端于弗洛伊德,后经法国精神分析学家拉康,再由当今西方左翼学者齐泽克发展的精神分析理论。

　　那么,精神分析与马克思的商品拜物教及其批判之间存在着何种关联呢?这是笔者想要回答的关键问题。本书分为上下两篇:上篇为现代精神分析理论的概念逻辑;下篇为商品拜物教理论的当代阐释。这两部分密切相关,深入解析了精神分析与商品拜物教之间的内在关系。

一、现代精神分析理论的核心概念及其意义逻辑

　　现代精神分析理论的概念主要包括主体、实体、能指链、大他者、小他者、症候、对象 a、原质(Thing)、幻象公式($\$\diamondsuit a$)、死亡驱力公式($\$\diamondsuit D$)以及相关的犬儒主义和意识形态等,林林总总,复杂难懂。但归纳起来,被阉割的主体($\$$)、对象 a、症候、幻象公式、死亡驱力公式构成了精神分析的核心概念;而无

意识则成为几乎所有精神分析流派都必须接受的最重要的概念和前提。在此背景下,拉康提出"回到弗洛伊德"的口号并非完全回到精神分析的鼻祖弗洛伊德那里去,而是为了进一步更好地阐发弗洛伊德的无意识概念。下面简单介绍一下精神分析的几个核心概念及其意义逻辑,以便读者对现代精神分析理论有一个初步的了解。

拉康的对象 a 是一个悖论性的概念,其含义具体的表示是"in it more than it",是"在其之中又不在其中"、"在其之中的剩余或溢出"或"在它之内而非它"的一个悖论性表述。需要注意的是,这一"剩余"或"多余"不仅是看不见、摸不着的,神龙见首不见尾,而且这一"剩余"表现为某种"匮乏"(lack)和"虚空"(void),因而悖论性构成了其典型的特征。然而,这一"匮乏"和"虚空"并非真正的"虚无"(nothing),而是蕴含了巨大能量的某种"虚无",因而,它是某种看不见、摸不着的"能量流";或者用弗洛伊德的话来说,它是一种"力比多"的能量流。这一表面上虚空、实则蕴含着巨大能量流的"对象 a"不可能始终处于弗洛伊德所谓的"压抑"状态,而是一定会如火山喷发似的爆发出来,以彰显其所长期积压的"力比多"能量流。弗洛伊德对此有诸多解释,读者可以通过阅读弗洛伊德的著作而得以融会贯通。同时代的法国学者德勒兹和加塔利正是由于不同意弗洛伊德和拉康基于无意识压抑的"俄狄浦斯情结"的观点,与拉康的精神分析理论分道扬镳,才走向了欲望的生产理论,有兴趣的读者可以阅读他们的《反俄狄浦斯——资本主义与精神分裂症》一书。

从拉康的幻象公式($\$\diamond a$)的对象 a 过渡到死亡驱力是拉康 20 世纪 60 年代后期理论的重点,也是理解精神分析的关键。虽然死亡驱力是弗洛伊德提出的一个重要概念,但将死亡驱力公式化,并将其与对象 a 概念相关联,则是拉康对弗洛伊德无意识理论的重要发展。拉康在《精神分析的伦理学》中重点突出了伦理学中的死亡驱力概念及其应用,尤其是以古希腊神话剧本《安提戈涅》为例进行了详细的分析。毫无疑问,古希腊神话中的安提戈涅是死亡驱力的一个典型案例;同样,中国古典戏剧《梁山伯与祝英台》中的祝英台也是死亡驱力的另一个典型案例。如果说作为幻想对象的剩余快感(对象 a)必须通过症候才得以显现其庐山真面目,甚至其对之尚无清醒的意识,仅仅是由于"不识庐山真面目,只缘身在此山中",那么,对于死亡驱力的主体而言,死亡驱力本身就是主体身上的典型症候。主体不但意识到自身的这一症候,而且直面这一症候,直面"死亡"及其驱力本身。中国成语"视死如归"正刻画了死亡驱力的这一维度。当然,死亡驱力中的"死亡"并不能仅仅理解为生理上"身体的"消亡或消失,更应该理解为"心死"。作为主体的人,一旦"心如死灰",则身体存在与否已经无关紧要;此时此刻,主体已经处于"活死人"(living dead)的状态。此时的主体已经不再是纠缠于欲望沟壑的"庸俗个体",而是一个如飞蛾扑火般赴汤蹈火的个体。如此只有在完成"死亡两次"的使命或宿命之后,主体才会形成一个圆圈,彻底画上句号。因而,相较于幻想主体或欲望主体,死亡驱力显现的是更为明显的症候,是主体外在的、持续性的、固执的、坚如磐石般的(伦理)理念式的"坚执"。这也是为什么拉康在《精神分析的伦理学》中重点阐释死亡驱力的重要原因。当然,需要注意的是,死亡驱力已经不再是对象 a 那样隐匿的"悖论性的"存在方式,而是采取了"显性的"、持续性的症候性的方式。

从对象 a 和死亡驱力两个概念的基本规定,可以逻辑地得出与上述两个概念密切关联的另一个重要概念"症候"(symptom)。如上所述,作为剩余快感的对象 a 是悖论性的,它既处于被压抑的状态,是某种虚空和匮乏,但又集聚了巨大的能量,如此,一个隐含的逻辑则是,这一被压抑的能量流就需要找到突破口,或者通过爆发而被释放出来,因而,对象 a 的外在表现只能通过症候的方式而得以显现。在此,对象 a 与症候的关系表面上似乎是某种"因"与"果"的关系,但又不完全是。一方面,如果说对象 a 是症候的原因,这当然是有一定道理的,但需要清楚的是,这一原因是"隐而不显"、看不见的,需要透过对症候现象的费力寻找或者阐释、破解才得以知晓;另一方面,如果说症候是对象 a 的结果或外在表现,这当然是有一定道理的。但需要注意的是,作为症候的"果"却是主体所意识不到的,甚至完全不知晓的。退一步讲,即使主体完全察觉到这一症候,他也仍然会不断地重复这一症候;甚或,纵然主体察觉到了这一症候,竭力规避,甚至消除这一症候,然而这一症候并未从此在主体身上消失,而是会以其他症候的形式得以表现。因而,在弗洛伊德—拉康—齐泽克的意义上,症候是难以消除的"顽疾",可以将它称为"症候本体论"。症候本体论与对象 a 的本体论是两种不同的本体论,其存在方式及其样态各有不同,但都是以"本体论"的形式而存在。正是在这一意义上,齐泽克将其出版的最重要的一本哲学著作命名为"Less Than Nothing"。从对象 a 的本体论视角看,我们可将其翻译为"比无还少";而从症候的本体论角度看,则又可以将其翻译为"无中生有"。至于对象 a 与症候之间的关系及其区别,读者可以通过阅读《意识形态的崇高客体》和其他著作,一窥究竟。

由于幻象公式与死亡驱力公式既相关联又有明显差别,所以精神分析的主体异常复杂而难以理解,其具体特征如下:(1)拉康精神分析的主体是一个被阉割的主体,他用"$"来表示。拉康直接用"虚空"或者"空无"来规定主体的这一特征,认为精神分析视野下的主体是虚空的。当然,这一虚空的主体并不能被理解为英国哲学家洛克式的主体及其特征,即"白板"或者说一张白纸式的主体,可以在其上面绘出最美丽的画,等等。相反,这一主体是一个被压抑式的主体,是一个处于压抑状态、积聚了巨大的能量流、症候式的主体。(2)从拉康的幻象公式看,这一主体是一个幻想的主体,服从于拉康的幻象公式($◇a)。概而言之,幻想主体不是驱力主体,他(她)沉溺于主体自身的幻想框架而不能自拔,甚至根本就不知晓自己的幻想框架而沉醉于其中。如此才有了拉康有关"爱"那个振聋发聩的命题:"爱一个人就是爱他(她)的一部分。"①可以说,处于恋爱中的少男少女大多都处于幻想框架的支配之下。甚至可以说,幻想框架下的恋爱男女大多数所奉行的原则是"天涯何处无芳

---

① Lacan, *The Four Fundamental Concepts of Psychoanalysis*, New York: W. W. Norton & Company, 1998, p.263.

草"。虽然失恋是非常痛苦的,但恋爱中的主体由于是一个幻想式的主体,所以他(她)能从失恋的痛苦中摆脱出来,并准备投入下一场轰轰烈烈的恋爱之中。这是拉康幻想式主体的典型特征。(3)一旦主体不再处于幻想框架的束缚之下,那么,就极有可能成为另类主体,即死亡驱力型的主体。这一主体的典型代表就是安提戈涅式的主体,或者祝英台式的主体。对于驱力型的主体而言,主体的欲望不再局限于自己的幻想框架,而是表现为某种外在的"一根筋"式的坚执和顽固。用拉康的话来说,"主体的欲望是大他者的欲望"①,它是某种意识形态幻象所构建的伦理诉求,如安提戈涅的最大欲望就是道德伦理型的,践行埋葬其哥哥,从而使其灵魂得以安息的人伦责任。

拉康认为,在儿童的镜像阶段,自我的构建实际上就是对镜像或他者的一种想象性认同,这一认同将伴随主体终身,因而"误认"从儿童的镜像阶段就开始了。主体与他者的关系是相互性的:一方面,主体总是从自我出发,将那个镜像的"他者"置于自己的幻想框架之下,为自己所"俘获",这属于精神分析所谓的"自恋"领域。这也是弗洛伊德和拉康在主体的镜像认同问题上引入古希腊神话美少年"纳西索斯"(Narcissus)来阐述主体自恋的主要原因。另一方面,那个异在的"他者"虽然是主体自己的镜像,但它毕竟不属于主体自身,也不能完全为主体所把握,因而它就构成了主体的欲望对象,主体不得不"欲罢还休",禁不住陷入无意识的"物恋"之中而不能自拔,或如马克思所谓的"拜物教"的情形中。换句话说,主体总想从他者那里来辨认自身,但由于主体对自己的"物恋"并不知晓,因此对他人或他者镜像的无数次认同带来的并非对"物"的俘获,反而是为"物欲"所捕获。因此,主体自我的欲望并非在自己的"本真"欲求,而是他人之欲望。所以拉康说"人的欲望即大他者的欲望"②。主体的欲望及其认同或"误认",不但构成了拉康镜像理论的主要内容,而且与马克思的主体异化理论密切相关。当然,根据拉康的精神分析

---

① Lacan, *The Ethics of Psychoanalysis*, New York: W.W.Norton & Company, 1997, p.129.

② Lacan, *The Ethics of Psychoanalysis*, New York: W.W.Norton & Company, 1997, p.129.

论,主体不可能止步于儿童镜像阶段的自我的想象性认同,而是必定要进入象征领域。一旦进入象征领域,主体开始牙牙学语,学习说话,那么欲望就从对镜像的依附转到了对话语及其符号的依附上。这是拉康于20世纪50年代开始关注符号学与精神分析之间关系的主要原因。随着主体对象征秩序的认同,主体渐渐成了一个"社会性"的人;此时,社会建制、文化规制以及各种意识形态话语都成了大他者的代理,主体的欲望则受到这一具有强制力的大他者欲望的规定。换句话说,主体的欲望就是大他者的欲望,它主要表现为如下三个方面。其一,主体所欲望的对象就是大他者所欲望的对象。某物之所以能成为人之所欲望的对象,不在于这个对象本身,而在于它被人欲望的这个事实。其二,人之欲望的目的主要在于获得大他者的承认。人的欲望不同于动物的欲望,它不是一个既定的实在的对象,而是指向另一个欲望,这个欲望可能是被爱或被承认等。其三,人的欲望总是匮乏的,是对不曾拥有的事物的欲望,是难以满足的,它是人之要求与需要的差。拉康说:"欲望是存在与匮乏的关系。确切地说,这一匮乏即是存在的匮乏。"①中国古语"欲壑难填"就是对欲望匮乏的清晰说明。当然,与主体密切相关的还有后现代主义背景下犬儒主义的主体,黑格尔意义上与主体密切关联的"实体"概念,它们也是非常重要的,限于篇幅,就不在此赘述了。

二、商品拜物教与精神分析之间的内在关联

在资本主义社会中,拉康的幻象公式一定程度上就是商品拜物教的运作逻辑。因此运用幻象公式恰好可以阐释商品拜物教的运作机制。这一阐释既不同于传统政治经济学的解释模式,也不同于从费尔巴哈到黑格尔,再到马克思《资本论》的解释,但又与它们密切关联。具体而言,资本主义社会中的商

---

① Lacan,*The Ego in Freud's Theory and in the Technique of Psychoanalysis*, New York:W.W. Norton & Company,1991,p.223.

品拜物教是通过如下方式发生作用的。

其一，在资本主义商品社会中，商品拜物教成为一种"潜在的"意识形态，它支配着资本主义社会中个体的日常生活，可以借用马克思在《德意志意识形态》中的表述，人们"虽然对之一无所知，却在勤勉为之"①。因此，商品拜物教与人们日常生活之间的关系是"无意识"的，而非"显而易见、一目了然"的。这恰好说明了精神分析视野下作为商品拜物教的意识形态之"隐蔽性"特征。这也是本书所重点强调的。因此，在资本主义的商品拜物教机制下，主体一般而言是一个幻象式的主体，而非死亡驱力公式下的歇斯底里主体。只有在某种特殊境况下，对资本主义的反抗和毅然决然的行动才构成歇斯底里的主体，如齐泽克笔下那个永远说"不"的"巴特尔比"②。

其二，商品拜物教构成了资本主义社会的典型症候。根据拉康对症候的定义，症候是幻象结构的"突出"的显现，是主体意识不到，但又令其烦恼，难以摆脱的特征；主体虽然不知道自己本身所具有的症候，但却乐于享受自己的症候。"享受你的症候"③是社会中主体的一个典型特征。按照这一逻辑，处于资本主义商品拜物教下的主体，一方面无意识地受制于商品拜物教，对拜物教的运作机制浑然不知；另一方面则反而享受拜物教这一典型的症候。对于这一点，卢卡奇在《历史与阶级意识》中有关"物化"的章节进行了详细探讨。如莎士比亚戏剧里的"夏洛特商人"，或巴尔扎克笔下的"欧也尼·葛朗台"，他们大都是商品拜物教的"可怜人"，他们享受着拜物教的症候，但又浑然不知，是商品拜物教症候的典型代表。

其三，对于商品拜物教的这一症候，马克思在《资本论》中已经作了精辟的表述，即在资本主义社会中，人与人之间的关系总是通过物与物之间的关系

① [斯洛文尼亚]斯拉沃热·齐泽克：《意识形态的崇高客体》，季广茂译，中央编译出版社2014年版，第24页。
② [斯洛文尼亚]斯拉沃热·齐泽克：《视差之见》，季广茂译，浙江大学出版社2014年版，第597页。
③ Slavoj Žižek：*The Sublime Object of Ideology*，London：Verso，1989，p.21.

来表达。马克思是这样说的:"商品形式的奥秘不过在于:商品形式在人们面前把人们本身劳动的社会性质反映成劳动产品本身的物的性质,反映成这些物的天然的社会属性,从而把生产者同总劳动的社会关系反映成存在于生产者之外的物与物之间的社会关系。"①由此可见,马克思对商品交换形式的秘密的分析是深刻的,他揭示了商品交换中的双层关系:一方面是表面的商品交换,是物与物之间的关系;另一方面是在物与物之间关系的背后蕴含的人与人之间的关系。但是生活于商品交换关系中的人们不但习以为常,将之视为某种"常态",而且逐渐变成某种"无意识"的习惯,并逐渐在商品交换的过程中形成了商品拜物教。因此,马克思在《资本论》中其实已经指出了商品拜物教的这一"无意识"特征。拉康和齐泽克对马克思有关商品拜物教的这一"颠倒"逻辑给予了充分的肯定和认可。

其四,既然马克思指出了拜物教中的无意识特征及其人—物之间的颠倒逻辑,那么,20 世纪的精神分析理论在商品拜物教这一问题上有何贡献呢?对此,齐泽克在《意识形态的崇高客体》中给出了清晰的说明。他说:"商品恋物癖的基本特性并不在于那个妇孺皆知的以物代人('人与人的关系采取了物与物的关系这种形式'),而在于那个涉及下列两者关系的误认:其一是结构化的网络(structured network),其二是这种结构化的网络的一个因素。真正的结构性效应(structural effect),即由众多因素构成的关系网络所产生的效应,显现为这众多因素中的某一个因素的直接特性(immediate property),仿佛即使在这个因素与其他因素结构的关系之外,这一特性也非它莫属。"②

这里,齐泽克对马克思有关商品拜物教(恋物癖)的人—物之间关系的颠倒逻辑当然是认可的,但并未止步于此。他指出,资本主义的商品交换是一个"结构化的网络",其中存在着一个例外的因素,它区别于其他因素,仿佛它处于那个网络关系之外,并拥有某种直接特性。这其实指的就是商品拜物教的

---

① 马克思:《资本论》第 1 卷,人民出版社 2004 年版,第 89 页。
② Slavoj Žižek:*The Sublime Object of Ideology*,London:Verso,1989,p.23.

那个具有隐匿性特征的物（thing）。在资本主义社会中对此物的崇拜占据了核心地位，并导致了"误认"。其中的关键在于人们对两者关系的"误认"。一个是物与物之间的关系，一个是人与人之间的社会关系。在此两种关系中，商品拜物教构成了资本主义商品社会的"症候"，它掩盖了前资本主义人与人之间的主—奴之间的统治与被统治的压迫性关系。齐泽克认为，不仅是人—物之间关系的颠倒，更应该关注的是两种不同的社会关系的相似性或同质性。

另外还需要回答的一个相关问题是，商品拜物教中那个例外的隐匿性之"物"究竟是如何形成的呢？这就需要去追踪这个既平常又特殊之"物"的抽象过程。对此，本书从如下两条线索展开：其一是从黑格尔—费尔巴哈—马克思—卢卡奇这一线索的追踪考察；其二是对法兰克福学派的准成员索恩-雷特尔有关商品交换中所发生的两类抽象（交换抽象和思维抽象）的考察。①

一方面，梳理从黑格尔—费尔巴哈—马克思—卢卡奇的逻辑发展线索，这是一种哲学史的逻辑考察，由此看出马克思的拜物教逻辑中既充满了黑格尔辩证法的因素，也吸收了费尔巴哈有关宗教产生及其本质的逻辑；同时，卢卡奇有关20世纪初资本主义社会的物化现象的描述也是对马克思主义拜物教逻辑的佐证。另一方面，法兰克福学派准成员索恩-雷特尔的思想在相当程度上深化了对商品交换形式和拜物教逻辑的理解。他在《脑力劳动与体力劳动——西方历史的认识论》（以下简称《脑力劳动与体力劳动》）一书中有关商品拜物教的交换形式，特别是"交换抽象"概念和"社会综合"概念的分析，对理解马克思的商品拜物教具有重要的启发价值。他把马克思的商品交换理论与康德的知识论，即先天综合判断关联了起来，这是对马克思商品拜物教理论的发展，并深化了对商品形式的分析，加深了对商品拜物教概念的理解。

---

① 对索恩-雷特尔的详细研究参见张一兵：《发现索恩-雷特尔》，北京师范大学出版社2018年版。

　　索恩-雷特尔有关货币拜物教的古希腊的源头追踪,从微观视野丰富补充了马克思的历史唯物主义原理。他从商品到商品拜物教,最终追溯至古希腊的货币拜物教的路径,揭示了拜物教与主体产生之间的内在关联,从而间接地证明了阿多诺的名言"历史唯物主义是对起源的回忆"的观点。

上 篇

现代精神分析理论的概念逻辑

第一章　拉康的镜像认同与他者

　　相对于弗洛伊德的精神分析理论,法国精神分析大师拉康的理论无疑大大地推进了精神分析理论在当代的发展。它突出地表现在拉康有关"他者(other)"的理论上。对拉康而言,"回到弗洛伊德"一直是他反复提出的口号。但实际上,拉康的理论在许多具体方面都与弗洛伊德有着重大的差异,甚至可以说,拉康在一些重要的概念上颠覆了弗洛伊德的精神分析概念。在拉康的学说中,他所提出的"三界"论,即想象界(the Imaginary)、象征界(the Symbolic)和实在界(the Real)成了他与弗洛伊德的本质区别。其中,有关"他者"的概念又是其理论中颇为晦涩难懂的核心部分。它不仅在精神分析领域内引起了一场革命,而且波及其他领域,尤其是对当代西方的人文社会科学发展产生了相当大的影响。

　　具体而言,拉康的"他者"概念,又可以划分为"小他者"(autre/other)与"大他者"(Autre/Other)。小他者主要是针对镜像阶段而言的,它主要是指处于镜像阶段的儿童在自我认同对象中的非我的个体;是儿童进入语言秩序之前所遭遇到的情形。起初,拉康并没有在大他者与小他者之间进行严格的区分,但到了20世纪50年代,拉康开始接触索绪尔的结构语言学;此外,他与法国结构人类学大师列维-斯特劳斯等结构主义学者也交往甚密,因此,在自己的精神分析领域中引进结构语言学和结构主义的研究成果,就成为拉康的某种必然选择。正是在这一背景下,拉康逐渐开始对大他者(用 A 表示)与小他者(用 a 表示)加以区分。这里,重要的是,不能将小他者与拉康后期的幻象公式的"对象 a"相混淆。拉康的大他者与小他者有着重大的差别。大他者主要指的是处于象征阶段中的"能指链"所构成的某种非常抽象的异于自我的东西,它组成了一张铺天盖地的"象征界"的大网,把作为主体的人俘获于其中。象征界的大他者在拉康的理论中占据着举足轻重的地位。现在,还是先从小他者谈起。

拉康认为,在儿童从想象界向象征界的过程中,存在着一个决定性的质变阶段。在这一阶段,儿童通过镜子,发现了自己在镜中的躯体的镜像,刚开始,儿童还以为镜中的影像是另外一个实在的躯体,此时,他(她)还停留在想象的阶段;但紧接着,儿童就会发现,镜子中的那个他人并不是一个真正的存在,而只是一个镜像。最后,儿童发现,那个镜中之像不是别的什么实体,也不是其他人的影像,而就是他(她)自己的镜中形象。通过这样的几个阶段,儿童在想象性异化的基础上,建构了自己的身份,并在空间上和时间上形成了与自己身体的认同。这就是个体或自我的想象性认同。但这一认同毕竟是想象性的,是与镜中之"虚像"的认同,是与一个异于自我的"虚像"认同。镜像阶段的小他者自然是处于潜意识的阶段,它的典型特征在于其与话语或语言并无特别的关系,而主要是与自己最亲近之人(如母亲或家里人)的面容、手势和表情等方面的相遇,但这一相遇的结果深深地刻写在儿童幼年的潜意识之中,并对儿童后来的发展产生很大的影响。因此,形象地讲,小他者就是镜像中那个与话语无涉的影像,此后逐渐为母亲、父亲和周围其他熟悉的人所替代。小他者总是与感性的他人形象相关,但并不能把它等同于他人的形象或他人。必须注意,小他者与拉康的那个大他者一样,都是躲在个体背后的一个缺失或匮乏。它与大他者一起构成了对个体的"施压",并与个体之间构成了差异或裂痕。当然,在拉康看来,这一差异或裂痕的扩大,主要还是由大他者造成的。因为大他者具有了与小他者不同的特征,所以拉康后来较少地使用小他者这一概念。

大他者与拉康所谓的象征阶段相关。在大他者那里,才真正体现了拉康把结构语言学与精神分析理论相结合的范例。众所周知,瑞士结构主义语言学家索绪尔提出了能指(signifer)与所指(signified)的理论,在他看来,语言由能指和所指构成。能指(声音形象)与所指(概念)在共时性和历时性两个维度上完全区分开来。语言的能指与所指之间是一种既存在着对立差异又相互联结的关系。"能指与所指之间的联系是任意的",但这一任意性原则并不意味着能指完全取决于说话人的自由选择,一个符号在语言集体中确立后,个人是不能对它有任何改变的。也就是说,"能指对它所表示的观念来说,看来是自由的选择,但是,对使用它的语言社会来说,却不是自由的,而是强制的。"①这就是语言的不变性特征,也是索绪尔语言学的关键之所在。通常在人们看来,一个符号的意义的确定取决于其所指,仅仅依赖于能指并不能确定一个符号的意义,同样,对于一种语言也是如此。但在拉康看来,这是人们对符号和语言的误解,也是对能指和所指理论的误解。因此,他认为,"如果我们不摆脱能指完成了代表所指的功能这样的一个错觉,或者说,不摆脱能指以其存在而作某个意义的名称这样的一个错觉,那么我们就不能继续这个探索。"②为此,拉康以两个不同的图示来说明能指与所指的差异。

图1是"树"这一词语与其对应的树的形象。

图2是画着男女不同性别的两扇相等的门框。

① [瑞士]费尔迪南·德·索绪尔:《普通语言学教程》,高名凯译,商务印书馆2001年版,第107页。

② Jacquece Lacan, *Ecrits : A Selection*, Bruce Fink(trans.), New York : W.W.Norton & Company, 2006, p.416.

树

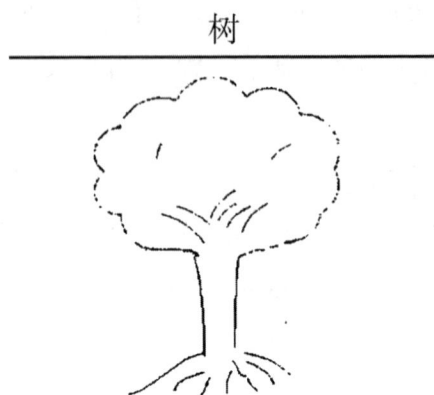

图 1

男士　　　　女士

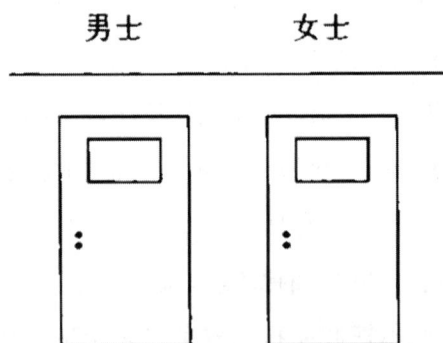

图 2

　　这两幅图参见诸孝泉译的《拉康选集》,华东师范大学出版社 2019 年版,
第 396 页,它们非常有助于读者对能指链的理解。

　　根据图 1 和图 2 的不同,拉康试图引申出其"能指链"的概念及寓意。在
图 1 中出现的是单个的树的词及其相应的形象;在图 2 中出现的是并列的不
同标志但又有关联的两扇门框。拉康指出,对于单个词及其对应的形象而言,
也许还看不出能指的特性,但只要出现两个以上不同的能指符号,即"只要通
过将两个意义互补而相关联的词并列,仅仅将名词范围增大一倍,我们就会惊

讶地看到意料不到的意义的出现"①。显然,任何人一眼就可以看出,图2标示的公共卫生间(厕所),是现代西方人与绝大部分原始人一眼就能看出,并必须遵守的社会符号及其规则或法则。拉康接着强调说,这并非以一个下流的例子来说事,而是要"表明能指是如何在事实上进入所指的"②。显然,这一能指进入所指的方式并不是人们通常所谓的单纯的反映或对应方式,而是以某种"法则"的形式。以拉康所举的图2为例,它至少表明,能指进入所指在这里表现为两个特征:其一,社会规则或社会规范,即任何人看到图2这个图标,都非常清楚其必须遵守的社会行为准则;其二,关系结构,即图2是两个并列的相关联的门框,它们之间应该具有内在的关联,否则,就不可能显现其意义。正因为如此,拉康说道:"能指的结构在于它是联结起来的。"③由此,拉康引申出其"能指链"的概念。他说:"能指的第二个特性,就是说它是依照有限的规则而组合起来的……我常用的能指连环这个名称说出了大概:项链上的一环,而这项链又是合拢在由环组成的另一条项链的一个环上的。"④

根据索绪尔的语言符号理论,拉康得出了自己对"能指"和"所指"的见解。他认为,"能指"总是压倒"所指",它可以影响和规定所指;能指可以规定并导向人的思想。他说:"第一个网络,能指的网络,是语言材料的共时结构……第二个网络,所指的网络,是实际说出的言谈的历时总和,这个总和对第一个网络作出历时的反应。同样,第一个网络的结构掌握了第二个网络的通道。"⑤不仅如此,他还认为,能指与所指之间相互沟通,构成了一个能指的

① Jacquece Lacan,*Ecrits:A Selection*,Bruce Fink(trans.),New York:W.W.Norton & Company,2006,p.416.

② Jacquece Lacan,*Ecrits:A Selection*,Bruce Fink(trans.),New York:W.W.Norton & Company,2006,p.417.

③ Jacquece Lacan,*Ecrits:A Selection*,Bruce Fink(trans.),New York:W.W.Norton & Company,2006,p.418.

④ Jacquece Lacan,*Ecrits:A Selection*,Bruce Fink(trans.),New York:W.W.Norton & Company,2006,p.418.

⑤ Jacquece Lacan,*Ecrits:A Selection*,Bruce Fink(trans.),New York:W.W.Norton & Company,2006,p.345.

网络,并形成一个连绵不断的能指链条,这就是他所谓的"能指链"(chain of signifier)。语言的意义并不是来自单个的独立能指,而是来自一连串的能指的共同作用。显然,拉康的能指链既来自索绪尔,又经过了自己的改造。可以说,

> 拉康是通过索绪尔重新解读弗洛伊德的,他赋予共时性以优先权:"最后,语言学将传授给我们一种方法,通过对语言中的共时性构造与历时性做出区分,这种方法会使我们在阐释抗拒与移情时,更好地理解我们语言中呈现出来的另一种价值。"①

那么,能指链又有什么样的特征呢? 拉康认为,一旦多个能指形成了"能指链",那么,它就与传统的能指所指理论完全不同了。在由能指符号所形成的能指链的情形下,"意义坚持在能指链环中,但链中的任何成分都不存在于它在某个时刻本身所能标示的意义中。因此,就有了这样一个观念:在能指之下所指的不断地迁移(或漂移——笔者注)"②。显然,拉康的这一断言与我们所熟知的诸多后现代论者所谓的"能指漂移"恰好截然相反。在拉康的能指链中,迁移或漂移的不是能指,而是所指,相反,由于有了维系能指的这一"链条",能指链可以不断地吸附单个的能指,将其纳入自己的链条体系中,相反,本应与能指相对应的所指反倒成为漂泊不定的状态,它的意义及其变化受制于进入能指链中的能指,如此方可解释拉康所谓的"所指的漂移"。能指链的形成表明了能指链对意义的"绝对的控制性"地位。虽然单个的能指并不足以统摄所指、支配意义,但能指链却能驾驭意义,意义只有在能指链的结构中才能形成;能指链一旦形成,单个能指就有可能丧失其原有的意义,服从能指链的整个系统的指称功能。显然,从能指链这一概念中,足见拉康浓厚的结

---

① [法]弗朗索瓦·多斯:《从结构到解构》,季广茂译,中央编译出版社 2004 年版,第145页。

② Jacquece Lacan, *Ecrits: A Selection*, Bruce Fink(trans.), New York: W.W.Norton & Company, 2006, p.429.

构主义特征。

从"能指链"概念就很容易过渡到拉康的"他者"概念。由于能指链强制性的结构性特征，由语言能指符号滑过所指而形成的具有某种"共时性"特征的能指链构成了"他者"的根基。所以，凡是由象征性语言符号所波及之处，都是大他者的领地。而传统哲学中处于主体地位的人，并不是一个真正的主体，他其实是大他者所"奴役"的对象，是一个"虚空"的主体。所以，大他者是存在的缺失，它与个体自我的关系构成了某种强暴或压迫性的关系。现实社会生活中的人不得不随着这张"象征界"的大机器而运转，而作为主体的人一旦进入这架大机器之中，必然受到这架大机器结构必然性的支配，并进一步失去其所谓的自我主体性。当然，从另一个角度看，这也表明了象征界这架大机器的独立自主特性及其结构的必然性。这里，拉康"象征界"这一概念及其特性，典型地表明了拉康思想具有结构主义的特征。在这一点上，拉康与 20 世纪 60 年代的法国结构主义并没有大的区别。就像列维-斯特劳斯的人类学的结构主义、罗兰·巴特的符号学的结构主义一样，拉康在自己的精神分析领地也显现出了其结构主义的典型特征，并被人们称为当时法国结构主义的代表人物之一。

针对象征界这架大机器所形成的大他者对主体的强制和施压，人类主体只有认可处于象征界核心位置的他者，并不得不与之进行认同。拉康说道："主体最终只有承认，他的存在只是想象的产物，这个产物使他什么都无法肯定。因为在他为他者重建的工作中，他重新找到了让他把重建当作他者的根本性异化，这异化注定是要由他者来夺走他的重建的。"①

至此，大他者或"他者"对主体的强暴和欺凌到了无以复加的地步，主体自己本身的存在，仅仅是想象性的东西，是一种虚幻之物。借用佛教的用语，作为主体的个体，表面上看似乎洋洋自得、沾沾自喜，充满了自信和必胜的信

---

① Jacquece Lacan, *Ecrits: A Selection*, Bruce Fink (trans.), New York: W.W.Norton & Company, 2006, p.208.

念,但其实不过是一具"臭皮囊"而已,这具臭皮囊的实体每天做出各种各样的表情,说着各种不同的话语,但那其实都不过是"假象"而已,不过是大他者在背后的驱使而已。更有甚者,作为主体的个体与大他者的认同,也注定是失败的,并导致自己的死亡。这里必须清楚,作为他者的领地,全是由能指链,也就是由语言符号所涉猎或覆盖之域;而语言则是承载着社会规范、文化习俗和制度模式的符号,甚至在一定程度上就等同于这些社会规范,因而,这才是他者强暴个体(主体)的缘由。语言和话语通过一定的时空嵌入他者的领地,或在拉康看来,语言和话语本身就与他者相互交融在一起,并构成了他者的核心。所以,拉康的大他者与人的无意识密切相关。拉康有一句著名的有关他者的话:"无意识是大他者的话语。"①紧接着,他又补充道:"人的欲望就是他者的欲望……这就是说他是作为他者来欲望的。"②

　　拉康对镜像阶段的小他者与象征阶段的大他者的区分都指向这个异性的他者,就此而言,二者都属于他者的境界。当然,拉康之所以用小他者和大他者,主要还是为了对主体在不同阶段所面临的境况加以说明,两者之间虽有差别,但它们之间存在着密切的联系。就其作为异于主体的自我而言,

　　　　两者或许本来就是同一个东西。"他"是什么?无论是小写的他人,还是大写的他者,其实都代表一种异己的因素,一种异己的他性。自我(镜像)已经是一个他人了,他者处于象征秩序的核心,这些论述无一不表明,拉康突出了"他"的地位,甚至可以说,他把他性置于一种根本的位置之上。一旦他性占据了中心地位,传统主体形而上学所标榜的那个自主的"我"也就从中心位置上被驱逐出去了……由此我们可以说,在他者这一概念上,拉康其实把早期镜像认

① Jacquece Lacan, *Ecrits:A Selection*, Bruce Fink(trans.), New York:W.W.Norton & Company, 2006, p.689.

② Jacquece Lacan, *Ecrits:A Selection*, Bruce Fink(trans.), New York:W.W.Norton & Company, 2006, p.690.

同的经验与象征文化现象成功地结合在了一起。①

从拉康的"他者"理论，至少可以得出两点：

其一，他者与话语密切相关，他者是言语的场所。这里的言语就是话语的说出，拉康认为，"大写的他人于是就是那个由讲话的我和听话的另一个组成的地方。一个所说的已经就是回答了，而另一个决定了听一下那一个是否已经讲过话了。"②在拉康看来，一个主体向另一个主体言说，表面上似乎并不存在什么其他的因素，但实际则不然；此时，除说话的两个自我外，必然还有其他因素参与其中，这一因素就是言语场所之类的东西。只有承认言语的场所，两个个体之间的对话或言说才有可能得以进行，两个主体之间的信任或认可才得以建立起来。而由能指符号构成的能指链的大他者正是拉康所谓的"言语的场所"，它作为一个第三者，超越了对话的双方，但又把对话双方组织了起来。这里的他者既是言语的场所，又是对话双方得以展开的前提和基础，同时它也可以作为一个能指，充当他人主体的角色。因此，他者身兼两种功能，既是主体，也是场所。这样说，或许难以理解，但如果联系阿尔都塞的意识形态的质询（interrogation）理论，似乎就比较好理解了。因为阿尔都塞的意识形态理论是在拉康精神分析理论的基础上提出来的。阿尔都塞认为，意识形态无历史，只要人类社会存在，意识形态就永远存在。可以说，意识形态与人类相伴始终。他特别举例说，即使某个人在街上行走，忽然听到一声"hello"或"张三"的呼唤，此时，他回头找寻或者应答，这一呼唤和应答过程就是意识形态的体现。因为其中包含了能指符号的辨认和对话场景。这里，意识形态也是作为一个第三者，它既是对话的场所或背景，也是一个潜在的无声的主体。他者是言语的场所的观点，既是拉康他者理论的要点，也是拉康与弗洛伊德精神分析学说的不同之处。将能指、所指和话语等加入精神分析之中，是拉康对弗

---

① 黄作：《不思之说——拉康主体理论研究》，人民出版社 2005 年版，第 98 页。

② Jacquece Lacan, *Ecrits：A Selection*, Bruce Fink（trans.）, New York：W.W.Norton & Company, 2006, p.358.

洛伊德精神分析的推进和发展。换句话说,介于两个对话主体之间就是他者的存在。他者既是阿尔都塞的意识形态的化身,也是对福柯《知识考古学》中话语浮现的印证,更是构成了拉克劳、墨菲后马克思主义"话语理论"的基础和核心要素。

其二,他者与人的无意识或潜意识密切相关,他者是无意识的场所。正是在这里,在把无意识与他者密切联结这一点上,拉康与弗洛伊德分道扬镳,并颠覆了弗洛伊德有关潜意识的"本我"的理论。因为在弗洛伊德那里,作为"本我"的无意识是受到压抑的原始欲望,它与个体的现实的自我意识和"超我"相对立,是属于人的本能性的带有某种生物性痕迹的东西。但在拉康看来,无意识根本就不是某种原始性的、不受他者"染指"和"强暴"的某种本能和欲望;相反,"无意识是他者的话语""无意识是我的历史中留着空白或填了谎言的一章:它是被查禁的一章"①。也就是说,无意识再也不是弗洛伊德那里所谓的原始的、本能性的"处女地",而是被他者践踏和蹂躏的地方。这才是拉康对弗洛伊德"本我"的真正颠覆和发展。至此,他者与无意识,与原始性的本能和欲望,与弗洛伊德的"本我"发生了难以割断的联系。在这一点上,我们倒认为,拉康通过将无意识与能指链的结合,对弗洛伊德的发展和颠覆远远地超过了继承。虽然拉康在这一问题上坚持弗洛伊德从语言(如语言失败行为)角度出发去探讨无意识问题的道路,他也认为"他者就是弗洛伊德以无意识名义所发现的那种记忆的场所"②。但是,拉康的他者概念对弗洛伊德无意识概念的反叛和颠覆也是显而易见的。可以说,将他者归属于无意识的领地是拉康对精神分析的一大贡献。由于他者对说话者个体的潜在的强暴和支配,而说话者本人又察觉不到这一状况,所以,就造成了"主体不是说话而是在被说"③。

---

① Jacquece Lacan, *Ecrits: A Selection*, Bruce Fink(trans.), New York: W.W.Norton & Company, 2006, p.215.

② 转引自黄作:《不思之说——拉康主体理论研究》,人民出版社 2005 年版,第 98 页。

③ Jacquece Lacan, *Ecrits: A Selection*, Bruce Fink(trans.), New York: W.W.Norton & Company, 2006, p.232.

类似的话语和情形,在福柯的《知识考古学》中可以频频看到。福柯《知识考古学》的核心问题就是试图通过对话语的考察引出不同于近代实证知识的另类知识。而福柯的话语其实就是从拉康的他者概念借用而来的。因为通读福柯的话语及其形成,可以强烈地感觉到其话语的"他者性",也就是说,福柯《知识考古学》中所谓的话语及其规定,其实也包含着话语的"他者"成分。福柯所谓的话语,其实要表达的不是"人在说话,而是话在说人";这与拉康的"主体不是说话而是在被说"何其相似!

拉康的"无意识是他者话语"这句名言是其将索绪尔的结构语言学与精神分析相结合的成果。反过来,可以非常清晰地看到,由能指链形成的"他者",无论是作为话语的场所,还是作为无意识的场所,其与传统哲学的理性主体之间出现了一道深深的裂缝,一道难以弥合的裂痕。作为主体的个人,从其出生伊始,就面临着他者的绝对地位,就处于他者的能指链、话语场所和无意识场所的包围之中,处于他者的威慑和强暴之下。

这道裂缝,即他者与理性个体之间的这一裂缝,自笛卡尔以来,一直是被人的理性想象和盲目的自信所覆盖和封闭的。现在,拉康的"他者"理论终于使人们看清了大他者(A)与被强暴的主体之间的距离和缝隙,这一缝隙和裂痕是如此之深,以至于任何主体都无法来加以弥补。不但如此,对于单个的主体而言,"他者"似乎是某种先天就具有的潜在的无意识的"外在性"的力量,单个的个体不仅无力反抗,而且他本身从一开始就受到"他者"的支配,并浑浑噩噩地生活在"他者"的这一具有某种"先天性"的外在世界之中。这是一幅令人恐惧的由能指链所构成的"他者"世界!这就是拉康为我们地球的主宰者,作为主体的人所描绘出的图景。所以,在拉康那里,作为主体的人再也不是康德、费希特他们所期望的充满了希望、激情或胜利欲望的个体,主体是一个被蒙上眼睛,"跛了脚"的个体。如果就传统哲学的角度而言,由于主体与大他者之间始终存在着的这一裂痕,这一被"蒙蔽"了双眼的"跛脚"主体,在其自信能达到想象彼岸的时候,他其实是生活在某种虚幻性的想象之中,而这一想象,也就是当今另一位后马克思主义学者齐泽克所谓的"意识形态的崇高对象(客体)"之意谓。所以,当康德否定了上帝"自在"王国的"不可及性",但却明确告知我们经验理性世界的"可及性"之时,他远远没有想到,200多年后的法国,精神分析学者拉康,通过他的精神分析理论,不但指出上帝"自在"王国的"虚幻性"和"不可及性",而且指出了现实经验世界的"虚幻性"和"不可及性"。

由此可以得出,由拉康的"他者"(大他者与小他者)所支配的世界是一个充满了难以弥合的"裂痕"的世界。但更可怕的是,被"蒙蔽"了的主体却对这一裂痕的世界全然不知,反而沉浸在一个依赖想象也就是从"镜像阶段"而产生的"虚像"的"认同"世界之中。当然,这一"认同"显然是虚幻的和想象式的。主体自以为凭借自己的能力与外在于自己的对象或客体认同,但其实这完全是主体的一个虚妄的幻象或想象。这就是拉康幻象公式 $\$◇a$ 的含义。在这一幻象公式中,作为主体的 S 被打上了"/"(即$\$$),该符号表示多种意义,诸如"包含、分隔"等,而那个小"a"则被拉康赋予极其神秘的、难以琢磨的含义,这个小"a"是不能被符号化和象征化的剩余物或剩余对象,是最隐秘的难以具体化的欲望之对象。正因为"a"的存在,才使得斜躺着的主体难以企及真正的实在,从而,使得主体生活在自己虚构的意识形态的非真实的世界之中。所以,从一个个体降临人世进入镜像阶段开始,他就处于一个他者所包围的世界之中,并不断地遭受创伤(trauma)或伤害。这道由他者强迫所形成的伤痕,特别是幼年时期形成的创伤,会伴随一个人的始终而难以弥合。这就是拉康的他者理论所要告诉我们的。

第二章 从卑俗到崇高:对象 a 的嬗变逻辑

对象 a 是拉康晚年提出的哲学范畴。如果说理解对象 a 是破解拉康哲学理论的关键,那么破解对象 a 到崇高对象的逻辑,则尤为重要。对象 a 是一个幽灵式的虚在,但它通过崇高的位置、幻象的座架、双重的欺骗这三位一体的幻象机制,现形为崇高之物,它由一个卑俗的虚无的幽灵,现身为崇高的实在的实存之物。通过安提戈涅、法西斯主义意识形态中的犹太人、国王等例证,齐泽克有力地论证了崇高对象的生成过程。理解对象 a 的嬗变逻辑,为进一步理解拉康精神分析哲学奠定了基础。

众所周知,齐泽克从自己的著作《意识形态的崇高客体》开始,就致力于构建自己的意识形态理论体系,或者说是意识形态批判理论体系。齐泽克意识形态理论中的崇高对象,与拉康精神分析理论中的对象 a 关系非常密切,崇高对象就是对象 a 在现实世界——即拉康所谓想象界\象征界\实在界中的赋形。对象 a 在拉康的理论中具有非常重要的地位,关涉着对拉康整个理论体系的理解。只有真正透彻地理解了对象 a,才有可能真正理解拉康的整个理论,否则,即使对其理论各个部分有一些了解,而对拉康理论的整体和(或)其实质,则将不可避免地陷入误解。对象 a,欲望之对象,主体之原因,虚无缥缈,似有若无,看不见,摸不着,说不清,道不明,这个幽灵一般的对象,是如何成为崇高对象的? 如果说理解对象 a 是破解拉康哲学理论的关键,那么破解对象 a 到崇高对象的逻辑,破解这个卑鄙的、庸俗的、低级的、淫秽的,渗透了力比多快感、贯注了死亡驱力的幽灵之虚在,如何变成了崇高的、神圣的、高级的、纯洁的,表征着道德之谦逊、满载着信仰之虔诚的崇高之实在的逻辑,则是关键之关键。

一、幽灵之虚在:对象 a 及其功能特质

这里首先说明,完全彻底地阐释对象 a,试图一劳永逸地把握对象 a,其实是一个不可能完成的任务。因此,在此作出的种种界说,在某种意义上乃是明知不可为而为之,是在阐释不可言说的东西,笔者只能说尽量给予较为清楚的说明,至于能不能说清楚,则是另一回事。在此,暂时悬置对象 a 在拉康理论中的历时性发展,因为基于这样一个假定,即拉康后期的思想覆盖了前期思想,而不是颠覆(抛弃和否定)了前期思想,由此对对象 a 的阐释乃是以后期理论来统摄前期理论为前提。

第一,对象 a 是乌有的幽灵式的欲望对象。乌有(the nothing)并不是无,并不是没有。对象 a 不是实存意义上的存在,它是回溯性地产生的,是主体在符号界中所遭遇到的一系列失败之回溯的结果,或者不如说,是在逻辑上推论出来的。作为主体的人,其本质是一个欲望的主体,因此总是在不懈地追求自己的欲望对象,并努力地去实现它,但是主体发现,自己的欲望永远难以得到真正的实现,而是无穷无尽的失望。主体以为自己得到了自己的欲望对象,但是一旦此对象被得到了,主体马上就发觉,对象并不能满足自己,自己的欲望还在此对象之后面的东西。这个在此实际对象之后的东西,永远被无限地推回到远处的东西,就是对象 a。正如齐泽克所指出的那样,"不是一个纯粹的'此物(this)',它是没有所有物的对象,对象 a 是缺乏存在的所有物的包裹"①。

---

① Slavoj Žižek, *The Metastases of Enjoyment*, London and New York: Verso, 1994, p.179.

正是在此意义上，我们说对象 a 是幽灵的虚在。

第二，对象 a 是主体先期失落的欲望对象。如何理解这个先期失落的对象呢？可以将主体比喻为一个还未懂事就失去了双亲的孤儿，他要寻找自己的双亲，终其一生要找到他们（对象 a），但他得到的永远是失望，一次次的失望，因为每一次他发现了对象 a 的有形之物时，立即同时就发现这一有形之物并不是主体所真正欲望的，那真正欲望的东西又隐退到阴暗的不见之处，成为新的对象 a。由此，对象 a 永远是暂时的，转瞬即逝的，它永远需要被赋予形体，但永远不可能被完全赋予形体，它是主体心中永远无法彻底解脱的痛苦。这个孤儿，这个主体，他永远无法找到自己的双亲，因为他们本来就不存在，而主体却误以为他们是存在的。

第三，对象 a 是被先天切除的菲勒斯。这个先期失落的不存在的对象，到底是什么呢？拉康认为，是菲勒斯，但是被先天切割了的菲勒斯，拉康用 $-\varphi$ 来表示这个意思。在拉康那里，菲勒斯是什么？菲勒斯是欲望，是绝对的永远无法满足的欲望，或者说，是一个短缺的欲望，绝对的欲望，也可以说就是绝对欲望的代理。菲勒斯是主体在成长过程中被先天切除掉的，它源自父之名对主体的阉割。"这种来自父亲的干涉疏远了孩子和母亲的距离，而且使孩子有可能离开母亲的世界。同时，这种干涉还把阳具（菲勒斯）作为一种失去的东西，且永远无法得到。"①拉康也说道："对象 a 是某种主体为建构自身而从自身中作为器官而分离出的东西。它充当了短缺的象征，即是说，菲勒斯的象征，但不是就其本身而言的菲勒斯，而是就其作为短缺而言。因此，它必须是这样一个对象，首先，它是可分离的；其次，它是与短缺相联系的。"②对象 a 就是先天切除掉的菲勒斯，φ 前面的这个负号或减号，可以被看作先天切除的标

---

① ［英］达瑞安·里德、朱迪·格罗夫斯：《拉康》，黄然译，文化艺术出版社 2003 年版，第 88 页。

② Jacques Lacan, *The Four Fundamental Concepts of Psycho-analysis*, London：The Hogarth Press, 1977, p.103.

志。这说明,对象 a 是永远不可能实现的欲望对象,同时也是主体无穷无尽的痛苦的原因所在。

第四,对象 a 是主体欲望的对象——原因。就此言之,对象 a 并不能被看作一般意义上的对象,因为一般意义上的对象总是一种实际的存在,是物质性的,或者说是客观性的。Object 一词本身也正具有客观实在的意义。这样所说的对象存在于符号界,它具有一个符号化的实存的载体。例如,我要实现一个什么样的具体目的,我要考上哪所大学的博士等,都是可以用语言来描述的,它们处于符号界之中,是一个有其所指的能指。而对象 a 却不同,它没有所指,是一个空缺的能指,它无法被描述出来,一旦描述出来,它就不是对象 a 了。对象 a 本质上属于拉康所说的实在界,虽然它也会在符号界中偶现峥嵘,但其在符号界中的现身是暂时性的,稍纵即逝的。但对象 a 是主体的欲望之原因,人们之所以有欲望,完全是因为有对象 a 存在。正是对象 a 促使主体不断追求新的欲望对象,不断实现自己的欲望。可以说,它是对象,又不是真实的对象,而是欲望的原因,是一个空无,引起欲望的空无,它处于难填的欲望之沟壑中永远无法被满足的虚空之处。或者可以说,对象 a 是欲望的本体论之根。就此而言,如果说主体的实质是欲望的存在,那么对象 a 就是主体存在的本体论依据。"a 的状态是纯粹本体论的,即作为幻象——对象的 a 是这样一个对象,它是一个空的形式,是一个规定实证实体状况的框架。"①齐泽克曾经用麦格芬来打比方,麦格芬并不存在,只是一个乌有,是一个纯粹能指,没有所指,但正是它充当了展开所有情节的内在动因。②

第五,对象 a 是剩余快感。对象 a 是实在界被符号化之后的残余,是符号化对主体阉割之后的剩余,即不能被符号化的实在界。拉康宣称马克思发明了剩余价值,而他则发明了对象 a,并在这两个概念之间进行等价交换,指出

---

① Slavoj Žižek, *The Metastases of Enjoyment*, London and New York: Verso, 1994, p.181.

② Slavoj Žižek, *The Sublime Object of Ideology*, London and New York: Verso, 2008, pp.183-184.

对象 a 就是剩余快感。齐泽克则指出:"这就是在剩余价值——启动资本主义生产过程的肇因和剩余快感——欲望的对象——原因之间的同宗关系。"①剩余快感在主体中起着建构的作用,失去了剩余快感也就失去了主体本身,主体就死亡了。剩余快感"并非一种使自身依赖于某些普通的基本快感的剩余,因为这些快感只有在这种剩余中才能出现,因为它是一种构成性的'过量'(excess)"②。

第六,对象 a 是邪恶的大他者(超我)的凝视。拉康曾经有一个表述:"作为对象 a 的凝视:凝视本身就包含着拉康的代数式对象——主体正是在这里陷落了,并且,使可视领域具体化并产生出专属于它的满足的这样的事实:由于结构原因,主体之陷落总是不被觉察的,因为主体被还原为零。"③在此仅指出一点,即关键之处在于,对象 a 的凝视不是主体间性的凝视,它引入了一个第三方对象 a。主体间的凝视是可能的看,而对象 a 的看是不可能之物的凝视。在拉康那里,所谓的凝视"指既在主体之内又在主体之外的某个东西的凝视,是在他者那里失落的原质之'物'即'对象 a'的凝视,是不可能之物的凝视"④。拉康还曾经说道:在可见领域内,对象 a 就是凝视。"在视界领域内,主体本质上不是非决定的;严格说来,主体是由确定 a 之突然闯入的分离所决定的,就是说,是由凝视所引入的这一迷人要素决定的。"⑤这就是说,拉康意义上的凝视对对象 a 具有决定性的作用,从而也就对主体具有决定作用。这种凝视是超越了二元主体间性的,对象 a 就是超越主体间性的核心所在,因为对象 a 既在主体之内,又在主体之外,它的凝视不仅是大他者的

---

① Slavoj Žižek, *The Sublime Object of Ideology*, London and New York:Verso,2008,p.54.

② Slavoj Žižek, *The Sublime Object of Ideology*, London and New York:Verso,2008,p.54.

③ Jacques Lacan, *The Four Fundamental Concepts of Psycho-analysis*, London:The Hogarth Press,1977,p.76.

④ 吴琼:《他者的凝视——拉康的"凝视"理论》,《文艺研究》2010 年第 4 期。

⑤ Jacques Lacan, *The Four Fundamental Concepts of Psycho-analysis*, London:The Hogarth Press,1977,p.118.

凝视,而且也是主体本身内部的欲望的凝视。这个凝视,总是邪恶的、诱惑性的。

通过以上对对象 a 的描述和界定,我们对对象 a 有了一个基本的了解。在主体的建构中,对象 a 具有什么功能呢? 在此简单地说明几点。首先,对象 a 是主体的本体论存在的依据。其次,对象 a 是主体永无休止地趋近其欲望的内在动因。最后,对象 a 促使主体不断地朝向死亡,追求对象 a 实际上是不断趋向于死亡驱力的过程。前面两点已经说得很清楚了,关于第三点,对象 a 与死亡驱力是一种什么关系呢? 在拉康的欲望和幻象公式($ \diamond a$)中,被切除的短缺主体被幻象隔离开来,而这个被切除的主体却不甘心,它总是要朝向对象,试图去拥抱对象 a。而实际上,这就是主体的死亡驱力,对象 a 使主体不断趋向于死亡。主体追求欲望的过程就是其不断向实在界的对象 a 进发,试图拥抱对象 a 的过程。但主体一旦接触到对象 a,对象 a 一旦实在化为主体的真实对象,主体也就死亡或者疯狂了。

那么,这个不可捉摸的、永远虚无缥缈的幽灵般的对象 a,具有什么样的特质? 答案是,对象 a 至少具有以下特质:(1)淫秽性。对象 a 既居于主体的实在界之中,又居于主体之外,具有外密性。它是主体永远难以说出口的隐痛,是主体先天的愁苦,是主体拥有不可能拥有的菲勒斯的欲望之因。因而,它贯注了主体性欲的力比多,具有淫秽性。其实,也可以说,对象 a 是主体最见不得人的,说不出口的,但又无时无刻不在刺激着主体的令人羞耻的绝对欲望的体现,它本身是淫秽的、卑俗的、丑陋的。(2)欺骗性。对象 a 具有欺骗性,作为欲望的绝对对象,作为主体欲望的本体论之根,对象 a 总是诱惑着主体去将其实体化,欺骗主体将其变为可触的有形实体。但对象 a 永远只能是极为短暂的、稍纵即逝的,主体还没有接触到时,它已经离开了。正是这一欺骗的维度,诱使着主体像飞蛾扑火一样永远毫无希望地朝向它,像西西弗斯不断毫无希望地抬起巨石一样。(3)悖论性。对象 a 渗透着悖论性的特质,它的悖论性表现在很多方面。在此只强调一点,即对象 a 如此淫秽,但它本身的悖论性质决定了它一旦被赋予了形体,它就成为崇高的对象。那么,对象 a 是如何现形的呢,它是如何成为崇高对象的呢?

二、崇高之实在:对象 a 如何被"赋形"

在此还是要不厌其烦地再次澄清一个问题,即对象 a 是不可能被真正赋予形体的,不可能成为一个可见可触的实体性的对象的。之所以在上面的标题中将赋形打上了引号,就是提醒读者,不要被赋形一词所迷惑了。被赋形的对象 a 并不是真正的对象 a,它只是对象 a 的替代,是一个虚假的对象 a,是对象 a 的虚假二重身,是对象 a 的赝品和假面。真正的对象 a 已然从这一有形之物中悄无声息地逃逸并隐匿下来。那么对象 a 是如何被赋予形体,这个对象 a 的虚假代理,这个对象 a 的赝品,是如何出现在符号界的? 这可以从三个方面加以说明,一个普通的对象,在经由以下三重机制之后,变成了对象 a 的赝品和代理,成了崇高对象。

一是崇高的位置。齐泽克指出,作为崇高对象的东西,本身并不是崇高的,而仅仅是因为其占据了崇高的位置,才变成了崇高对象,以崇高对象的面目展示给了主体。占据了崇高位置的东西就是对象 a 的代理和赝品,对象 a 的假面和鬼脸。齐泽克指出:

> 这也是拉康式对象逻辑的基本特征:位置在逻辑上先于占据这一位置的对象,对象以其既定的实证性所掩饰的,不是某种其他更具实体性的对象秩序,而只是空无,是它们所充满的虚空。我们必须记住,在崇高对象中,没有任何内在的崇高之物——根据拉康的见解,崇高对象只是一个普通日常对象,它相当偶然地发现自己占据了拉康所称之为原质——即不可能—真实的欲望对象——的位置。崇高的对象是"提升到了原质层面的对象"。正是这一结构上的位置——它占据了神圣/被禁止的快感位置的这个事实——而不是其

内在性质,赋予了它以崇高特性。①

崇高是一个位置,是一个空位,这个位置先于对象而存在,它虚灵地存在着,等待着一个实在的对象去填充。位置、空位在先,崇高就是这个有待填充的空位,任何事物只要填充进这个空位就成了崇高对象,而不管其本身是什么。那么,这个位置到底在哪里?齐泽克指出,是在两种死亡之间的位置上,位于不可能之原质的位置。

> 两种死亡之间的位置,崇高美或可怕怪物所处的位置,正是原质的位置,是处于符号秩序中间的真正创伤性内核的位置。这个位置是由符号化/历史化所开启的:历史化的过程意味着存在着一个空位,一个非历史的内核,符号网络就是围绕着它编织起来的。②

拉康认为,任何主体都要经历两种死亡:第一种是生理性的自然死亡;第二种是符号性的死亡,或者说社会性的死亡,在符号秩序中的死亡。符号性死亡,是"对符号性肌质的彻底消除,所谓的现实就是通过符号性肌质构建起来的"③。第二次死亡是对死亡的符号化处理,是结账,是对事情的了断或了结,是符号性命运的完成。两种死亡之间的缺口可以以各种方式填充,既可以以崇高美(例如安提戈涅),也可以用可怕的幽灵怪物(如哈姆雷特父亲的鬼魂)来填充。位于两种死亡之间的位置乃是原质的位置,崇高的位置。这是什么意思呢?简言之,如果一个主体,它生理上死了,但却未进行符号性死亡的处理,它就处于两种死亡之间,就成了崇高对象。它就既非死人,也非活人,而是活死人或者死活人。无论是只有生理死亡而没有符号死亡的主体,还是只有符号死亡而没有生理死亡的主体,都占据了两种死亡之间的位置,成为崇高对象,只是表现形式不同而已。也许可以这样理解两种死亡之间的位置,它位于生理死亡和精神死亡之间,如果某个人,生理上已经死亡,但是精神仍未死亡,

---

① Slavoj Žižek, *The Sublime Object of Ideology*, London and New York: Verso, 2008, p.221.

② Slavoj Žižek, *The Sublime Object of Ideology*, London and New York: Verso, 2008, p.150.

③ Slavoj Žižek, *The Sublime Object of Ideology*, London and New York: Verso, 2008, p.147.

仍然在纠缠着活人的头脑,甚至受到人们的顶礼膜拜,是为神也——许多神灵不正是这样形成的吗?如果一般人生理上死亡了,而精神上,或者符号化未完成,如冤死屈死的亡灵,则将变为鬼魂,是为鬼也——另一种崇高之物。例如安提戈涅,她一心赴死,也被排除在城邦的符号秩序之外,可以说是精神已死(符号性的死亡),但生理未死。而哈姆雷特的父亲,生理已经死亡,但未能符号性死亡,他就以幽灵的形象再次现身,也成了崇高对象。对于普通之物升华为崇高对象的过程,齐泽克写道:"拉康所说的升华,是力比多从无用的原质之空缺转化为需求的某种具体的物质对象;一旦这种对象占据了原质的位置,这个具体物质对象就具有了崇高性质。"①

二是幻象的座架。理解对象 a,必须从拉康的幻象公式($\lozenge a$)说起。同样,对象 a 如何现形为崇高对象,被赋予临时的代理,出现了对象 a 的赝品,也必须从幻象的框架来理解。何谓幻象?首先必须明确的是,幻象并不是虚幻的东西,恰恰相反,它是我们通常所言的现实,即我们生活于其中的现实,只有在幻象中,我们才是一个正常的人。这可以通过齐泽克的一段话来理解。

> 幻象显现为对"Che vuoi(你到底想怎么样)"的回答,对大他者欲望的难以忍受之谜的回答,对大他者之短缺的回答;但是同时正是幻象自身为我们的欲望提供了坐标系——它提供了一个框架,使我们能够欲望某种东西。幻象的通常定义("表现欲望之实现的想象的场景")因此就产生了某种误导,或者至少是模棱两可的:在幻象场景中,欲望不是被实现,"被满足",而是被建构(被给予其对象,等等)——通过幻象,我们学着"如何去欲望"。在这一中间位置上,存在着幻象悖论:它是座架(co-ordinating)我们欲望的框架,但与此同时也是对"Che vuoi(你到底想怎么样)"的抵御,一个遮蔽了沟壑——大他者欲望的深渊——的屏障。将此悖论激进解释到极

---

① Slavoj Žižek,*The Metastases of Enjoyment*,London and New York:Verso,1994,p.95.

致——激进化为一个同义反复——我们可以说,欲望自身乃是对欲
望的抵御:通过幻象而建构的欲望,乃是对大他者欲望的抵御,对这
个纯粹欲望,超幻象欲望的抵御(即是说,以其纯粹形式表现出来的
死亡驱力)。①

这段重要的论述可以说是对幻象的一个全面的解释。齐泽克在此指出,
理解幻象的关键之处有两点:一是幻象的座架功能,即幻象结构着我们的欲
望,为欲望提供了框架。在幻象中,我们的欲望被建构出来。幻象类似于康德
所谓的先验图式:"在欲望的机制中,幻象的作用与先验图式在知识过程中的
作用相似。"②二是幻象的抵御功能,它使我们能够抵御大他者欲望之沟壑,抵
御这个纯粹的超幻象的欲望,即是说,抵御实在界的入侵,抵御与死亡驱力的
直接面对。这是一道把实在界与现实隔离开的屏障。"把实在界与现实隔离
开来的屏障绝非'疯癫'的标志,而是获得最低限度的'常态'的条件;疯
癫——精神病——发作于这道屏障坍塌之时,发作于实在界淹没现实或实在
界包含于现实之时。"③正是在幻象的座架中,对象 a 显现为崇高对象,一个普
通的对象,一个经验性的实证的对象,乃是因为进入了主体的幻象框架,被主
体的幻象所座架;经由幻象的框架之座架,就变成了崇高对象——超验的、神
圣的、遥不可及的、不可接近的对象。这里存在着两种幻象,必须加以区分,齐
泽克称之为幻象 1 和幻象 2:一种幻象是符号性虚构,即通常意义上的现实;
一种幻象就是崇高对象,即幽灵的显灵,对象 a 的赋形。"幻象 2 是否有效,是
幻象 1 能否维持其控制的条件。"④齐泽克以《后窗》为例对此进行了说明。一
个人爱上另一个人,并不是因为某些实证原因,而是由于对方进入了这个人的

---

① Slavoj Žižek, *The Sublime Object of Ideology*, London and New York: Verso, 2008, p.132.

② Slavoj Žižek, *The Sublime Object of Ideology*, London and New York: Verso, 2008, p.132.

③ [斯洛文尼亚]斯拉沃热·齐泽克:《实在界的面庞》,季广茂译,中央编译出版社 2004
年版,第 203 页。

④ [斯洛文尼亚]斯拉沃热·齐泽克:《实在界的面庞》,季广茂译,中央编译出版社 2004
年版,第 161 页。

幻象框架，被这个人的幻象所座架。例如，一个男人爱上一个女人，乃是因为其接近于其母亲。但是一旦过于接近其母性原质的对象出现在框架中，那么对象就会在乱伦恐惧中窒息——也可以说，过于接近其对象 a 了。①

也许可以引申这一幻象理论来解释我们日常生活中的一个经验。有作家曾言：夜乃梦之谷，梦乃欲之壑。许多人都有如此经验，夜晚在失眠时，人们会思绪万千，浮想联翩，对未来作出种种假设，似乎自己的梦想明天就会实现；当然，在梦中，人们甚至可以直接拥抱自己的欲望，与对象 a 直接相遇。这里人们面对的恰恰不是幻象，而是实在界。到第二天天亮时，一切又恢复原样：我所心仪已久的爱人仍然那么远不可及，我所希望实现的雄心壮志仍然是一个梦想。这就是人们又回到了幻象之中：恰恰这个幻象才是人们日常生活的现实。如果我们仍然如夜间所想所梦一样行事，无疑会被视为疯狂。对象 a 的代理，被幻象框架所座架了的对象，仍然是崇高对象，它仍然是遥不可及的神圣之物。当然，穿越幻象，直接拥抱对象 a，也会有这种时刻——稍纵即逝的瞬间，但对象 a 永远不可能真正与主体相重合，一旦幻象被穿越，崇高对象就失去其崇高性，成为一个普通的低俗之物。

三是双重的欺骗。对象 a 之所以被赋形为崇高对象，还有一个很重要的逻辑在支持，这就是辩证的逻辑，也是悖论的逻辑。这一悖论逻辑蕴涵于对象 a 本身之中。某物本是一个庸俗之物，但由于其占据了崇高之空位，就变成了崇高对象。由普通的低俗之物，变为崇高之物，这里存在着一种欺骗，即遮蔽了对象本身的低俗性质。经由幻象之座架的对象，实际上也是在这种双重欺骗的逻辑之下成为崇高对象的。齐泽克指出："关于对象 a，我们需要一直牢记的第一件事是，与拉康其他范畴的情况一样，我们所涉及的是这样的概念，它由自身和它的对立面和/或掩饰组成。"②

① Slavoj Žižek, *The Sublime Object of Ideology*, London and New York：Verso, 2008, pp.133 - 134.

② Slavoj Žižek, *The Metastases of Enjoyment*, London and New York：Verso, 1994, p.178.

拉康在《精神分析的四个基本概念》中对其有较为详细的说明。在宙克西斯与巴哈休斯的有关绘画的著名故事中,巴哈休斯画的幕布欺骗了宙克西斯。拉康说道:"问题并不在于绘画给予了我们对象的幻觉的对等物,即使柏拉图似乎想要这么说。问题在于绘画的假象假装是不是其自身的某物。"①齐泽克则更为明确地阐发了普通对象经由双重欺骗转变为崇高对象这一逻辑机制。崇高对象乃是一个迷人的、以宏伟神圣形象呈现的对象,在它的身后是什么? 是乌有,是空无。

> 对象以其宏大而迷人的呈现所遮蔽和隐藏的,不是某种别的实证性,而是其自身之位置,即这一空洞,即以自身呈现所填充的空缺——大他者中的空缺。拉康所称为"穿越幻象"之过程,确切而言就存在于对于此幻象—对象的如此这般的颠覆中:主体必须经历这个永远缺位的对象—原因本身只不过是某个短缺的客观化和赋形的经验;主体必须经历对象的迷人呈现在此只不过是遮蔽其所占据的空位的经验,这个空位确切地说是大他者中的空缺——正是这个空缺使大他者(符号秩序)被穿孔,成为不一致的。②

这里的关键在于,崇高对象乃是幻象—对象,而它是对象—原因——我们知道,它就是对象 a——的客观化和赋形。空无,乌有,短缺,借助占据了大他者中的短缺之位,使对象 a 被赋形,成为崇高对象,行使了欺骗功能。沿着这一思路,齐泽克对黑格尔的实体即主体理论进行了自己的解读。齐泽克论述说,在康德那里,表象遮蔽的背后是自在之物。而在黑格尔那里,表象掩藏的则是空缺,是乌有,而这个乌有就是主体本身。在实体的层面上,可以说表象遮蔽的是实证的先验本质,而在主体层面上,在把实体体验为主体的层面上,

---

① Jacques Lacan, *The Four Fundamental Concepts of Psycho-analysis*, London: The Hogarth Press, 1977, p.112.

② Slavoj Žižek, *The Sublime Object of Ideology*, London and New York: Verso, 2008, pp. 221 - 222.

现象隐藏的就是乌有、虚无本身,而这一乌有就是主体。齐泽克指出了在黑格尔的表象理论中的双重欺骗之逻辑:

> 在实体层次上,表象仅仅是欺骗,它给予我们本质(the essence)的虚假图像;而在主体层次上,确切地说,表象是通过假装欺骗进行欺骗——假装存在某种需要被掩藏之物。它掩藏的正是没有什么可以被掩藏的事实:它不是在说谎时假装在说实话,而是在说实话时假装撒谎——就是说,它通过假装欺骗进行欺骗。①

齐泽克认为,这种双重欺骗是人所特有的。动物只能进行一种欺骗,即把有假装作无,或把无假装作有,而人却进行双重欺骗,即把无假装为无,或者把有假装为有。在这里表现的恰恰是人之欺骗的独特之处:“人骗人的专有方式是模仿对现实的掩藏——确切而言,正是通过假装掩藏某物的这一掩藏行为欺骗了我们。”②这种双重欺骗,正如诸葛亮在《空城计》中的表现,他就是通过双重欺骗达到了自己的目的,不是把无表现为有,而是把无表现为无进行欺骗。这使我们不禁联想起红楼梦中那副著名的对联:“假作真时真亦假,无为有处有还无。”

对象 a 就是在这种双重欺骗的逻辑之中实现了自己的由卑俗向崇高的逻辑嬗变。对象 a 赋形于普通对象而变成的崇高对象,却作出了一种并不崇高的姿态,这使它显得更加崇高;崇高对象在主体看来虽然是遥不可及,但它却又作出一副低姿态来诱惑着主体,仿佛主体可以在一定的情况下拥有和达到它。正如某些明星大腕,作为粉丝们的偶像,他(她)被崇高化了,但他(她)自己却走到粉丝中,签名,拥抱,声称自己是普通的人,声称自己和普通人没有什么区别——这倒是实话——但通过这个实话,却更加掩饰了他的真实,粉丝们由此更加觉得他是偶像了。这里存在的不正是双重欺骗的逻辑吗?

---

① Slavoj Žižek, *The Sublime Object of Ideology*, London and New York: Verso, 2008, pp. 221 - 222.

② Slavoj Žižek, *The Sublime Object of Ideology*, London and New York: Verso, 2008, p.223.

正是在崇高的位置、幻象的座架、双重的欺骗这三位一体的幻象机制中，对象 a 现形为崇高之物，它由一个卑俗的虚无的幽灵，现身为崇高的实在的实存之物。但这个崇高对象却仅仅是暂时的，稍纵即逝的，它只是在幻象中存在，因此也可以说，这个实存的崇高对象恰恰是虚假的实存，而对象 a 却永远是不出场的在场，是真实的虚在，可以说，正是它建构了主体本身，主体正是围绕这个乌有而建构起来的。不仅如此，整个社会现实——符号界、想象界、实在界也都是围绕着它建构起来的。在这个意义上说，这个根本的空缺，这个虚无，构成了比现实事物更具基础性和深刻性的真实。① 这正是对象 a 根本的悖论，也是主体和世界深刻的悖论。

三、崇高对象种种：对象 a 的假面

为深入理解拉康的对象 a，让我们进一步来探讨齐泽克对对象 a 的种种假面——崇高对象所作的阐释和分析。对于哲学思想的阐述来说，举例和比拟往往是捉襟见肘的，但齐泽克似乎并不在意这一点，他不厌其烦地通过举例来证明自己的观点。无疑，这些例证对我们理解拉康的对象 a 有所助益。下面通过几个主要例证来解读崇高对象与对象 a 的关系。

安提戈涅。安提戈涅是如何成为崇高对象的？ 显然，安提戈涅穿越了幻象，她一直执着于自己的欲望，不在欲望面前让步，走到极限，在对死亡驱力的固执中，走向了死亡。安提戈涅处于两种死亡之间的原质之位上，在符号秩序中，她已经死亡，但在生理上，她还活着。由此她成了崇高对象。在我们的幻象架构中，她不再处于正常的人（＄）的一方，而处于了对象 a 一方，她成了对

---

① 也许从这里我们可以理解为什么拉康把对象 a 所主要栖居之地命名为"the Real"，中文翻译为"实在界"、"真实域"或"真实"，确实，在拉康看来，只有对象 a 才是真实存在着的，是主体的根据所在，"the Symbolic"即符号界（或者说象征界）和"the Imaginary"即想象界都是在此基础上的想象和虚构。

象 a 的赋形。齐泽克指出,安提戈涅所提出的问题,与以恐怖主义的行为将世界从日常愉悦和世俗事务中唤醒过来的狂热禁欲者居德伦、淫荡的越过一切界限不顾一切地追求快感的朱丽叶一样,都是崇高对象,她们提出了同样的"Che vuoi(你到底想怎么样)"的问题,并作出自己的回答。她们拥有相同的伦理立场,即不在欲望面前让步。① 普通人或正常人($)的回答是幻象,并沉醉在这个幻象中。而安提戈涅们的回答是:穿越幻象,直接拥抱对象 a。与对象 a 的重合,直接拥抱对象 a,使她们变成了崇高对象。

　　法西斯主义意识形态中的犹太人。犹太人本是和其他人一样的人,但是他们被放在了原质之位置上,变成了崇高对象。在法西斯主义的反犹主义看来,犹太人指示着一系列的特质:贪婪、无耻、狡猾……社会之所以成为一片混乱,不是因为别的,正是因为犹太人,因此只有消灭这些犹太人,社会才是可能的。这正是法西斯主义意识形态的幻象建构,它把犹太人置于原质之位,犹太人变成了对象 a 的代理。犹太人同样也是处于两种死亡之间,法西斯主义的意识形态将其排除在其象征符号秩序之外,力图消灭之,而犹太人在生理上或实际上却不可能被消灭,反而越来越多,越来越恐怖。"犹太人就是一尊物神,它同时既否认又体现了'社会'的结构上的不可能性:似乎在犹太人的形象中,这种不可能性已经获得了实证的、可触的存在——这也就是为什么它在社会领域标志着快感的爆发的原因所在。"②犹太人不过是社会不可能性的赋形,是社会不可能性的体现,并不是因为犹太人,社会成为不可能的,而是社会本身的不可能被相当偶然地表现在了犹太人身上。社会是围绕着对象 a 这个短缺建构起来的,在这里,犹太人成了对象 a 的代理,也成了崇高对象。齐泽克还指出,在法西斯意识形态中所说的犹太人,不是实际的犹太人,毋宁说是

---

①　Slavoj Žižek,*The Sublime Object of Ideology*,London and New York:Verso,2008,p.131.

②　Slavoj Žižek,*The Sublime Object of Ideology*,London and New York:Verso,2008,p.142.

概念犹太人,是幽灵般的存在,就是对象 a 的假面。①

　　齐泽克曾经列举了黑格尔的四个命题:"精神是骨骼、自我即财富、国家即君主、上帝即基督"。在这几个命题中,主语与谓语是极为不相称、不兼容和不可比的。骨骼、财富、君主、基督在此是崇高对象,它们是对方的代理,而另一方本身乃是幽灵般的存在,或者不如说是对象 a,是一个虚无和短缺。在此,"崇高之物(the Sublime)只是一个其实证性躯体仅仅是乌有(Nothing)之赋形的对象。"②鉴于这四个命题的阐述过于复杂,在此不再赘述。

　　卑俗的幽灵般的对象 a,经由一系列的幻象机制,化身为崇高对象,而这个崇高对象的崇高性只是暂时的,它的自身逻辑使其进一步走向其反面,从崇高走向荒谬,由此对象 a 才能完成其整个路程。限于篇幅,这不是在此所能完成的任务。但是经过上述的探讨,我们已经窥视到拉康对象 a 的嬗变逻辑,初步破译了对象 a 的神奇密码,为进一步理解拉康精神分析哲学奠定了基础。

---

① Jacques Lacan, *The Four Fundamental Concepts of Psycho-analysis*, London: The Hogarth Press, 1977, pp.153-157.

② Slavoj Žižek, *The Sublime Object of Ideology*, London and New York: Verso, 2008, p.234.

第三章　精神分析视域下的主体及其三个维度

　　主体问题是哲学研究中的核心问题之一,是众多哲学家重点关注和研究的对象。笛卡尔以其名言"我思故我在"将哲学关于主体的研究推向了新的层次,使得他之后的哲学家在关于主体的探讨上都绕不开他所奠定的基础。事实上,笛卡尔的"我思"已经在本体论维度上引入一种断裂:作为主体的"我思"与其存在世界之间的断裂。显然,笛卡尔的纯粹的"我思"与存在世界之间是不相统一的,只不过笛卡尔并没有充分意识到这一点,坚持用"我思"来统摄一切,因为在笛卡尔这里,"我思"是能够达及对"我在"的确认的。由于受到休谟怀疑论的影响,康德称是休谟将自己从独断论的迷雾中唤醒过来。在康德看来,"我思"并不"意味着'我'作为客体是一个自我持存着的存在者,或实体"①。所以,康德的意思很明显,从笛卡尔的"我思"无法达及对"我在"的确认,也就是说,"我思"与能思考的我或者他或者它(物)之间是断裂的。康德认为笛卡尔的"我思"是一种先验主体,正如他所言:"通过这个能思的我或者他或者它(物),所表象出来的不是别的,而只是思维的一个先

---

　　① [德]《康德三大批判合集》(上),邓晓芒译,杨祖陶校,人民出版社 2009 年版,第256 页。

验主体＝X"①。在此，"我思"被康德视为空洞的表象，是先验主体。事实上，康德已经勾勒了主体的分裂，即先验主体与经验主体的分裂。拉康在其论文《精神分析学中的言语和语言的作用和领域》中也对主体作了深入阐发，同样提到了主体的分裂，他曾指出："对于我们来说这就反对了任何对个人中的整体性的提法，因为主体在个人身上引进了分裂，在集体中也引进了分裂，而集体与个人是同值的。"②拉康是通过引入无意识来阐明这种分裂的。实际上，拉康在精神分析视域下对主体的论述是非常丰富且富有启发意义的，限于篇幅，在此不能详细探讨，只能对齐泽克关于主体问题的"新"观点作出论述。因为齐泽克的主体观正是对笛卡尔、康德、黑格尔和拉康主体观综合基础上的"新"阐发。通过分裂主体、幻象、死亡驱力这三个维度的阐发，齐泽克从精神分析的视野阐发了一种不同于近代理性哲学的新主体观，即"生成的主体"。这对理解当代社会现实，重新研究商品拜物教具有重要的理论及现实价值。

一、本体论维度上的分裂主体

齐泽克借助于精神分析，将分裂的逻辑刻入了主体内部。在他看来，主体在以下三个层面存在着分裂。

首先，齐泽克论述了康德式的主体是分裂的主体。齐泽克指出："这种'内在化'的结果是康德式的主体：主体被判定为处于永恒的分裂中，即注定要与'病理学'意义的冲动相对抗。"③这里的"内在化"即是指某种外在的力量转化为了主体内在的强制。在康德那里，则意味着外在的道德约束被内在

---

① ［德］《康德三大批判合集》（上），邓晓芒译，杨祖陶校，人民出版社2009年版，第254页。
② ［法］《拉康选集》，褚孝泉译，华东师范大学出版社2019年版，第282页。
③ Slavoj Žižek, *Tarrying With the Negative: Kant, Hegel, and the Critique of Ideology*, Durham: Duke University Press, 1993, p.25.

化为了主体的内在道德强制。齐泽克指出："这种内在化远没有'抚平'由它给主体带来的创伤性影响,反而带来了一种寄生,给主体存在的核心之处带来了一种恶的异在的躯体。"①因此,这种内在化实际上造成了主体的分裂。关于康德式主体的分裂,齐泽克作了进一步描述："在这三种情形中,关键的特征是主体无法化约的分裂:在纯粹理性中,是与实体性的'人'之间的分裂;在实践理性当中,是为了义务而履行义务与服务于至善之间的分裂;在判断力批判中,则是将现象与超感性的观念分离开来的崇高经验的鸿沟与通过美和目的论将这一鸿沟填补起来之间的分裂。"②这是齐泽克对康德式主体存在分裂的进一步说明,他指出了康德式主体在纯粹理性、实践理性和判断力批判中都存在着分裂。

其次,齐泽克从主体并不能从它是"能思考的物"这个能力中获得其关于自我的意识,由此指认了主体存在的分裂。齐泽克说："我不能从我作为'能思考的物'所具有的能力中获得关于自我的意识。在《银翼杀手》中,当达克德得知瑞秋是一个复制人而(误)认为她自己是人类的时候,很惊讶地问道:'它怎么可能不知道它是什么?'"③在此要把握的关键是,瑞秋这个机器人,这个能思考的物,它竟然无法意识到自己是一个机器人,无法意识到自己并非真正的人类。换言之,瑞秋这个机器人无法获得关于它的自我的意识——关于它是一个机器人的意识。那么它如何确知关于自己是一个机器人的意识呢? 通过他人的阐述。同样的道理,我们作为人类主体,难道不也是无法通过自己是"能思考的物"这个能力获得关于自我的意识吗? 因此,我们关于自我的认识将不得不依靠来自他人的阐述,依靠他者。从这个维度来说,他者的存

① Slavoj Žižek, *Tarrying With the Negative*:*Kant*,*Hegel*,*and the Critique of Ideology*, Durham:Duke University Press,1993,p.25.

② Slavoj Žižek, *Tarrying With the Negative*:*Kant*,*Hegel*,*and the Critique of Ideology*, Durham:Duke University Press,1993,p.172.

③ Slavoj Žižek, *Tarrying With the Negative*:*Kant*,*Hegel*,*and the Critique of Ideology*, Durham:Duke University Press,1993,p.15.

在是必要的。主体无法通过自身具有的"能思考的物"这个能力获得关于自我的意识这个逻辑,其实与我们用眼睛看世界万物是一样的道理。我们的眼睛具有"看到事物"的能力,但它却不能看到它自己。所以,主体自身就处于这种分裂状态中,有些东西是属于主体的,但主体却无法感知它的存在,无法将它纳入自我意识之中。

最后,齐泽克在关于自我意识和无意识之间的论述中,更精辟地论述了主体存在的分裂。齐泽克在分析笛卡尔的"我思故我在"时,谈到一句充满辩证意味的话:"我并不在我思之处"①。齐泽克根据拉康的分析,提示我们从两个方面来把握这句话:一是进入我思的代价就是要失去"在";二是进入我在的代价就是要将"思"驱逐到无意识当中。② 在此,要重点把握的是后者,因为它与我们的自我意识和无意识主题紧密相关。齐泽克引入一个案例,来对后者进行解释,这个案例是弗洛伊德在《日常生活的精神病理学》中所描述的一个小的症候性行为。③ 这个案例大概是说,一个女孩与一个男孩结婚的前一天,女孩剪指甲不小心剪到自己的左手无名指。经过弗洛伊德的精神分析,女孩剪到自己左手无名指,这实际上是她的症候性行为,它标示了女孩无意识深处并不喜欢她将要嫁与的新郎,而是喜欢那个内科医生,即"左边的博士"。齐泽克就此案例作了进一步阐发,在他看来,女孩在自己左手无名指上留下的那个伤口、血污,就是女孩无意识所在的地方。不过,她却不能在那个血污中认同她自身。也就是说,对那个血污所凝结的她真实想法的无意识,她不能给予认同。因为,一旦她认同那个血污所包含的无意识,那么她"正常的"现实中的自我认同就将崩塌。所以,她不在那个血污所凝结的她的无意识那里。因

① Slavoj Žižek, *Tarrying With the Negative: Kant, Hegel, and the Critique of Ideology*, Durham: Duke University Press, 1993, p.58.

② Slavoj Žižek, *Tarrying With the Negative: Kant, Hegel, and the Critique of Ideology*, Durham: Duke University Press, 1993, p.59.

③ Slavoj Žižek, *Tarrying With the Negative: Kant, Hegel, and the Critique of Ideology*, Durham: Duke University Press, 1993, p.65.

此,从这个维度来看,"我不在我思之处"就得到了说明。借助于无意识,我们可以说,我不在我的无意识所思之处。这样,主体就处在一种分裂之中,那是自我意识与无意识之间的分裂。齐泽克指出:"更为矛盾的论点是,这个逃离了我的理解的偏离的、坚硬的内核就是自我意识本身;至于它的地位,它是自我意识无法触及的外部对象。"①这里,逃离我的自我意识掌握的就是无意识,而无意识本身就是自我意识,但自我意识却无法触及它、理解它。齐泽克进一步确认了这种分裂:"我能够与他者进行交流,我自身向他(它)敞开,只有在我自身已经被分裂、被'压抑'的情况下才是可能的。换言之,我(用某种天真—可悲的方式来说)永远不能和自己真正交流;他者起源于自我分裂的去中心化的他者位置。在经典的弗洛伊德的术语当中:'他者'之所以在这里,仅仅因为我没有能够完全等同于我自己,我还存在着无意识。"②显然在这里,齐泽克将主体与他者之间进行交流的深层根源追溯到主体自身的分裂,并且指出主体自身存在分裂的具体内容,那就是主体不能完全等同于他自己,他还存在着无意识。也就是我们所说的,主体的分裂来源于自我意识和无意识之间的分裂。

事实上,齐泽克认为主体在本体论维度上是分裂的,这一看法与马克思有关分裂(颠倒)逻辑的论述有着惊人的相似。马克思在《关于费尔巴哈的提纲》中曾指出:"世俗基础使自己从自身中分离出去,并在云霄中固定为一个独立王国,这只能用这个世俗基础的自我分裂和自我矛盾来说明。"③马克思在这里提及了"世俗基础的自我分裂"问题,在他看来,之所以存在宗教世界和世俗世界的对立,原因在于世俗基础的自我分裂和自我矛盾。也就是说,宗教世界和世俗世界的对立只是表象,世俗本身的自我分裂才是本质。因此,这

---

①　Slavoj Žižek, *Tarrying With the Negative: Kant, Hegel, and the Critique of Ideology*, Durham: Duke University Press, 1993, pp.66-67.

②　Slavoj Žižek, *Tarrying With the Negative: Kant, Hegel, and the Critique of Ideology*, Durham: Duke University Press, 1993, p.31.

③　《马克思恩格斯文集》第 1 卷,人民出版社 2009 年版,第 500 页。

其实是马克思强调要将"对天国的批判变成对尘世的批判"①的重要原因。实际上,马克思所追求的,不仅仅是对尘世的批判,还有对尘世的变革。因而,世俗世界的分裂问题并没有被马克思视为本体论层面的,在马克思看来,世俗世界的自我分裂可以通过现实的变革而进行弥合。

不过,马克思对分裂(颠倒)逻辑的论述在商品和资本的阐述中得到了推进。也就是说,分裂在商品和资本中有了本体论的维度,商品和资本本身就是分裂的,这种分裂不可消除。因为一旦这种分裂消除,商品将不再是商品,资本也不再是资本。关于商品本身的分裂,马克思曾在《资本论》中指出:"商品是一种二重的东西,即使用价值和交换价值。"②商品具有使用价值和交换价值这还不能标明商品自身的分裂。要进一步结合马克思的如下论述:"W—G。商品的第一形态变化或卖。商品价值从商品体跳到金体上,像我在别处说过的,是商品的惊险的跳跃。这个跳跃如果不成功,摔坏的不是商品,但一定是商品占有者。"③这里,马克思提到的"商品的惊险的跳跃"实际上表明了商品获得交换价值这个形式的前提条件。换句话说,商品的这一"惊险的跳跃"一旦失败,那么商品就没法实现其交换价值,没法取得交换价值形式,因而商品也就不成其为商品了。日本学者柄谷行人就此指出:"从事后的角度看,商品是使用价值和交换价值的'综合',但从事前的角度观之,它并不存在。要获得实现,它必须被其他商品(等价物)所交换。"④柄谷行人对马克思所阐述的商品自身存在的分裂作出了精准概括。确实,商品的二重性问题涉及"事前"和"事后"的时间性问题,并且那一"惊险的跳跃"是商品成其为商品的关键。正是从这个维度上来说,商品自身是分裂的,并且正是由于这种分

---

① 《马克思恩格斯文集》第 1 卷,人民出版社 2009 年版,第 4 页。
② 《马克思恩格斯文集》第 5 卷,人民出版社 2009 年版,第 54 页。
③ 《马克思恩格斯文集》第 5 卷,人民出版社 2009 年版,第 127 页。
④ [日]柄谷行人:《跨越性批判——康德与马克思》,赵京华译,中央编译出版社 2010 年版,第 153 页。

裂,资本主义经济危机才有了深层根源,因为商品的这一"惊险的跳跃"并不总是能够成功的。

此外,关于资本本身的分裂也跟商品本身的分裂(颠倒)有着同样的逻辑。马克思在《资本论》中指出:"资本不能从流通中产生,又不能不从流通中产生。它必须既在流通中又不在流通中产生。"①马克思这里的话很有辩证韵味,其关键原因就在于资本本身的分裂。确实,资本不能单单从流通过程中产生,它实际上来源于生产过程,依靠于生产过程;但同时它又不能不从流通中产生,因为资本的实现,必须要通过流通过程实现其价值,这表现为货币回收。柄谷行人对此进行了精准概括:"但对马克思来说,资本意味着货币向生产设备、原材料、劳动力及其生产物,进而向货币'变态'的过程总体。如果这个变态没有完成,即资本的自我增殖没有实现的话,它就不能成为资本。然而,这个变态过程在另一方面又表现为商品流通,所以,往往于此被掩盖掉了。"②柄谷行人抓住了资本向生产设备、原材料、劳动力转化的过程,这其实就是资本进入生产领域;同时抓住了资本向货币"变态"的过程,而这涉及流通领域。关键是资本向货币的转化并不总是能够成功,一旦它转化失败,资本也就不成其为资本了。所以,资本内在地包含了这种向生产领域、流通领域"变态"的过程,因而它自身是分裂的。

综上所述,齐泽克运用精神分析的方法,不仅论述了康德式的主体是分裂的主体,还重点论述了主体不能通过其具有的"能思考的物"的能力达到其关于自我的意识这一维度的主体分裂,并通过主体存在的自我意识与无意识之间的分裂,清晰地论证了主体在本体论上是分裂的。需要强调的是,齐泽克对分裂(颠倒)逻辑的把握,与马克思论述商品自身分裂和资本自身分裂时的分裂逻辑有着惊人的相似。

---

① 《马克思恩格斯文集》第 5 卷,人民出版社 2009 年版,第 193 页。
② [日]柄谷行人:《跨越性批判——康德与马克思》,赵京华译,中央编译出版社 2010 年版,第 172 页。

二、幻象与误认的主体

齐泽克沿着"本体论维度上的主体是分裂的"这一逻辑,进一步论述了主体与幻象之间的复杂关系。有论者指出:"幻象中的主体是分裂的,幻象的对象却是隐而不显,甚至是主体永远感觉不到的。"①这一论述当然也标示出幻象与主体之分裂密切相关。在齐泽克这里,幻象即指意识形态幻象,它与主体之间有着复杂的关系。其一,主体所体验到的社会现实是由幻象所构成的;其二,主体自身的生成是无法离开幻象的;其三,主体欲望的坐标也是由幻象提供的;其四,幻象是主体用来屏蔽大他者欲望的屏幕,主体因此得到庇护。

首先,从精神分析的视野看,社会现实是由主体之幻象所结构的。在齐泽克看来,真正的现实与主体之间总是存在着幻象,也就是说,主体所体验到的现实总是被幻象所结构。齐泽克说:"意识形态不是用来掩饰事物的真实状态的幻觉,而是用来结构我们的社会现实的(无意识)幻象。"②问题在于,究竟该如何理解我们所体验到的社会现实是由意识形态幻象所结构着的呢?至少可从以下两个维度来把握。

第一个维度就是从"我们所体验到的社会现实"与"真正的现实"之间的区别入手。之所以要引入这个区分,是因为齐泽克曾指出:"意识形态作为梦一般的建构,同样阻碍我们看到事物的真实状态,看到现实。"③在这里齐泽克作了一个类比,将意识形态与事物的真实状态(真正的现实)之间的关系和梦与无意识欲望之间的关系作了类比。显在的梦文本阻碍了我们看清其中蕴含

① 孔明安等:《当代国外马克思主义新思潮研究:从西方马克思主义到后马克思主义》,中央编译出版社 2012 年版,第 715 页。
② [斯洛文尼亚]斯拉沃热·齐泽克:《意识形态的崇高客体》,季广茂译,中央编译出版社 2017 年版,第 33 页。
③ [斯洛文尼亚]斯拉沃热·齐泽克:《意识形态的崇高客体》,季广茂译,中央编译出版社 2017 年版,第 53 页。

的无意识欲望,而意识形态同样阻碍了我们看清"真正的现实"。这里需要注意的是,上述提到的"现实"指的是"事物的真实状态",在此将其称为"真正的现实"。此外,齐泽克还指出:"(我们所体验到的)现实不是'事物本身',它永远已经被象征机制象征化、构成和结构——而问题就在于这么一个事实,象征最终永远失败,它永远也不能成功地完全'覆盖'实在界,永远包括一部分未处理的,尚未实现的象征债务。"①在这一关键论述中,要特别把握住以下四点:第一,这里说明了"我们所体验到的社会现实"与"事物本身"是不同的,也就是与"真正的现实"不同。第二,这里论述了"真正的现实"与"我们所体验到的社会现实"的关系。"事物本身"被象征机制象征化之后就得到"我们所体验到的社会现实",也就是说,"真正的现实"被象征机制象征化后就得到"我们所体验到的社会现实"。第三,这种象征化存在局限,它并不能将"事物本身"完全覆盖,总有残余、斑点无法被象征化,而这就是实在界。第四,正是由于象征化存在的局限,使得"真正的现实"与"我所体验到的社会现实"永远无法等同。综合来看,正是在与"真正的现实"相区别的基础上,"我们所体验到的社会现实"才是被意识形态幻象所结构着的。

第二个维度则是从"在梦与现实的对立中,幻象位于现实一方"②来理解。通常认为,我们是为了逃避现实才会遁入梦中。但齐泽克借用拉康对梦的分析,认为我们会逃避梦而遁入现实,因为在梦中,会遇到我们欲望的实在界,这一实在界恰恰是我们无法忍受的。因此,为了逃避与这一实在界的相遇,我们躲避梦而遁入现实中。这也就是齐泽克所说的:"为了能够继续酣睡,为了保持自己的盲目无知,为了避免面对自己的欲望这一实在界,他从梦想遁入所谓的现实。"③梦比现实更可怕,是因为在梦中我们能够与欲望的实在界相遇,而

---

①　Slavoj Žižek, *Mapping Ideology*, London and New York: Verso, 1994, p.21.

②　[斯洛文尼亚]斯拉沃热·齐泽克:《意识形态的崇高客体》,季广茂译,中央编译出版社2017年版,第49页。

③　[斯洛文尼亚]斯拉沃热·齐泽克:《意识形态的崇高客体》,季广茂译,中央编译出版社2017年版,第50页。

在现实中我们却无法与实在界遭遇。诚如论者所言:"梦境其实是现实社会中人的欲望对象的真正表达,是与实在界相遇的地方。"①我们之所以在现实中无法遭遇实在界,就是因为我们所谓的现实已经被幻象所建构了。意识形态"是作为支撑我们的'现实'的幻象—建构:它是'幻觉',结构着我们有效的、真实的社会关系,从而掩盖了不堪忍受的、实在界的、不可能的内核"②。所以,现在已经很清楚,在梦与现实的对立中,幻象当然位于现实一边,它结构着现实并由此遮掩实在界的内核。因此,幻象结构现实是必要的,否则我们就会在现实中遭遇实在界从而无法忍受现实,如此我们所体验的社会现实也会分崩离析。

其次,主体之生成是离不开幻象的。当我们确认了主体所体验到的社会现实已经被幻象所结构,那么可以由此推论出主体之生成离不开幻象。因为,主体正是在与被幻象所结构的社会现实的不断交互过程中生成、发展。齐泽克甚至指出:"正是幻象—框架,决定着我们在现实中的活动,决定着我们在现实中的行为模式。"③不过,在此要引入的是齐泽克的另一个重要观点,以此来说明幻象对于主体的生成所具有的重要作用。在齐泽克看来,主体的内容一方面来自主体间关系的象征性网络,另一方面来自幻象。通常的观点会认为,"人的内容,'他是什么',是由为他提供象征性认同点、授予他象征性委任的外在能指网络所决定的"④,但齐泽克认为仅仅这样说是不够的,"如果这是问题的全部,主体就可以化约为一个空洞,化约为一个空场,在那里,他或她的全部内容将由他者提供,由主体间关系的象征网络提供"⑤。实际上,"这里存

---

① 孔明安等:《当代国外马克思主义新思潮研究:从西方马克思主义到后马克思主义》,中央编译出版社 2012 年版,第 715 页。

② Slavoj Žižek, *The Sublime Object of Ideology*, London and Nork: Verso, 1989, p.45.

③ [斯洛文尼亚]斯拉沃热·齐泽克:《意识形态的崇高客体》,季广茂译,中央编译出版社 2017 年版,第 53 页。

④ Slavoj Žižek, *The Sublime Object of Ideology*, London and Nork: Verso, 1989, p.46.

⑤ Slavoj Žižek, *The Sublime Object of Ideology*, London and Nork: Verso, 1989, p.46.

在一种可能,对于主体来说,即使在大他者、异化的象征性网络之外,主体依然能够获得某种内容、某种实证的一致性存在。这种其他的可能性是由幻象提供的:将主体与幻象客体等同起来"①。在此,齐泽克引入了"两种主体":一是由象征性网络赋予内容的主体;一是与幻象客体等同的主体。事实上,齐泽克所指认的主体,是二者融为一体的主体。在庄周梦蝶这个例子中,齐泽克认为蝴蝶是客体,它构成了庄子幻象—身份的框架、中枢,"庄子—蝴蝶的关系可以写为$\$\Diamond a$"②。在此,结论就变得十分清晰,对象a当然是主体的构成内容。因此,逻辑也清晰起来,幻象提供了主体与幻象客体等同的可能性,幻象客体相当于对象a,而对象a是主体的构成内容,所以,从这个维度来说,幻象对主体的生成自然具有重要作用,诚如论者所言:"幻象是主体的存在方式。"③

再次,主体欲望的坐标是由幻象提供的。齐泽克明确指出:"幻象为我们的欲望提供了坐标,即建构了我们欲求某物的框架。"④某物之所以会成为我们的欲望,其关键原因在于幻象。通过草莓蛋糕这个具体例子,齐泽克将上述观点阐述得更为清晰,他指出:"幻象并不意味着,我渴望得到草莓蛋糕,但又苦于现实中难以如意,于是乎只好在幻想中大快朵颐。这里的问题是,当初我是如何渴望草莓蛋糕的? 是幻象告诉我的。"⑤这里已经很清楚,草莓蛋糕之所以能够成为我的欲望对象,是因为它进入了幻象为我提供的欲求某物的框架。因此,在齐泽克看来,既定的经验性、实证性客体要成为我们的欲望客体,

---

① Slavoj Žižek, *The Sublime Object of Ideology*, London and Nork: Verso, 1989, p.46.

② [斯洛文尼亚]斯拉沃热·齐泽克:《意识形态的崇高客体》,季广茂译,中央编译出版社2017年版,第51页。

③ 孔明安等:《当代国外马克思主义新思潮研究:从西方马克思主义到后马克思主义》,中央编译出版社2012年版,第717页。

④ [斯洛文尼亚]斯拉沃热·齐泽克:《意识形态的崇高客体》,季广茂译,中央编译出版社2017年版,第164页。

⑤ [斯洛文尼亚]斯拉沃热·齐泽克:《视差之见》,季广茂译,浙江大学出版社2014年版,第67页。

需要"通过进入幻象的框架"①。所以,从这个维度上说,幻象提供了主体欲望的坐标。

最后,幻象是主体用来屏蔽大他者欲望的屏幕。齐泽克指出:幻象"既是协调我们欲望的框架,同时又是对'你想咋的?(Che Vuoi?)'的抵御,是用来遮蔽大他者欲望的鸿沟、深渊的屏幕"②。幻象为我们的欲望提供坐标,这已经在前面进行了论述。这里,齐泽克提出了幻象同时是遮蔽大他者欲望的屏幕。事情是这样的,幻象建构了我们的欲望,这一欲望就是对大他者欲望的抵御。简单来说,当我们沉浸在满足幻象为我们建构的欲望时,就不会去关注和思考大他者的欲望,就不会对大他者发出"你想咋的?"这个问题,这样,幻象就实现了作为屏幕遮蔽大他者欲望的功能。而这正是所谓"欲望乃是对欲望的防御"③,前一个欲望乃是幻象建构的欲望,后一个欲望则是大他者的欲望。在这里,还需要指出的一点是,如果没有幻象提供遮蔽大他者欲望这一保护,主体将直面大他者之欲望,如此一来,这样的主体将遭到"死亡驱力"的操控,成为类似安提戈涅、唐璜一样的"驱力主体"。"安提戈涅走极端,'涉及欲望不让步'(拉康语),并以其对'死亡驱力'的固守……幸免于日常情感与思虑、激情与恐惧的周而复始"④,主体面对着大他者的欲望不让步,"意味着彻底放弃建立在幻象—场景基础上的欲望的丰富性"⑤,这样就失去了幻象提供的屏障,主体直面大他者欲望,从而受制于"死亡驱力",走向象征性死亡。

综上所述,幻象是主体体验到的社会现实、主体之欲望生成、主体之生成

---

① [斯洛文尼亚]斯拉沃热·齐泽克:《意识形态的崇高客体》,季广茂译,中央编译出版社2017年版,第166页。

② Slavoj Žižek, *The Sublime Object of Ideology*, London and Nork:Verso,1989,p.132.

③ [斯洛文尼亚]斯拉沃热·齐泽克:《意识形态的崇高客体》,季广茂译,中央编译出版社2017年版,第164页。

④ [斯洛文尼亚]斯拉沃热·齐泽克:《意识形态的崇高客体》,季广茂译,中央编译出版社2017年版,第162—163页。

⑤ [斯洛文尼亚]斯拉沃热·齐泽克:《意识形态的崇高客体》,季广茂译,中央编译出版社2017年版,第164页。

以及主体借以屏蔽大他者欲望所不可或缺之物。这也就是说,幻象是主体成其为主体的重要维度,而这样的主体当然是误认的主体。

三、驱力与"两次死亡"之间的主体

(死亡)驱力(Drive)是拉康后期对弗洛伊德的发展,而齐泽克则大大推进了对"死亡驱力"的理解。某种程度上可以说,(死亡)驱力构成了齐泽克主体哲学思想的标志,也是他与人工智能有关主体的类人性区分的关键点,它标示了主体的分裂或不一致,因为死亡驱力实际上是主体的"非理性"维度,这是无法依靠主体的理性来加以阐释和控制的。齐泽克曾指出:"在其最激进的层面上,'做人'之所以为'做人',就在于不再一头扎进自己的环境,就在于服从某种自动机制,而自动机制漠视对适应的要求。归根结底,这相当于'死亡驱力'。"①在这里,"死亡驱力"实际上被视为了人这一主体的特有维度,并且正是因为人具有这一特有维度,他才能不像动物那样一直受制于其生存的环境,才能摆脱自己的环境制约。不过,死亡驱力与主体之间的关系远不止这么简单,需要通过主体的"两次死亡"以及死亡驱力与这"两次死亡"之间存在的联系来进一步把握死亡驱力。

首先,看一下有关主体的"两种死亡"。齐泽克指出:"萨德的罪恶观暗示了两种死亡的区分:一种是自然死亡,它是生生死死的自然循环的一部分,是自然持续转化的一部分;一种是绝对死亡,它是自然循环自身的毁灭和根除,因而把自然从其自身的规律中解放出来,使自然不再受自然规律的束缚,为无中生有地创造新生命铺平道路。"②在这里,我们当然清晰地看到了"两种死

---

① ［斯洛文尼亚］斯拉沃热·齐泽克:《视差之见》,季广茂译,浙江大学出版社2014年版,第377页。

② ［斯洛文尼亚］斯拉沃热·齐泽克:《意识形态的崇高客体》,季广茂译,中央编译出版社2017年版,第193页。

亡",一种是自然死亡,另一种是绝对死亡。第一种死亡,自然再清楚不过,动物、人都无法摆脱自然规律的束缚,总有死亡的那一天。这一种死亡是生物性死亡。但是,这里的关键点在第二种死亡,这一层面的死亡是我们较难把握的。上述引文指出,第二种死亡将"把自然从其自身的规律中解放出来",这究竟意味着什么呢? 且让我们看一下齐泽克经常谈及的例子,他说:在经典性的、原型性的卡通片中,"猫走到了悬崖的边缘,但它并不止步,而是镇静地前行,尽管已经悬挂于空中,双脚高高离地,却并不跌落。什么时候跌落? 在它低头一看,并意识到它悬于空中的那一刻"①。这里的特别之处就在于猫悬空之后仍然"走了一段路",在这一短暂的时间中,猫似乎从自然规律中解脱出来,因为受自然规律束缚的猫,它在悬空之后是一步也不能往前走的了,势必会立刻往下掉。可以说,正是这种对自然规律的打破,它对应着"第二种死亡"。也就是说,当主体想要突破自己的自然限制,追求所谓的"永生",这在某种程度上说就是一种死亡。后面会看到,"死亡驱力"的一种含义与此有着紧密的联系。

不过,关于"两种死亡"的考察并没有结束,齐泽克尚有如下论述:"一者是真实(生物)的死亡;一者是真实(生物)死亡的象征化、'清账'、象征性命运的终结"②。这里提及的第二种死亡,是主体的象征性命运的终结,也就是说主体在象征系统中的位置以及在其中的关系等都被抹除。在前面论述中已然指出,主体的一个重要维度就是由象征性网络赋予内容,所以,主体的第二次死亡涉及主体象征性网络内容的清除,也就比较容易理解了。齐泽克在这里列举了两个案例:一是安提戈涅的象征性死亡先于她的生物性死亡,因为在她生物性死亡之前,她被排除在城邦象征性共同体之外;二是哈姆雷特的父

---

① [斯洛文尼亚]斯拉沃热·齐泽克:《意识形态的崇高客体》,季广茂译,中央编译出版社2017年版,第192页。

② Slavoj Žižek, *The Sublime Object of Ideology*, London and Nork:Verso,1989,p.150.

亲,他则只有生物性的死亡,而没有象征性的死亡。①

其次,考察死亡驱力的两重内涵及其与"两种死亡"之间的联系。关于死亡驱力的第一种内涵,齐泽克是这样表述的:"弗洛伊德所谓的'死亡驱力'之悖论在于,弗洛伊德以'死亡'称谓它的对立面,称谓这种方式——不朽就是以这种方式出现在精神分析中的,称谓生命的神秘过度,称谓超越了生命与死亡、生成与溃烂的(生物性)循环的'不死'冲动。"②在这里可以看到,这一维度的死亡驱力与我们通常理解的死亡驱力正好相反,死亡驱力不是指主体受到一种驱力的驱使而走向自我毁灭、自我死亡之路,而是主体想要超越其生命与死亡的循环的"不死"冲动。换言之,相对于主体的第一种生物性死亡来说,死亡驱力不是把主体引向死亡,而是把主体引向"不死"。这一死亡驱力是要打破主体的生命与死亡的自然规律,让主体从自然规律中解放出来,通往"不死"。这里的"不死",依然有两重理解。第一重,就是近代科学所追寻的"不死",力图将人的意识或者心灵通过技术化凝集于芯片中,然后摆脱人的肉体,载入机器客体,实现人的"不死"。齐泽克曾指出:"数字化切断了使心灵依附于固定物质化身——单个人的大脑——的联结,把心灵的全部内容都下载到电脑中。这是因为,心灵有可能变成软件,而这样的软件又能从一种物质化身无限地转向另一个物质化身,并因此获得某种'不死的特性'。"③在此,且不论这种技术是否能够实现,关键要看到人们对于"不死的特性"的追求。第二重,就是象征性"不死",这是与象征性死亡相对应的。当主体所在的象征性网络结构没有被消除,当主体的象征性网络内容没有被消灭,那么主体就实现了"象征性不死"。前面提及的哈姆雷特的父亲,他没有象征性死

①　[斯洛文尼亚]斯拉沃热·齐泽克:《意识形态的崇高客体》,季广茂译,中央编译出版社2017年版,第194页。
②　[斯洛文尼亚]斯拉沃热·齐泽克:《视差之见》,季广茂译,浙江大学出版社2014年版,第107页。
③　[斯洛文尼亚]斯拉沃热·齐泽克:《视差之见》,季广茂译,浙江大学出版社2014年版,第320页。

亡,实际上就实现了"象征性不死"。

关于死亡驱力的第二种内涵,则是指把主体引向象征性死亡的驱力。齐泽克例举的莫扎特的《唐璜》①可以帮助我们理解这一层面的死亡驱力。唐璜是一个浪荡子,他在面对统领石像时,知道自己不悔过、不认错只有死路一条;但他依然故我,他连形式上的悔过姿态都没有做到。这里当然涉及根本恶问题,但它同时也是关于死亡驱力的。一般人在面对唐璜所面对的处境时,基本都会选择悔过、认错,因为这是生命本能,是求生欲望的要求。但人同时也受死亡驱力的束缚,正是死亡驱力让唐璜能够打破生命本能,追寻象征性的死亡。在唐璜肉体死亡之前,他已经选择了象征性死亡;因为他拒绝悔过、认错的姿态,就是在拒绝象征性网络结构提供的位置、内容。反过来,如果唐璜继续接受象征性网络提供的内容,采取悔过、认错的姿态,那么他就不会面临肉体死亡。

所以,齐泽克的如下论述可以说为死亡驱力的两种内涵作了总结:"在拉康那里,用以界定死亡驱力的,是这双重的分裂:不是生与死的简单对立,而是生命的分裂(生命被分裂为'正常'的生命和骇人的、'不死'的生命)和死亡的分裂(死亡被分裂为'庸常'的死亡和'不死'的机器)。"②这里的"'不死'的机器"实际就是象征机器,比如语言,它本是"死的",但却表现得像拥有生命一般。可以看到,生命的分裂和死亡的分裂这双重分裂确实构成了死亡驱力的空间。突破正常的生死循环,寻求"不死"(对"不死"生命的追求,对"不死"象征机器的迷恋),这对应死亡驱力的第一种含义。摆脱"不死"机器的控制,这是寻求象征性死亡,这对应死亡驱力的第二种内涵。

最后,还要认识到,死亡驱力是人之为人的重要维度。齐泽克指出:"精

---

① Slavoj Žižek, *Tarrying With the Negative: Kant, Hegel, and the Critique of Ideology*, Durham: Duke University Press, 1993, pp.95—96.

② [斯洛文尼亚]斯拉沃热·齐泽克:《视差之见》,季广茂译,浙江大学出版社 2014 年版,第 205 页。

神分析为我们提供的终极教益在于,人类的生命从来都不'只是活命':人并不只是活着,还要为驱使着他们过度享受生活的奇怪驱力所支配,还要强烈依赖于凸显并颠覆了事物的平凡运转的剩余。"①也就是说,人活在世上,并不仅仅是为了活命那么简单,人还会受到死亡驱力的支配。反过来说,缺乏了死亡驱力这一维度,人就不成为人了。从这个维度来说,动物之所以为动物,就在于它只为活命,在于它缺乏死亡驱力的支配。因此,死亡驱力实际上是人之为人的特有维度。齐泽克经常提及"异形"这个例子,异形的生命形态是(只是、仅是、单是)生命,它屈从于双重化的达尔文式驱力——生存和繁殖,也彻底为它耗尽。② 因此,异形就是典型的只为活命,只为繁殖的怪物,它与人相比缺乏的正是死亡驱力。

综上所述,死亡驱力有两重内涵:一是指主体想要超越其生命与死亡循环的"不死"冲动;二是指把主体引向象征性死亡的驱力。死亡驱力与人的"两种死亡"之间存在密切联系,并且死亡驱力是人之为人的特有维度。

总之,齐泽克聚焦于与主体密切相关的分裂、幻象和死亡驱力三个维度,认为主体在本体论上是分裂的;主体与幻象之间呈现为复杂的关系,幻象不是误认,不是社会现实,但幻象构成了它们的基础,并构成着社会意识形态的现实。所以,主体之欲望生成、主体性之形成以及主体借以屏蔽大他者欲望所不可或缺之物都是建立在幻象的基础上。此外,齐泽克后期更为看重死亡驱力与主体之间的内在关联,他认为死亡驱力是人之为人的特有维度,它不仅是人与动物区别的关键特征,也是现实社会的人与人工智能机器人区别的关键特征。总之,在精神分析视域下,从本体论的层面上看,主体是分裂的、非整全的,是处于不断生成的过程中,直至其生命终结。因此,主体的分裂、幻象和死

---

① [斯洛文尼亚]斯拉沃热·齐泽克:《视差之见》,季广茂译,浙江大学出版社2014年版,第107页。
② [斯洛文尼亚]斯拉沃热·齐泽克:《视差之见》,季广茂译,浙江大学出版社2014年版,第199页。

亡驱力既是人之为人,是人之不同于动物的根本标志,又是从另一个维度证明了主体的不定性和生成性。由此,精神分析的主体就与近代哲学的主体观彻底分道扬镳了。因而,"分裂、幻象、死亡驱力"就构成了精神分析主体概念的独特性。

第四章　驱力主体及其论争

马克思发现了剩余价值,弗洛伊德发现了无意识,这都在人类思想史上具有里程碑式的革命意义。前者的理论带来了对资本主义制度的革命,后者的理论实现了对主体认知的革命。号召"回归弗洛伊德"的拉康对弗洛伊德的无意识理论进行了创造性的继承和发挥,其"不思之说"的主体、"穿越幻象"的主体已经在资本主义框架下蠢蠢欲动了,可以说,正是齐泽克在继承拉康衣钵的基础上,将这样一个主体的幽灵呼唤出来,让它在超越资本主义的解放规划中彰显了自身独特的魅力。笔者姑且将齐泽克的超越资本主义的主体命名为"驱力主体"。在这里,从齐泽克对罗尔斯正义主体的评论谈起,以皮平对齐泽克主体观的评论为核心,展开对齐泽克式的驱力主体的分析,以有助于探索超越资本主义框架的主体理论。

一、齐泽克 VS 罗尔斯

齐泽克对罗尔斯正义观的批评集中于对"分配正义"的批判。齐泽克认为,罗尔斯的分配正义最致命的缺陷就在于他的"无知之幕"的前提预设恰恰抹除了主体那种偶然的、不合理性的考量,在无知之幕的情况下,主体好像与自己的言说立场相分离了,换言之,主体好像并不知晓他的言说立场、不知晓自己在社会中的位置,只是一个抽象的主体空壳,一个纯粹的形式主体。齐泽克指出,正义主体在这里出现了悖论,即正义主体的目标是完全透明的,而正义主体的言说位置却完全是不可穿透的。一方面,主体被假定知晓他要作出判断的那个社会的一切情况,而另一方面,主体却对自己在这样一个社会中所处的位置毫不知晓,在齐泽克看来,罗尔斯的正义主体只是一个象征的虚构,是一个抽象的主体,他只是一个原初情境的抽象参与者,他们只是在原初情境的状态下订立一个抽象的社会契约,而这个社会契约所约定的作为公平的正义最终只不过是关于物品的"分配正义"。但是,在齐泽克看来,这远远不能涵盖整个人类社会领域,一种"被迫选择"的牺牲情境就像一粒沙子、一根刺那样,扰乱了罗尔斯正义理论的内平衡机制,由此,它也成为罗尔斯正义论的理论盲点。

什么是被迫选择的牺牲情境?简言之,就是主体发现自己面对着这样一种情境,在这种情境下,主体不是在"好"与"坏"之间作出选择,而是在"坏"与"更坏"之间作出选择。这种情景下势必出现"牺牲",虽然罗尔斯的正义论设计竭力避免出现牺牲情境,但是对于这种不得不面对的牺牲,罗尔斯的理论却无能为力。对此,齐泽克举了一个例子,威廉·斯泰伦的小说《苏菲的抉择》。主人公苏菲有过两次决定自己命运的选择,第一次是在德国的集中营里,纳粹军官让她进行了一个不可能的选择,她不得不在自己的两个孩子之间进行选择,剩下的一个孩子就会被送进毒气室,如果苏菲不作选择,那么两个孩子就都会被送进毒气室。在这种情境下,苏菲悲恸欲绝,但是却不得不进行所谓的"理性"选择,她选了自己的小儿子留下来,而女儿则被送进了毒气室。无法承受的负罪感让苏菲的精神几近崩溃。她来到了美国,与一个行为乖僻、意志消沉的艺术家成为情人,他们一起出生入死,同时,一个年轻的作家也成为苏菲忠诚的追求者,最后,苏菲在两个恋爱对象之间进行了选择,她选择了前者,并且由于两个人都无法摆脱记忆的阴影,而一起双双赴死。可以说,苏菲在第一次选择的时候就已经死了,第二次选择只是一个重复,而她的自杀则是一个真正的行动,是她不对自己的欲望让步的显现。

在这里也可以看出,齐泽克与罗尔斯在原初情境的设定上就存在着根本的差异,在罗尔斯那里,原初情境是和谐的、平衡的,而在齐泽克那里,原初情境则是创伤的,存在着裂隙和不一致。齐泽克沿用了拉康派精神分析的路径,认为主体作为语言的存在,作为俄狄浦斯情结、乱伦禁忌、象征阉割以及父之名的出现背景在场的主体,这样的主体在前符号界的快感与象征秩序之间不得不进行被迫的选择,这样的牺牲情境对于每一个主体而言都是建构性的。因此,齐泽克主张,社会契约,也就是将主体包含在符号共同体之内的这样一个社会契约本身,就具有被迫选择的结构,在这样一个被迫选择之前,根本不存在假定可以自由选择其共同体的主体,主体就是由这种被迫选择所构成的。社会契约所标识的共同体的选择本身就是一个悖论:因为只有在我作出所谓的“正确”选择的情况下,我才保持着选择的自由,如果我选择了不同于共同体的“他者”——比如在精神分析的临床实践中,如果我选择精神病或者疯狂——那么我就不再拥有选择的自由。由此可见,齐泽克的原初情境在逻辑上是先于罗尔斯的原初情境的。齐泽克认为,主体在这个原初选择中牺牲的正是“原质”,那个不可能的乱伦对象,主体牺牲“原质”以获取被包含在象征秩序之内的条件,这在某种意义上就是一种交易,就像在乱伦禁忌中一样,主体通过同意放弃作为原质的母亲,从而得到获得其他女人的条件。这种选择在一种意义上来说是“全部”,也就是对于主体来说,他获得了自己的欲望对象,在另一种意义上来说又是“一无所有”,因为他丧失了自己原初的不可能快感,而这个原初快感、这个原质也正因为这种丧失而获得了存在。应用到对于正义的理解方面,齐泽克认为,正义优先于善就意味着至善(原质)被设定为不可能的或者不可通达的。①

在这里,齐泽克援引了拉康关于主体从异化到分离的论述。从拉康的视

---

① Slavoj Žižek, *Enjoy Your Symptom*!: *Jacque Lacan in Hollywood and out*, London and New York: Routeledge, 1992, p.75.

角来看,主体在原初的被迫选择情境中,放弃选择原质,而臣属于父之名,缔结了"社会契约",这意味着主体向自己的欲望让步,是一种坏的选择,这让主体负上永远难以抹除的罪,而这个罪就是构成了主体的东西,它就是弗洛伊德称为文明之不满的根源,所以在拉康那里,主体都是划杠的,这就意味着,主体被还原为一个被迫选择的空洞姿态。① 主体之所以成为主体就在于这个彻底异化,因此,在拉康那里,只有在经历象征阉割之后,只有成为语言主体的时候,才正式生成了主体,这也使得我们清楚地理解了为什么 Subject 同时拥有"主体"与"臣属"的双重意味。主体的生成就意味着它的彻底异化,没有异化就没有主体。所谓的异化,就是主体只能在两个能指之间进行选择,或者 a 或者 b,或者 s1 或者 s2,而作为主体内核的剩余快感却永远地遗失在选项之外,但是在拉康看来,主体的自由就在于从这种异化向分离的一跃,所谓的分离,就是主体拒绝在两个能指之间进行选择,而是选择了不可能的原质,将自身认同为无法符号化的对象 a,或者以宣泄的姿态热切地拥抱死亡(比如安提戈涅、罗密欧与朱丽叶、进行第二次选择的苏菲),或者完全后退蜷缩进自身沉默的奇异性之内(比如巴特比),这就是穿越幻象、不向自己的欲望让步的驱力主体,它是拉康意义上的精神分析的伦理主体。而这种"分离"的行为就是至高的伦理行为,是齐泽克、巴迪欧意义上的"事件",是产生"新奇"的地点,是真正的变化开始的地方。

主体放弃了"被迫选择",选择了真正的伦理行为,那么这就是克尔凯郭尔所说的"决定的时刻就是疯狂的时刻",而这个疯狂的时刻恰恰也是主体真正自由的时刻,因此,拉康说,疯子是真正自由的人。但是在当代社会中,已经越来越将"疯子"定义为"非主体",因为他们不是正常人,所以就不在主体选择的选项之内。但是正如福柯对疯狂史的考察以及他对疯狂的赞颂那样,疯狂也是创造性能量所在:

---

① Slavoj Žižek, *Enjoy Your Symptom*!: *Jacque Lacan in Hollywood and out*, London and New York: Routeledge, 1992, pp.75-76.

疯狂不能以原始状态被发现。疯狂只存在于社会中,它不存在于孤立它的感性形式和排除或捕获它的排斥形式之外。因此,我们可以说,在中世纪,继而在文艺复兴时期,疯狂作为一种美学或日常事实出现在社会视野中;然后在17世纪,从监禁开始,疯狂经历了一段沉默和排斥的时期。它失去了它在莎士比亚和塞万提斯时代所具有的展现和启示的功能(例如,麦克白夫人在发疯时开始讲真话),它成为被嘲笑的对象,变得具有欺骗性。最后,20世纪掌握了疯狂,将其还原为一种自然现象,与世界的真相联系在一起。从这种实证主义的重新占有中,一方面,产生了一种居高临下的仁慈,这是所有精神病学在对待精神病患者时所表现出来的;另一方面,从奈瓦尔到阿尔托的诗歌中都可以找到一种伟大的抒情抗议,这是一项努力,以恢复被监禁所消灭的疯狂经验的深度和启示的力量。①

当然,对于疯狂,尼采的颂歌总是热情和直白的:

派给天才的不是盐粒而是疯草籽……凡有疯狂之处也就有天才与智慧的种子——某种“神性之物”……一切出类拔萃之物不可遏止地要打破任何一种伦理的束缚,创立新的法则,如果他们原先并非真的疯了,则他们除了把自己弄疯或者假装发疯之外,别无出路——而且不限于宗教和政治制度的改革者,一切领域的改革者皆如此……②

齐泽克与尼采和福柯都看到了疯狂的创造性能量,然而,与尼采和福柯所不同的是,从拉康—齐泽克的视角来看,疯子和正常人并不是外在的、分开的,可以说,所谓的“正常人”正是精神病的一个“亚种”,每一个主体都围绕着疯狂的快感深渊而建构起来,而主体每一次“疯狂”的行为都是主体自由维度的

---

① Michel Foucault, *Foucault Live* (*Interviews*, *1961 - 1984*), Sylvere Lotringer (ed.), Lysa Hochroth and John Johnston(trans.), New York: Semiotext(e), 1996, pp.8-9.

② [德]尼采:《疯狂的意义》,周国平译,陕西师范大学出版社2002年版,第50—51页。

展示。由此,拉康—齐泽克的主体与康德—罗尔斯的主体在根本构成上是相互颠倒的,前者以无意识的驱力行为即所谓的疯狂为前提,而后者则以知性的完满为前提。罗尔斯将康德的认识论主体应用于社会伦理领域,也许应该算得上是某种"越界",因为社会伦理领域正如康德的《实践理性批判》所展现的,属于社会"本体论"的层次,以知性主体来从事"理性"(黑格尔意义上的)事务,也许在前提设定上就已经出问题了。

如果说罗尔斯从现代性的立场对于正义主体重视不够的话,那么罗伯特·皮平则同样出于现代性的立场,对齐泽克的主体观进行了深入的讨论和批评,在某种程度上可以说,这延续了罗尔斯的主体立场。那么,拉康—齐泽克式的非理性主体究竟能否立得住脚呢? 下面来看罗伯特·皮平对此的评论。

二、皮平 VS 齐泽克

罗伯特·皮平对齐泽克主体问题的批判是具有代表性的,可以说,皮平代表着现代性主体认知的较高水平,而齐泽克的主体观却在某种程度上"超越"了现代性维度,二者的论辩与分歧点恰恰表明了两种主体哲学的基本立场。所以,笔者将详细地展示并分析二者关于主体问题的讨论,以期正确地把握齐泽克的主体观。同时,在这个过程中,也可以对超越资本主义现代性的主体思想有一个当代的体认。皮平在马克思主义文学杂志《斡旋》(Mediations)上发表了对齐泽克 2012 年出版的著作《比无还少——黑格尔与辩证唯物主义的阴影》的长篇评论①,对在主体问题上自己与齐泽克的分歧进行了翔实的讨论,我们以此资料为主要依据,在阐述皮平的主要观点的基础上对二者的讨论进行分析。

---

① Robert Pippin,"Back to Hegel?",*Mediations*,Vol.26,No.1-2,Fall 2012-Spring 2013.

皮平认为，齐泽克在《比无还少——黑格尔与辩证唯物主义的阴影》中阐述的基本问题是主体性的存在论问题，即在一个物质世界中，一个思维着的、认知的、行为和互动的主体是什么呢？齐泽克给出了当前哲学思想领域中可能有的四类回答：第一种是科学的自然主义，即脑科学、达尔文主义，第二种是话语的历史主义，以福柯和解构主义为代表，第三种是新时代的西方佛教，第四种是具有某些先验有限性特征的回答，这在海德格尔那里达到顶峰。齐泽克认为，还应该有一种正确的回答，即所谓的"前先验的裂隙或者断裂"，弗洛伊德将之命名为驱力，而这个指明了现代主体性的根本内核。这就要求探讨必须在一个高度抽象的层次上进行。齐泽克在此诉诸了德国古典哲学家康德、费希特、谢林与黑格尔，这里所涉及的就是诸如"否定性"、"非存在"以及代理（agency）的存在论地位。简言之，皮平将之理解为意向性意识的探讨，比如说就像在感知或者经验判断中的那样。沿着这个思路，意识并不完全是一个"实证的"现象，否则，意识就只是某种复杂的登记和反应机制，类似于温度计的机制。经验判断并不仅仅是从对世界的感知中来的，这个"不"就是一切德国问题的发端。在齐泽克看来，我在作出如此一个判断中，就"否定"了感知内容的直接性与被给予性。我并不是单纯地出于因果考量而对事情作出如此反应，我的这种倾向不能作为行为的原因，而是被嵌入一个准则之内，人们据此而作出这种行为。因此，黑格尔说，绝对不仅是实体，也是主体的时候，就是说，主体不仅仅是实体的属性或者表象或者副现象，思辨唯心主义的全部要点就在于，将实体思考为不仅仅是实体，而是实体本身的否定，同时，将主体思考为实体，不仅仅是简单的主体，而主体终究将再次在一个更高的次序中成为实体。因此，齐泽克在此诉诸了亚里士多德的功能主义，即主体就是生物生命形式那独特的在起作用（发挥功能）的东西（活动或者黑格尔的现实 energeia，Hegelian Wirklichkeit），比如，如果眼睛是身体，那么"看"就是它的形式，它的独特的功能（being-at-work），这个功能就是实质的生命形式如何呈现的，并非作为实体的自我否定的裂隙的证明。

　　皮平主要集中于自我意识、统觉与理性的论题。皮平认为齐泽克提出问题的方式自始至终都表现为具有强烈的谢林式倾向。这就产生了一个问题，具有如此否定能力的主体是什么？由于存在着积极的、实证的存在与如此否定性的存在，那么存在必须是什么？存在能是什么？对早期谢林来说，这种主客之间的区分既非主观的也非客观的，这种区分的可能性之基就在于一个"无涉点"；对齐泽克来说，这种立场就涉及献身于存在中的裂隙或者断裂，齐泽克不断地强调和返回的就是指认现实在本体论上的不完满性。在此，就出现了皮平与齐泽克根本的分野，在齐泽克那里，作为现实的裂隙、不一致性、不完满性的本体的深渊——无意识、驱力以及在此基础上的行动，这一切在皮平那里都只是完全虚假的、"比无更少"，皮平认为自己与齐泽克在对德国古典哲学的起点——康德的统觉和黑格尔的自我意识——的认识上存在着差异。皮平认为，不能认为在疯狂的状态下存在着感知、判断、行为等诸如此类的任何确定的意向性的意识，因为如果我在感知，我也意识到自己的感知；如果我相信什么，那么我也意识到自己的相信；同样，如果我没有意识到自己的行为，我就不可能会行动。皮平在此引用了塞巴斯蒂安的观点，在自我意识中，不是存在着两种精神活动，而是只有一种，即行动就是行动的意识，如果没有意识到我自己的行动，就不会存在我的行动。同时，统觉也并非两个位点之间的关系，意识到对象的方式并非自我意识。皮平认为，人们可以说我统觉地或者自我意识地意识到了对象，但是却从不能说我意识到了对象，也将自身作为第二个对象意识到了。换言之，皮平认为，自我意识是任何人类行为与思考的必要条件，它注意到了人类行为与思考的方式，因此，如果关于统觉的观点立得住的话，就根本不需要齐泽克所谓的"断裂"或者"裂隙"、"虚空"作为本体论的核心。

　　针对齐泽克所认为的，每一个有意识的行为都是自我意识的行为，都是不合理的，因为这在经验层面上显然是虚假的。如果如齐泽克所主张的话，那就必然会假定两种行为，即对象的意识与主体意识到的对象，那么最终存在的就只有差异、自我排斥的裂隙,这就是齐泽克的否定的本体论。但是皮平认为,德国唯心主义并不认为存在着两种意识、两种行为,而是只有一种行为,即自我意识或者理性的行为。皮平认为齐泽克对德国唯心主义的解释有失偏颇,甚而乖谬。皮平的主要论点就在于,统觉可以是有缺陷的、自我意识可以是模糊的、理性可以是不完满的,但是,这一切却并不能否定统觉之为统觉、自我意识之为自我意识、理性之为理性。皮平说道,如果相信就是意识到相信,那么就不可能仅仅是"在相信"。对我而言,如果我意识到自己在相信什么,那么也就是说我意识到了自己为什么相信我的所作所为,无论这是多么的不连贯、多么混乱以至于并不能说出确定的原因。即便这种相信的基础是不完善的,即便这导致我声称自己并不知道为什么这样做,这仍在自我意识的范围内。皮平接着说,对于行动来说也是如此。行动者在实施某个行为的时候,总是意识到行动的原因的,即便这种原因是残缺不全的或者难以言明的,由此,信念、认知、意向状态仍处于理性的空间之内,在这些领域诉诸神经—心理学就会导致范畴错误,会使我们对此问题产生误解,会提出一些我们无法使用的东西。这些地方根本无须运用裂隙空洞等范畴。皮平举了打桥牌的例子。在打桥牌的过程中,人们遵循着桥牌规则,但是这个遵循规则却并不能被理解为单纯的对各种线索作出被动的反应,同时玩家也在积极主动地修正自己的策略、挑战权威等,只有在这个意义上才能理解遵循规则的意义。在精神现象学中,黑格尔将这种逻辑的否定性阐述为意识总是超越自身的,并由此经常将意识作为自我否定。但是皮平认为,齐泽克却试图将裂隙或者虚空赋予黑格尔的本体论,并由此将黑格尔唯物主义化,这并不合法。

皮平认为,黑格尔的逻辑学就是形而上学,这就意味着,存在的可理解性就只能是唯一可能的形而上学,对于自然的逻辑而言,自然科学可以提供可理解性的说明,而对于精神的逻辑而言,则只能诉诸社会历史实践,诉诸理性的发展,这里可理解性就只能在主奴辩证法或者要求承认的辩证法中去寻求。

　　皮平引述了费希特对自我意识和理性的强调,比如费希特认为,自我意识与对象意识是密切联系在一起的,前者是奠基性的,后者是以前者为条件的;全部知识学的要旨就在于:理性是绝对自足的,它是自为的存在,除了理性自身没有什么是为理性而存在的。理性的基础只在于自身之内,并且只能以理性自身为基础而得以说明,而不能以任何外在于理性的东西为基础,因此知识学就是先验唯心论。在唯心主义者看来,全部的经验无非理性存在的表演。所以,皮平主张费希特理论的要点就在于"自我"即理性。齐泽克所谓的不存在大他者并不意味着我们在行为与他人的交往中不再依赖于理性。皮平对齐泽克的主要批评就在于认为齐泽克忽略了或者谬解了理性的地位。

　　在齐泽克对黑格尔的阐释中,皮平对以下几点是认同的。第一,黑格尔的基本立场就是不存在独立的、确定的立场,毋宁说,基本立场就是对其他的逻辑上可能的各种立场的正确理解。第二,对黑格尔的"回溯性"维度的重视是具有重要意义的。这个维度有时被称为"迟到的"(belatedness),它指的是某个行为或者主张或者事件回溯性地"设置了自身的前设",比如,一个梦的意义是由于讲述这个梦来得以建构的,而一个创伤之所以成为创伤是在事后被质询的过程中形成的。皮平认为,这个回溯性的概念在黑格尔对行为的描述中是极为重要的。我们做了什么、我们为什么这样做都只是在我们行为之后才形成的。第三,在对"精神是自身的产物"这个非同寻常同时又极具悖论的基本论题的阐释方面,皮平认为,齐泽克的理解切中要害,他超越了以阿多诺为代表的将黑格尔定义为"同一性哲学"的通常理解,在阿多诺看来,黑格尔的"精神"在其产物中使自身外在化,并使自身与其产物相异化,然后又在外在性中返回自身,即否定了这一外在的他者性,最终在一个被扬弃的自我同一性中与自身相和解。齐泽克拒斥了这种对黑格尔精神哲学的描绘,这是皮平所赞同的,但同时,皮平也认为齐泽克对黑格尔的阐释过多地受到他的拉康图式以及中期谢林的影响,因此在对黑格尔的理性与社会性(伦理、现实化的理性)的理解方面,齐泽克并未勾画出真正的、可以信赖的黑格尔轮廓。

三、驱力主体 VS 意识主体

皮平是当代欧美学界德国古典哲学研究专家,在康德的形式理论与黑格尔的自我意识及其市民社会理论研究方面具有很高的学术造诣,他围绕着《比无还少——黑格尔与辩证唯物主义的阴影》、以意识主体对抗拉康—齐泽克式的无意识主体的立论对齐泽克的批评是值得重视的。他对齐泽克批判的要点即在于,主体的每一个行动都是在意识(统觉)范围之内的,即便这个意识可能是模糊的,统觉可能是不完整的,但这并没有跃出意识的领域。在皮平看来,齐泽克认为主体真正的行动在于无意识的驱力行为,或者说,只有在驱力行为中才能生成主体,这是一种范畴错误。不仅如此,皮平认为齐泽克的这种做法还是"画蛇添足",是一种毫无必要的补充。读者在这里大多会赞同皮平的看法,的确,相比起齐泽克对驱力主体的晦涩阐述,皮平的理由更符合常识。那么,应该如何认识齐泽克与皮平在主体论题上的争辩呢?

首先,必须看到,皮平与齐泽克在宏观的理论旨归上是具有相当大的一致性的,他们都致力于在德国古典哲学尤其是黑格尔哲学中发掘、反思、批判以当代资本主义为典型的现代性之思想资源,换言之,他们都试图在批判现代性中重新激活黑格尔哲学。但是,二者却走了不甚相同的路径,其主要的分歧点在于对主体哲学与意识哲学的理解方面。要理解他们之间的分歧点,还要从他们的思想资源谈起。

皮平作为当代研究德国古典哲学的大家,在康德哲学、黑格尔哲学研究方面具有深厚的理论造诣,而康德的自主、自治、自律的主体观也奠定了皮平的主体哲学之基。除此之外,皮平在哲学、文学、艺术等各领域都有较为广泛的研究,对其思想影响较大的有尼采、列维-斯特劳斯、普鲁斯特等,皮平对海德格尔也有一定程度的研究。齐泽克的思想资源也是十分丰富的,海德格尔的存在主义、德里达的解构主义、后现代主义、马克思主义以及西方马克思主义的批判传统,甚至古希腊哲学都对齐泽克的思想影响至深,但是在所有的思想传统中,以黑格尔哲学为代表的德国古典哲学与别具一格的或者在某种意义上说是当代正在被逐渐重视的拉康派精神分析理论,无疑是齐泽克的奠基性思想,齐泽克的惊人之论往往寓于他对黑格尔和拉康的综合或者偏执的重释之中。上面说到,皮平与齐泽克都想在当代重新激活黑格尔哲学,那么他们使用了各自不同的"工具"。主体问题就是这个工具。在皮平那里,主体已然是自主、自律、自由的现代性主体,可以说沿用了康德的主体观,皮平用这样一个自主的主体重新阐释了黑格尔的主奴辩证法、市民社会理论以及伦理学,其全部的企图就在于在现代性之内找到突破现代性牢笼的窗口。皮平在《作为哲学问题的现代主义》中说道:"(关于现代性体验)本书只追寻一条线索,即哲学问题,尤其是可能的自主性问题,或者说在一种根本的意义上,是显得很突出的和有争论的'自律'的可能性。""一种自我立法的或自发的主体,为其本身批判地确定什么应当算作是对自然的一种客观要求,或者说根据其他力量看来是一种有约束力的要求,这标志着一项完全现代的哲学规划的出现。……他的规划比历史上其他任何规划都更加与现代性普遍把自身理解为一种创始相一致,是一个不受传统或宗教权威束缚或制约的开端,最终是自由的和独立的,因而对其自身的可能性有着充分的自我意识。"①而在齐泽克那里,却完全是借用了拉康的主体观去重新激活黑格尔的自我意识的发展过程。有人将拉康学说概括为"纯粹欲望批判",姑且称拉康的主体为"欲望主体"(这里的欲望与皮平所谈的欲望含义截然不同,下文详论),即"不向自己的欲望让步"的主体,同时,拉康的主体还是一个言谈主体,是一个在语言中存在的主体。齐泽克大大地发挥和利用了主体的第一个方面,将其发展为"驱力主体"或者"无头主体",而对言谈主体却并不十分重视。实际上言谈主体也是拉康的主体观中非常重要的一环,如果说拉康的主体是实在界的主体,那么

---

① 雷思温:《评皮平〈作为哲学问题的现代主义〉》,2011 年 12 月 7 日,见 http://www.douban.com/group/topic/23949682/。

他一直致力于对这个无法表述的实在界主体进行表述，即便是通过表述的失败和不可能性才能展示的表述，这与皮平对黑格尔的挽救在某种程度上是相近的。皮平认为，"黑格尔并不试图'把世界变成一个概念'，并因此提供一种最终实质性的描述。他的尝试是要恰当地处理那一过程，即借此必须设想世界是可以理解的。"①是的，可理解性应该是黑格尔与拉康的另一个交汇点，需要注意的是，可理解性并不同于可象征化、可符号性，这里的可理解性可以把握为某种"负的"可理解，通过失败和不可能所展现出的可理解。

如果说皮平的主体是笛卡尔—康德式的大写主体、完满主体，那么齐泽克的主体就是拉康的划杠主体、分裂主体、匮乏主体。为什么会产生这种差异呢？本源在于皮平谈的是认识论主体，而齐泽克谈的却是存在论（本体论）主体，正如前者重视的康德的著作是《纯粹理性批判》，认为是现代性的奠基开山之作，而后者重视的却是《实践理性批判》；前者涉及的是主体与对象的关系，包括主体与外在自然、主体与主体之间的关系，后者涉及的是所谓的精神分析的伦理学（这不禁让我们想起了拉康将康德与萨德的比拟），是一种主体的自身相关的关系。在某种程度上可以说，认识论主体与本体论主体的差异决定了皮平与齐泽克在关于主体的意识和自我意识问题与欲望问题上的理解分歧。

关于主体的自我意识问题，皮平的基本主张是，主体的行为与主体的意识是一体的，任何主体行为都是经过自我意识的，即便有的行为原因是无法明言的。皮平认为齐泽克所谓的主体的驱力行为是一种范畴错误，而且毫无意义。在此，笔者认为，皮平与齐泽克对"意识"的界定是存在差异的。皮平的有意识的或者有自我意识的主体是清醒的、明智的主体，它能够在主体和对象之间进行有效的区分，能够运用自己的分析推理归纳等综合认识能力对对象进行认知，这里不禁让我们想到了康德的运用各范畴进行先验综合判断的"统觉

---

① 雷思温：《评皮平〈作为哲学问题的现代主义〉》，2011 年 12 月 7 日，见 http://www.douban.com/group/topic/23949682/。

的我"。需要注意的是,皮平的认识主体在这里是不涉及"欲望"的,皮平的主体与对象之间的关系是认识关系,不是欲望关系。这与齐泽克的欲望主体是根本不同的,因为齐泽克根本不是在认识问题上来谈论主体或者自我意识,(在齐泽克那里,所谓的"认识"总是虚假的,是幻象),而是直接围绕着欲望主体展开的,它所涉及的不是主体与认识对象之间的关系,而是主体与大他者或者说主体与自身的关系,是拉康意义上的精神分析伦理学。皮平的自我意识的主体与拉康—齐泽克意义上的无意识主体的差异就是认识论与本体论的差异。拉康创造性地发展了弗洛伊德对"无意识"的发现,他将无意识从低于意识的、处于从属地位的潜意识严格分离出来,反对将无意识与自我相联系,认为无意识是"一种自在的创造性力量,即它本身是独立的,具有其自身的生命活力,是人的生命,即人的精神和身体所构成的完整生命体的基础"①。无意识就是主体的裂口,这个裂口就是主体之成为主体的本体所在、真相所在。"在你将自己的痛苦作为症候而表现出来的同一个运动中,你就将其表现为某种你赖以存活而自己并不知道的东西,你无法把握它的意义就像你无法把握梦的意义一样。因此,在你提出无意识的同时,你就提出了主体的分裂(subjective division),因为无意识就是存在的匮乏。"②英语学界著名的拉康研究者和翻译者布鲁斯·芬克(Bruce Fink)也明确地指出,拉康的主体是分裂的主体,拉康对主体的一个定义是:"要么我不思,要么我不在",或者说,我思的时候我不在,我在的时候我不思。"主体在自我与无意识、在意识与无意识、在无法避免的虚假意义上的自身与无意识中语言(意指链)的自动功能之间是分裂的。""主体除了是这个分裂之外,什么也不是。"③

对于拉康的主体观,巴迪欧的阐述简明扼要并把握住了要旨。巴迪欧认

---

① 高宣扬:《拉康对弗洛伊德的超越:"回到弗洛伊德"》,2010年11月13日,见http://www.Psychspace.com/psych/viewnews-3438。
② Richard Feldstein, Bruce Fink and MaireJaanus (eds.), *Reading Seminar XI: Lacan's Four Fundamental Concepts of Psychoanalysis*, New York: State University of New York Press, 1995, p.104.
③ Bruce Fink, *The Lacanian Subject*, Princeton: Princeton University Press, 1996, p.45.

为,拉康试图使得主体的悲剧(在浪漫主义与萨特的存在主义的谱系中)与结构主义相容:

> 拉康有两个目标:一是证明主体是不可削弱的(以安提戈涅这个既有戏剧性又有伦理性的角色为例),一是将主体的这种不可削弱性置于可传达的结构世界中。因此,晚期拉康诉诸数学与拓扑学,创造自己的"数学型"。数学型就是这样一个形式的空间,在这个空间中,人们可以传达治疗的主观体验。但是,这种传达并不能覆盖主观体验的全部,因为主体总是而且总是保持为不可削弱的。对于主体而言,总有某些东西不能被诉诸形式,不能被形式进行逻辑的和数学型的捕获,也就是说,主体不能通过形式知识得到全部的传达。为什么? 对晚期拉康而言,主体是与实在界纠缠在一起的。实在界是绝对抵制象征化的,无论这种象征化是数学还是逻辑、拓扑学。结果就是,拉康在形式化方面一直往前走,走得尽可能彻底,只是为了体验这一最为根本的僵局。在某一时刻,整体的形式化就溃败了,因为它不再能控制它所试图把握的东西。这个时刻就是我们触碰到主体的真实点的时刻。将形式化推进和扩展至这样一个点,在那一点上某种东西逃避和冲开了它的表面……这就是拉康的思想中最为强烈的运动,这一运动在拉康的文本中波涛汹涌,不断展现。晚期拉康常用的波罗米结,这个结系上以后接着又松开了,正是在这个点上,系和解在实践上根本就是无法分别的,根本就是相同的。这个结就是拉康全部思想的终极隐喻。①

既然拉康的主体是实在界的主体,那么它就必然与"纯粹欲望"相关。这里的"欲望"与皮平所说的"要求承认的欲望"毫不相关,在后者那里,欲望只是对于他者以平等的态度对待自身的欲望,是主体间性的欲望,是主体间相互

---

① Alain Badiou and lisabeth Roudinesco, *Jacques Lacan, Past and Present: A Dialogue*, Jason E. Smith(trans.), New York: Columbia University Press, 2014, pp.49-50.

承认的平等的欲望,这属于实证层面的欲望,并非拉康—齐泽克意义上的"纯粹欲望",也许,应该在死亡驱力的层面上来理解这个纯粹欲望:

> 对拉康来说,力比多就是死亡驱力的名字,这是一个悖论,力比多是不可摧毁的生命的表征,因为它只是一个纯粹的表征,所以你只能将它定义为与死亡相关。力比多是从性繁殖的循环中解放出来的。只要人们还是依据繁殖来界定生命驱力,就根本无法涉及力比多,力比多来自生物性欲与通过意指过程而组织起来的人类性欲之间的分离。一旦你得到这种类型的建构,它才能与象征秩序相连,因为只有通过将象征秩序运用于活的存在,你才能产生这种抽象,即力比多。象征秩序是通过在根本上涉及死亡而被组织起来的。正如拉康在"无意识的位置"中所说的,象征秩序是被表征组织起来的,而表征就意味着事物的死亡。死亡总是与象征秩序联系在一起的。这就是为什么被这个秩序所界定的驱力就是死亡驱力。①

死亡驱力是实在界与符号界的"节点",是持续存在的"常量的""能量流"。这就是为什么齐泽克偏执地固守着死亡驱力的能量,只有在与实在界的遭逢处,超越性的立场才会存在。皮平的要求相互承认的欲望涉及的是主体间性,而齐泽克的纯粹欲望涉及的则是分裂主体与大他者的关系,"虽然主体只是在两种他者形式之间的分裂——作为他者的自我与作为大他者话语的无意识——但是这个分裂本身就代表着大他者的过剩。分裂主体的出现标志着大他者的分裂或者溃败"②。主体间性的双方都是完满的主体,这里的欲望涉及的是道德问题,而分裂主体与大他者二者都是匮乏的,主体的匮乏与大他者的匮乏相重合,同时产生了分裂主体与自身的关系,这里的欲望涉及的是内在性关系的伦理问题。在涉及社会变革问题上,虽然齐泽克与皮平都对当代

---

① Richard Feldstein, Bruce Fink and MaireJaanus (eds.), *Reading Seminar XI*: *Lacan's Four Fundamental Concepts of Psychoanalysis*, New York: State University of New York Press, 1995, p.114.

② Bruce Fink, *The Lacanian Subject*, Princeton: Princeton University Press, 1996, p.46.

的消费社会感到不满,但是二者的变革路径却大相径庭。在齐泽克认为当代资本主义内在的矛盾性已经到了不得不发生超越性改变的地方,皮平仍在坚守着黑格尔的市民社会理念,坚守着"六十年代的瑞典"那样的渴望,所以,在政治立场上,齐泽克是激进左翼,而皮平则是社会民主派。

在此,我们站在拉康—齐泽克的角度来看皮平的欲望观与社会观的时候,与琼·克普耶克(Joan Copjec)站在拉康的角度来看福柯的革命观竟有着惊人的相似。克普耶克用"历史主义"来称呼福柯式的社会观。确切地说,历史主义就是"那种将社会还原为权力关系/知识关系的寄居网络的观点"①,克普耶克认为,不能将社会空间还原为其中充斥的各类关系,因为表象——即各种实证的关系——与存在——即纯粹欲望、实在界——从来不是重合的,正是这种切分音的关系(弱拍由于延时而成为强拍,标志着变奏、中断)才成为欲望的前提,而历史主义却试图将存在建基于表象之上,试图将存在与欲望变得毫无瓜葛。② 所以要以纯粹欲望来反对历史主义。克普耶克认为,欲望是否定性地,或者说消极地将自身注册登记在言谈中的,换言之,言谈与欲望、社会表层与欲望之间的关系是否定性的,所以只有纯粹欲望才是产生超越性的"地点"和"缺口",而不是在社会关系网络之内的反叛。克普耶克指出,弗洛伊德将死亡驱力与原始父亲一样设置为一种原始的先验原则,它们是经验领域、快感原则所统治的领域、父权制秩序的领域之原因,这种先验原则是作为原则的原则、是秩序和规则本身的原则,它与秩序本身是冲突的,因为先验原则是第一原则,而秩序和规则本身则是第二原则,后者是派生的,先验原则与派生原则是无法共存的。从这个角度,我们发现,皮平的自我意识的主体与齐泽克的驱力主体或者纯粹欲望的主体之间就是派生原则与先验原则之间的关系,是社

① Joan Copjec,*Read My Desire:Lacan Against the Historicists*,Cambridge:The MIT Press,1994,p.6.

② Joan Copjec,*Read My Desire:Lacan Against the Historicists*,Cambridge:The MIT Press,1994,p.14.

会关系的表层与纯粹欲望的实在界之间的关系,混淆二者之间的关系才是非法的范畴错误,所以归根结底,皮平以自我意识的主体去反驳齐泽克的驱力主体的论点是无法成立的。

总之,齐泽克对正义主体的辨析是非常具有启示意义的,尤其是他对罗尔斯的正义主体的评论,对分析当代社会的人的异化问题、批判资本主义拜物教都有着很大的借鉴意义。拉康派精神分析学意义上的伦理主体,成为我们思考超越当代无所不包的、彻底的物化境况的一个突破口,但是,这种伦理主体也面临着无法解决的僵局,在实施激进的"分离""行动"之后,也就是在死亡或者将自身从社会象征网络中"减除"之后,又会怎样呢? 与马克思主义所主张的阶级斗争一样,齐泽克意义上的"行动"也可以算是一种激进的超越"行动",但是这个行动就像拉康的精神分析理论中所蕴含的悲观主义一样,结局只能是悲剧,只能是没有结局的结局,只能是对现状毫无改变的结局,在此,齐泽克政治哲学之思在理论上的激进性与实践上的保守性就不可避免地相遇了,"终点又回到了起点"。

第五章　精神分析维度中的实体概念

实体(substance)概念是西方哲学史上的一个重要概念。从古希腊柏拉图的理念、亚里士多德的形式因,到近代斯宾诺莎的实体即神和自然,直至黑格尔的"实体即主体"的实体观,实体概念与哲学问题的不断演化如影相随。当历史进入20世纪之后,实体概念又一次被法国精神分析学家拉康重新捡起,纳入其精神分析理论的概念框架中,并赋予了它极其重要的地位。齐泽克毕其数年在精神分析领域的阐释之功,在拉康实体概念的基础上,从现代精神分析学说的角度重新阐发了黑格尔的名言"实体即主体"。为此,准确地把握精神分析领域中的实体概念对于理解拉康—齐泽克的精神分析理论就显得至为重要。

在对实体的规定上,实体也即拉康—齐泽克所谓的实在界,或者说,实在界即实体。齐泽克说:"拉康所谓的实在界所存在的悖论在于,它是一个实体,尽管它并不存在,但它具有一系列的特性"。① 这里,齐泽克一语道出了精神分析领域中的实体的规定及其特征,即实在界就是实体,它具有悖论性的特征。这里,问题的关键不是拉康认为实在界即实体,而是为什么拉康要将实在界视为实体。要理解这一点,必须清楚拉康对实在界的一系列规定及其特性。对此,先看一下齐泽克是如何来阐述这一问题的。

---

① ［斯洛文尼亚］斯拉沃热·齐泽克:《意识形态的崇高客体》,季广茂译,中央编译出版社2002年版,第222页。

一、实在界是一个硬核

齐泽克认为,人们通常将实在界"设想为一个硬核,它抵抗符号化、辩证化,总是固守在自己的位置上,总是回到自己的位置上"①。齐泽克又补充说:"实在界既是坚硬的难以渗透的内核,它抵抗符号化,又是纯粹的空幻性的实体,它本身并不具有本体论的一致性。用克里普克的话来说,实在是一块坚硬的石头,它绊倒了每一次符号化的企图……但与此同时,其身份是极不稳定的;它作为失败、迷失的某物固守于它的阴影中。"②阐释实在界是一个硬核的特征的一个最好的例子就是齐泽克所举的某个科幻小说的故事《实验》。在该故事中,约翰逊教授在向人们演示走进未来 5 分钟时所做的实验时并没有遇到多大的困难,当他设置好未来刻度盘之后,当他把黄铜放入机器平台上,黄铜消失了,5 分钟后又再现了;然而,当进入第二个实验,即走进过去 5 分钟的实验时,却遇到了麻烦,麻烦在于如何现实地走进过去的 5 分钟。根据物理学时间是不可逆的原理,走进过去 5 分钟,在我们现实生活中是不可能的。如果说有可能,那么,只有一种可能,即根据爱因斯坦的相对论,当物体以超光速运行时,才会产生时间倒流,才能回到过去。那么,约翰逊教授是如何进行这个实验呢? 与人们通常的看法相反,约翰逊设计的这个实验看来似乎是一个悖论,即他并没有在规定的时刻将黄铜放在指定的地方,黄铜依然在原地。这令他的同事极为疑惑,不可思议。然而,紧接着出现了令人吃惊的一幕,在黄铜规定显现的时候,发生了一个奇特的现象:"宇宙中的其他的一切,包括教授和其他人,都消失了。"③

---

① [斯洛文尼亚]斯拉沃热·齐泽克:《意识形态的崇高客体》,季广茂译,中央编译出版社2002 年版,第 220 页。

② [斯洛文尼亚]斯拉沃热·齐泽克:《意识形态的崇高客体》,季广茂译,中央编译出版社2002 年版,第 230—231 页。

③ [斯洛文尼亚]斯拉沃热·齐泽克:《意识形态的崇高客体》,季广茂译,中央编译出版社2002 年版,第 221 页。

　　这个故事要说明什么呢？显然，黄铜在它该显现的时刻照样出现，但实验主体却消失了。这个实验折射出实在界与主体之间的"诡秘"的关系。实在界（黄铜）的显现是以主体的"隐遁"为前提的。也就是说，实在界为了显现，不惜让实验主体"消失"。这就是实在界的"硬核"特征及其体现。换句话说，在实在界与主体的关系上，主体可以消失，然而，作为"硬核"的实在界的那个小黄铜却依然存在。所以，齐泽克说，这一实验意味着："即便所有的符号性现实都自行消解，化为乌有了，实在界（那个小黄铜）将回到它的位置。……纵使毁灭世界，也要让正义实现"。① 这里，实验主体就是符号性的现实，而人的"隐遁"或"消失"也意味着"毁灭世界"，但即便如此，黄铜依然会如期出现。

　　不过，需要注意的是，齐泽克在此引用拉康的话，是要指出硬核仅仅是实在界特征的一个方面。也就是说，实在界的特征绝不仅仅限于"硬核"这一个特征，它还有其他的特征。作为实在界的"硬核"特征，是拉康在 20 世纪 50 年代对实在界的规定，这一特征抵抗一切符号化和现实化，以保持其前符号的原有位置的特征，此后，才会出现我们所谓的社会现实以及社会想象。然而，仅将实在界定位于硬核，仍难以概括实在界与想象界和符号界的复杂关系。所以，拉康实在界的看法是在发生变化的。在 20 世纪 60 至 70 年代，拉康逐渐将实在界转移到创伤领域，表现在他在其研讨班报告中将创伤性界定为实在界。这是实在界的第二个层次。

二、实在界是创伤

　　齐泽克说："创伤即实在界——它是抵抗任何符号化的硬核，但关键在于，它是否具有一个未知，它是否在所谓的现实中'真正出现'了，倒是无关紧

---

　　① ［斯洛文尼亚］斯拉沃热·齐泽克：《意识形态的崇高客体》，季广茂译，中央编译出版社 2002 年版，第 220 页。

要的事情;关键仅仅在于,它制造了一系列的结构性效果(置换、重复等)。实在界是这样一种实体,它必定是在事后建构起来的,这样我们才能对符号结构的扭曲做出解释。"①将创伤视为实在界是拉康对弗洛伊德的继承。在精神分析理论中,创伤具有极其重要的地位。创伤自古希腊以来一直是对外科手术意义上的外来伤害而言的。直到精神分析时期,创伤才有了心理学上的含义。在拉康这里,创伤主要指的是心理创伤。一般而言,心理创伤在精神病学上被定义为"超出一般常人经验的事件"。创伤的发生通常都是突然的、难以抵抗的,并对当事者造成难以愈合的心理伤口,因此,创伤具有偶然性特征,创伤会让人们感到无能为力、无助和麻痹。创伤的这种突发性和难以抗拒性是每一个体在其一生中都难以规避的事件,因此,偶然性、突发性和潜在性是其固有的特征。弗洛伊德是在其导师夏尔科(Jean-Martin Charcot)所提出的"创伤神经症"(trauma neurosis)概念的基础上提出创伤概念的。弗洛伊德认为,创伤遵守能量守恒的原则,个体在遭受到外在突发事件的刺激时会产生自身的机体反应或回应,并会释放过多的应激能量。当这些多余的能量无法被心理机制所排泄出去的时候,个体就会产生某种"无能、无助和麻痹"的感觉,这种感觉就是创伤。由于创伤是应激能量潜藏于人的内部而没有得以外泄,因此,创伤在以后遇到类似的诱因时还会发作。拉康的精神分析引入了弗洛伊德的创伤概念,并将它与实在界联系起来。拉康的主要贡献还表现为将创伤与话语相联系。他认为,创伤对个体所造成的伤痛感会一直保留下来,成为实在界,并在以后发挥作用。但创伤并不能通过话语和语言来表述,否则它就不可能成为实在界。齐泽克也认为,"那些从未出口的词语就是拉康所谓的实在界。"②所以,作为创伤的实在界在此表现为一个纯粹的乌有,但它却具有极高

---

① [斯洛文尼亚]斯拉沃热·齐泽克:《意识形态的崇高客体》,季广茂译,中央编译出版社2002年版,第222页。

② [斯洛文尼亚]斯拉沃热·齐泽克:《意识形态的崇高客体》,季广茂译,中央编译出版社2002年版,第222页。

的功效。齐泽克甚至以"麦格芬"（Macguffin）的故事来形象地描述作为创伤的实在界的存在，也即一个并不存在的"乌有"。麦格芬本是希区柯克电影中的一个虚置对象、一个纯粹的假托，其本质上什么都不是，但却发挥着极其重要的作用。关于麦格芬有多个传说版本。在拉康—齐泽克这里，它就是拉康的对象 a，它拥有一个纯粹的空隙，发挥着欲望的对象—原因的作用。当然，将创伤划归为实在界，是从回溯性角度而言的。由于创伤的突发性和偶发性，个体在事件突发之时并没有过多的时间进行感知和反思；只有在该突发事件过后进行回忆和回溯时，主体才倍感其中之"伤痛"，感到该事件对个体所造成的可怕的能量冲击及其效果，并感到"不寒而栗"。因此，事后回溯是将创伤视为实在界的基本之途。

三、实在界是快感

为何将快感当作实在界，这是我们深感疑惑的问题。拉康将创伤当作实在界是对弗洛伊德的继承和发展，如果这一点令人信服的话，那么，将快感与实在界沟通起来，也与弗洛伊德有关吗？回答是肯定的。弗洛伊德经常谈到快乐原则，也谈到快感。但这里必须强调的是，切不可将快感（enjoyment）与快乐（pleasure）等同起来。快感不一定是快乐，快感还有可能与痛苦和罪恶有关，快感甚至与创伤相关。这也是为什么拉康将快感与实在界相关联的原因了。拉康之所以将快感与实在相联系，主要是由于快感所具有的特质与拉康对实在的界定相关。但究竟什么是快感，这是一个非常复杂的问题。如同"创伤"在表面上看不见，但它却实际存在一样；拉康也将快感置于"看不见"的地方，亦即个体或社会的潜意识或超我的层次。这是拉康与弗洛伊德的相似之处。如同只能采取回溯性地对待"创伤"一样，对于快感，人们也只能从快感所造成的后果来回溯性地加以考察。拉康之所以将快感与实在界相联系，至少有如下两点原因：其一，快感的存在具有与创伤类似的特性，它既有且无；

其二,快感会产生一系列的创伤性的结果。因为所谓的"原初快感",必然遭遇到社会的大他者的切割或阉割,从而对个体形成不同程度的创伤。所以,齐泽克说:"如果我们把诸如此类的实在界定为一个悖论性、空幻性的实体,尽管它并不存在,却具有一系列的特性并能产生一系列的结果,那么实在界其实就是快感,这是显而易见的:快感并不存在,它是不可能的,但它产生了一系列的创伤性的结果。"①这里,齐泽克指出了快感的两个特征:一方面,它不存在,它是不可能的;另一方面,它却会产生一系列的创伤性的效果,这就是快感所表现出来的悖论。齐泽克认为,这一基础性的悖论反而证明了实在界的存在。

当然,在齐泽克看来,在拉康这里根本就不存在纯粹生物本能性的快感,快感从来就是社会性的,或至少说,它是生物性与社会性相混合的。齐泽克给出的一个典型的例子就是成人对儿童性欲望的态度,它折射出了性的实在界的真正存在特征。因为就儿童的身体和心理特征而言,其本身是天真无邪的,根本无所谓什么性欲望,等等。既然如此,那么社会或成人有关性的话题,包括涉及性的影视作品,应该完全对儿童"全面"开放,也就是说,没有必要在这些领域严格地控制儿童,限制他们去接触涉性的行为,不应该在这一问题上采取保守的态度,而应该采取开放的态度。然而,实际上,我们都知道,在如何对待儿童的性欲望问题上,无论东西方所采取的都是相对保守的态度,之所以如此,就是因为这涉及儿童在性欲望问题上的悖论性和复杂性。儿童的性欲望并不简单地是一个生理性的问题,而是一个社会性的问题,是一个潜在与现实的关系问题。因为虽然儿童本身是天真无邪的,他们的身心在孩童时期并没有什么性欲望,但这并不代表他们不会受到此方面的"影响"或"污染"。社会和成人如果不加注意,则必然导致儿童性欲望问题上的早熟,进而影响儿童的身心发育,并引发一系列的社会问题。从这个例子可以看出,人们在儿童的性欲望这一问题上的保守主义态度表明,儿童的确存在着潜在的性欲望

---

① [斯洛文尼亚]斯拉沃热·齐泽克:《意识形态的崇高客体》,季广茂译,中央编译出版社2002年版,第224页。

问题,如果处理不好,放任不管,将会造成一系列可怕的"创伤性"后果。所以,齐泽克说:"快感的这一悖论性质,同样可以为我们提供一条线索,以引导我们去阐明那个基础性悖论,该基础性悖论有力地证明了实在界的存在(对某一本身不可能存在的事物的禁忌)。"①因此,我们也就不难理解拉康在对待男女关系问题上的类似的论调。拉康认为,并没有生理学意义上的男女,所谓性别,特别是男女的性别区分完全是社会造成的,只有社会意义上的男性与女性。

四、快感的分类及其意义

概而言之,拉康—齐泽克所谓的快感并非我们通常在现实社会层面意义上理解的"快乐",而是作为某种支配个体欲望和行为的原始动力或社会动力。在一定程度上甚至可以说,快感也包括了"痛感"。在拉康这里,快感被划分为:(1)菲勒斯快感(phallic jouissance)。它指的是符合菲勒斯能指规范的快感,它把心理上的能量通过身体的出口排泄出去,其中,主要是通过欲望实现的形式来实现排泄。(2)剩余快感(jouissance of surplus)。它指的是在菲勒斯快感排泄后,滞留或残存在出口周围的未被排除出去的能量。由于菲勒斯快感总是有限的,总是无法把所有能量完全排泄出去,所以就出现了能量的剩余,这一剩余的能量就形成了剩余快感,因此,剩余快感本身意味着菲勒斯快感的有限性及其缺憾。(3)大他者快感(jouissance of the Other)。它指的是想象中的完全快感,它既无剩余,也无不足。它是幻象的产物,但它能够引发无限的欲望。② 大他者快感与意识形态相关,甚至可以说,它直接体现为某

---

① ［斯洛文尼亚］斯拉沃热·齐泽克:《意识形态的崇高客体》,季广茂译,中央编译出版社2002年版,第224页。

② ［斯洛文尼亚］斯拉沃热·齐泽克:《意识形态的崇高客体》,季广茂译,中央编译出版社2002年版,序言第10页。

种意识形态。这一点齐泽克在《意识形态的崇高客体》中对之作了详细的分析。现代意识形态其实就建立在快感的基础之上。

齐泽克紧紧抓住了快感这一精神分析的核心概念,与拉康对快感的规定略有不同,有学者将齐泽克的快感划分为原质快感、剩余快感和超我快感。[①]但笔者认为,齐泽克的快感划分其实仍然是建立在拉康上述快感分类的基础之上。这里可以作个简单的类比,原质快感其实相当于拉康的菲勒斯快感;剩余快感与拉康的剩余快感相同;超我快感类似于拉康的大他者快感。

齐泽克所谓的原质快感(Thing-jouissance)之所以称为"原质",其目的主要是为了突出快感在三界中的本源性和基础性地位。但必须清楚的是,原质快感本身就是矛盾的、悖论性的存在。原质快感既是匮乏的、看不见的,同时又成为主体和其他存在的原因和动力,它是一个不在场的看不见的动因。对原质概念本身的理解也是多种多样的。如前面指出的,儿童的性欲望其实就是一种原质快感,它构成了儿童成长及其相伴的欲望的原因。正是从这个角度,可以说,在某种程度上,齐泽克所谓的原质快感类似于拉康所谓的"菲勒斯快感"。因为在拉康看来,菲勒斯是一种特殊的能指,它代表了欲望一般,而菲勒斯快感显然指的就是引发菲勒斯的那种原质快感;当然,这样说似乎有点抽象,所以,在此还必须借用弗洛伊德关于快感的基本观点。在弗洛伊德看来,快感其实就是能量流;具体到儿童的性欲望的问题上,一方面,虽然孩童天真无邪,没有性欲望,但其实儿童是潜藏着一种力比多的能量快感流,这是儿童产生菲勒斯及其诸多欲望的原因;另一方面,作为社会的大他者不可能任由这一力比多能量流自由发展,因此,儿童在成长过程中遭受阉割及遭遇创伤是必然的,只不过难以确定的是被阉割或遭受创伤的具体时间。所以,原质快感与创伤事件是密切相关的。原质快感的能量流必然遭遇到大他者的阻碍和切割,这样,对于主体来说,主体遭到了创伤的打击;而对于大他者来说,大他者

---

① [斯洛文尼亚]斯拉沃热·齐泽克:《意识形态的崇高客体》,季广茂译,中央编译出版社2002年版,第99页。

也因为原质快感能量流的冲击而留下了空洞,从而形成了大他者的不可能性,也即 S（$\bar{A}$）。

齐泽克所谓的原质快感其实扩大了拉康的菲勒斯快感,一个典型的例子就是他将失事的泰坦尼克号的碎片视为原质。对于泰坦尼克号,人们寄予了无限的期望,赋予了它崇高对象的地位,它是现代资本主义的微缩景观,同时也是社会阶级分明的稳定整体,总之,它集"万千宠爱于一身"。然而,在它的处女航中却遭遇不幸,沉没于大西洋冰冷的海底世界。齐泽克认为,"泰坦尼克号是一个拉康意义上的原质（Thing）:物质残余、可怕的、不可能的快感的物化。通过审视泰坦尼克号的沉没,我们获得了对被禁止的黑洞的洞察力;那些科技的碎片只是某种由快感的流体所凝结起来的残余,只是某种快感的丛林。"①剩余快感就是对象 a,它是主体与大他者交换中产生的快感的剩余,是一种多余物,它构成了主体欲望的原因。

超我快感则与意识形态密切相关,它指的是由意识形态再生产而产生的形式快感。超我快感完全是意识形态的形式化的快感。这里,意识形态的形式或口号成了超我快感的崇高对象。例如,齐泽克认为纳粹党卫军在战场上不惧死亡的冲锋陷阵就是超我快感的体现。那么,超我出现在哪里呢? 齐泽克认为,超我出现在理性的法则不能完全覆盖的地方。他说:"超我出现在公共法则（在公共话语中阐明的法则）的失败之处,在这个失败之点上,公共法则被迫在一种非法的享乐中寻求支持。超我是淫秽的'夜间的'法律,这个法律作为阴影,必然地加强和补充'公共的'法则。"②概而言之,作为"淫秽的夜间的"超我法则,其实就是我们通常所谓的"潜规则"。潜规则是对公共法则,也就是依据大他者所指定的规则的补充。这一点再次证明,拉康所谓的大他

---

①　[斯洛文尼亚]斯拉沃热·齐泽克:《意识形态的崇高客体》,季广茂译,中央编译出版社2002 年版,第40 页。

②　[斯洛文尼亚]斯拉沃热·齐泽克:《意识形态的崇高客体》,季广茂译,中央编译出版社2002 年版,第66 页。

者的能指 S(A)不是万能的,而是有缝隙的,这一缝隙就是超我快感的领地,它为主体的进入留下了缝隙和空白之处。如齐泽克在书中所列举的美国军队中的同性恋现象的存在,以及 20 世纪 30 年代美国南方小镇白人社区的三 K党对黑人的夜间恐怖行径,这些都没有受到美国法律的严惩,等等,所有这些都是超我快感的潜规则的运行之所。超我快感不仅不与公共法则冲突,有时候还成为公共法则存在的不可或缺的凝聚力,如 20 世纪 60 年代之前的美国社会,白人对黑人和有色人种的歧视,成为美国白人团结和内在凝聚力的重要因素,因为美国当时的成文法是严格禁止种族歧视的。所以,超我快感与意识形态的关系最为密切。它既与制度有关,在某些时候又超然于制度之外,作为制度的补充或必不可少的凝合剂。齐泽克说:"只要超我表明快感侵入了意识形态领域,我们也就能够说,象征的法则和超我之间的对立指向意识形态的意义和快感之间的张力:符号的法则担保了意义,然而超我提供了快感,这种快感成为意义的不被承认的基础。"①

必须注意的是,超我快感的获得是以牺牲第三方的利益为前提的。如美国白人的三 K 党党徒之间的凝聚力是以对黑人的施暴为基础的;同样,齐泽克所例举的他在南斯拉夫服兵役时与一个阿族士兵之间的黄色对话,其目的是为了彰显他们二人之间的密切关系并从中获得超我快感,这也是以牺牲第三方女性为基础的。所以,齐泽克说:"以淫秽为基础的团结总是以牺牲第三方的利益为代价。在上例中,男性之间的团结是以牺牲女性利益为代价的。"②因此,作为实体的超我快感常常体现为某种潜在的道德行为准则,它常常体现为伦理的或道德的超我命令。这种超我快感的获得是以某种潜在的共同的善或恶为前提的。因此,超我快感构成了拉康所谓的"实在

---

① [斯洛文尼亚]斯拉沃热·齐泽克:《意识形态的崇高客体》,季广茂译,中央编译出版社 2002 年版,序言第 1 页。

② [斯洛文尼亚]斯拉沃热·齐泽克:《意识形态的崇高客体》,季广茂译,中央编译出版社 2002 年版,序言第 1 页。

伦理学"的内容之一,因为快感本身是归属于拉康的实在界的。同时,对原质快感、剩余快感和超我快感的区分,使拉康—齐泽克的快感开始疏离弗洛伊德过分强调的"力比多"的生物本能基础上的快感意义,增添了快感的"社会"维度意义上的考察和探讨,这是拉康—齐泽克对精神分析理论的贡献和发展。

最后,值得注意的是,无论拉康—齐泽克如何强调作为实在界的实体概念及其悖论特征,他们的重心是完全建基在对精神分析中人的意识的"超感官"的"无意识"的探讨基础上的。作为实在界的实体的"乌有"的特征,必然导致拉康—齐泽克走向某种神秘主义。对此,我们必须保持清醒的头脑和批判的态度。

第六章　精神分析维度中的
实体和主体

　　与弗洛伊德一样,以拉康为代表的现代精神分析理论仍然是以无意识为研究对象的学说。拉康始终声称要"回到弗洛伊德",这表明拉康与弗洛伊德之间存在着密切的思想渊源关系。然而,拉康的思想体系中也渗透着浓重的黑格尔思想成分。这表明,拉康在 20 世纪 30 年代也受到了当时俄裔法国哲学家科耶夫所传播的黑格尔哲学的影响。如果将拉康的精神分析理论与黑格尔的精神哲学加以对比,可以发现,拉康学说与黑格尔哲学之间仍存在着巨大的差异,甚至是完全对立的。黑格尔哲学是理性主义的集大成者,而拉康则完全相反,说拉康思想是无意识的典型代表并不过分。前者是建立在辩证逻辑基础上的精神发展的现象学,是主体在必然性指导下的精神发展历史;后者则是建立在偶然性基础之上的,以精神病为特例展开分析的欲望辩证法理论,是主体遭遇到偶然性创伤之后的精神分析理论。其中,一个是从偶然性,从正、反、合的三段论演绎走向绝对精神的必然性;另一个则是从社会存在的必然性,也即大他者存在的必然性,走向创伤个体的偶然性、不定性和形式快感的独特性,并进入具有某种普遍性的主体心理分析的理论。然而,尽管黑格尔的精神现象学与拉康的精神分析理论存在着上述差异乃至对立,但从逻辑上看,二者又具有相通之处:它们都涉及内容与形式、普遍性与特殊性、偶然性与必然性的辩证关系。鉴于齐泽克在阐释拉康理论方面的巨大成功及其影响,在此主要从解读齐泽克的《意识形态的崇高客体》入手,就拉康—齐泽克最为典型的一个命题"实体即主体"展开分析,以破解该命题在精神分析方面的意义,以及它与黑格尔哲学的异同。"实体即主体"这一命题集中体现了拉康—齐泽克精神分析理论的精髓,即主体与实在界之间的复杂关系。把握这一命题将有助于从更深层次来领略精神分析的要旨,并在此基础上展开精神分析理论的分析及其批判工作。

一、实体的形式化及其向主体的转化

拉康—齐泽克从黑格尔那里借来了"实体即主体"这一命题,并对之作了精神分析的加工改造。齐泽克说:"我们就应该这样解读黑格尔对实体即主体所作的基本区分:实体是实证的先验本质,它被假定隐藏在现象的幕后;要想把实体体验为主体,就要把握这一点,现象之幕首先隐藏的是下列事实:它要隐藏的是乌有,而这幕后的'乌有'就是主体。"①这就是说,现象之幕后面的实体是虚无,是乌有和虚空;与实体相对的主体也是乌有和虚空。在拉康那里,由于实在界、符号界(象征界)和想象界是一个三维的拓扑学结构,因此,在实体观的理解上,从内容和维度上,拉康与黑格尔都有本质的区别。在精神分析看来,根本不存在什么现象与本质的区分;如果说存在着什么本质的话,那么这个本质也即主体的本质,而主体的本质就是虚无或匮乏。齐泽克说:"在实体的层面上,表象只是一种简单的欺骗,它提供给我们的是有关本质的一个虚假意象;而在主体的层面上,表象的欺骗恰恰是通过假装欺骗完成的,是通过弄虚作假完成的——它假装要隐藏某种东西。它隐藏了下列事实:它

---

① [斯洛文尼亚]斯拉沃热·齐泽克:《意识形态的崇高客体》,季广茂译,中央编译出版社2002年版,第270页。

没有隐藏任何东西。"①按此说法,我们生活的世界中所存在的似乎仅仅是表象,即拉康的想象界和符号界,除此之外没有任何其他的东西。那么,这是否意味着根本就没有实体呢?甚至根本就不能谈及实体这个概念呢?相反,拉康—齐泽克认为,除表象之外,仍然存在着实体;无论从实体的层面看,还是从主体的层面看,实体或实在界都是存在的。具体而言,在《意识形态的崇高客体》中,齐泽克将拉康精神分析的实体概括为"硬核、创伤和快感"等诸形式。②

只有在确认精神分析的实体观的基础上,才能谈及实体与主体的关系及其转化。这必然涉及黑格尔有关本质与现象、同一与差异的论述。齐泽克认为,黑格尔是在实体转变为主体的那个点上来解决实体即主体这个难题的。而这一点就在黑格尔的逻辑学中"本质逻辑"的结尾处:"在那里,伴随着从绝对必然性向自由的转变,客观逻辑向主观逻辑的转变。从最后的、黑格尔的本质逻辑的第三部分(关于'现实'的那一章)的观点来看,实体作为主体的难题是以下列方式表达的:我们怎样才能清晰地描述那种不会消解在必然之中的偶然性?"③这里,齐泽克追踪了黑格尔的论证逻辑,并指出黑格尔的第一步是区分偶然性与必然性:"形式的现实性、可能性和必然性";第二步是区分"实质的现实性、可能性和必然性";第三步是绝对必然性。正是通过必然与偶然之间的辩证转化,凸显了实体与主体之间的辩证关系。④ 齐泽克甚至以马克思经常引用的例子为例。他说:"只要提及经典的马克思主义例子就够了:法国大革命转变成波拿巴主义的必然性,是在拿破仑这个偶然性的个

① [斯洛文尼亚]斯拉沃热·齐泽克:《意识形态的崇高客体》,季广茂译,中央编译出版社2002年版,第270页。
② 参见[斯洛文尼亚]斯拉沃热·齐泽克:《意识形态的崇高客体》,季广茂译,中央编译出版社2002年版,第220—224页。
③ [斯洛文尼亚]斯拉沃热·齐泽克:《快感大转移——妇女和因果性六论》,胡大平等译,江苏人民出版社2004年版,第38页。
④ [斯洛文尼亚]斯拉沃热·齐泽克:《快感大转移——妇女和因果性六论》,胡大平等译,江苏人民出版社2004年版,第39—40页。

人身上实现的。"①亦即,通过拿破仑这个偶然性的个体,整个法国大革命这一"实体"的精神就转换成了"波拿巴主义"这一主体了。实体即主体,正是通过偶然性的环节实现的;或者说,本质是通过偶然性的现象体现的。

从黑格尔思辨哲学的角度看,就实体而言,黑格尔的实体就是本质的化身,但它必须透过现象才能实现本质与现象的辩证统一。然而,对精神分析而言,实体就是一个"乌有"。但这一"乌有"必须通过"现象"才能得到显现和揭示。或者说,现象本身与乌有是难以分离的,它是一个拓扑学的结构组合。实体必须通过拉康的想象界和符号界才得以揭示实体的"乌有",否则实体的特性无法得到表现。现象或表象显现为对主体的欺骗,它使主体自以为现象界或表象世界就是主体所谓的真实世界,除此之外别无其他。然而主体并不止于此,主体并不滞留于现象或表象世界,而是竭力追求表象背后的本质,认为在世界的表象背后有一个真正的本质或本真的世界。不过主体最终发觉,他所追求的本质其实是一场"虚空"。在这一点上,主体的看法是完全错误的,因为表象并没有隐藏任何东西。实体即乌有或虚空,或者说,根本就没有什么本质。如果说有本质,那么表象或形式就是本质。② 齐泽克还以戈尔巴乔夫的"改革"和"新思维"为例,来佐证实体的乌有特性。他指出,20 世纪 80年代中期,当戈尔巴乔夫开始实施其所谓的"改革"和"新思维"的时候,西方很多学者和政治家都认为,戈氏的所谓"改革"和"新思维"不过是一些表面性的、形式的、非本质的、不触及苏联体制的政治举措,是"换汤不换药"的小打小闹,甚至有人认为戈氏比一般的共产主义领导人更强硬,因为他为苏联的集权体制提供了一个诱人的"开放、民主"的外在表象。然而事实是,这些被西方学者或政治家视为表象的或形式的"民主"改革,最终导致了苏联庞大帝国

①　[斯洛文尼亚]斯拉沃热·齐泽克:《快感大转移——妇女和因果性六论》,胡大平等译,江苏人民出版社 2004 年版,第 40 页。

②　参见[斯洛文尼亚]斯拉沃热·齐泽克:《意识形态的崇高客体》,季广茂译,中央编译出版社 2002 年版,第 222—224 页。

的解体。① 因此,齐泽克指出,不能仅仅着眼于对当时戈氏真实意图的分析。这里"要提及的黑格尔式的看法是,这种陈述或许是真实可信的,戈尔巴乔夫十有八九是'真的',只是想改善这一现存的制度而已。不过,不管意图如何,戈尔巴乔夫的行为却启动了自上而下地改善这一制度的进程:'真理'存在于被视为纯粹外部形式的事物之中。因此可以设想,'本质'依然是空洞决定,其充分性只能通过下列检验得到检测"②。这个案例典型地反映了形式和本质的关系,也即形式就是本质的道理。

二、实体与主体之间的相互作用关系

从精神分析的角度看,实体与主体之间是一种决定性和设定性的(presupposed)关系。具体而言,在精神分析中,实体与主体之间体现为黑格尔所谓的能动(积极)实体与被动(消极)实体之间的一种错综复杂的关系。要说明这一点,必须联系黑格尔有关实体的绝对必然性以及能动实体与被动实体的论述。这里,笔者结合拉康的精神分析的幻象公式($\$ \diamond a$)来作一具体分析,它涉及拉康的对象 a(指剩余快感)与主体之间的错综复杂的关系。

与斯宾诺莎的实体观相比,黑格尔的一个突出贡献就是提出了能动实体和被动实体的观点。在黑格尔看来,实体是通过自身的设定而发展出偶然性的,因此,可以说实体把自身设定为偶然性,这一偶然性也是另一个实体;但这另一个实体毕竟不同于自身设定的实体自身。因此,黑格尔将自身设定的、能动的、行使动力的实体称为能动实体,即原因;而将被设定的、接受动力的另一个实体称为被动实体,即结果。这样,实体就体现为能动的原因与被动的结果

---

① 参见[斯洛文尼亚]斯拉沃热·齐泽克:《实在界的面庞》,季广茂译,中央编译出版社2004年版,第95页。

② [斯洛文尼亚]斯拉沃热·齐泽克:《实在界的面庞》,季广茂译,中央编译出版社2004年版,第95—96页。

之间的关系。① 黑格尔说："实体作为绝对力量是自己与自己联系着的力量，（这种力量只是一种内在可能性）并因而是决定着其自身成为偶性的力量。同时由偶性而设定起来的外在性又与这种力量有所区别，则这种力量，（正如它在必然性的第一种形式中，乃是实体那样）。现在就是真正的关系，这就是因果关系……实体在如下情形下，即是原因：即当实体在过渡到偶性时，反而返回到自身，并且，因而是原始的实质。"②

对于黑格尔从必然性和偶然性过渡到能动实体和被动实体的分析，齐泽克表示完全赞同。他说："作为自身的原因的绝对必然性，是一种内在的矛盾观念；当实体观念（与斯宾诺莎的绝对必然性是同义的）分裂为积极实体（原因）和消极实体（结果）（即能动实体和被动实体——引注）时，其矛盾同样是引申的、设定的。因此，这种对立被一种交互作用的范畴所克服，在其中（决定着自身的结果的）的原因被结果所决定——因此，我们从实体过渡到了主体。"③因此，从实体到主体的演变过程中，如何准确地把握能动实体与被动实体之间复杂的相互作用，是理解实体问题的关键。其中，实体的自我"设定"一词至为重要。由于实体是必然的，是自我设定的，所以它是自在自为的。但正因为如此，实体必须外化，才能达到自我反思和相互作用。因此，黑格尔认为："仅仅就存在是被设定的而言，它是自在和自为的，因此这个无限的自我反思相互作用是实体的圆满完成。但是这种完成不再是实体本身而是某种更高的东西，即概念、主体。"④这样，我们就从黑格尔基于实体的精神现象学导出了实体与主体的相互作用及其复杂过程。然而，要真正把握二者之间辩证

---

① 参见［斯洛文尼亚］斯拉沃热·齐泽克：《实在界的面庞》，季广茂译，中央编译出版社 2004 年版，第 312—316 页。

② ［德］黑格尔：《小逻辑》，贺麟译，商务印书馆 1980 年版，第 316 页。

③ ［斯洛文尼亚］斯拉沃热·齐泽克：《快感大转移》，胡大平等译，江苏人民出版社 2004 年版，第 42 页。

④ G.W.F.Hegel, *Science of Logic*, A.V.Miller(trans.), Atlantic Highlands: Humanities Press International, 1989, p.580.

的复杂关系,更清晰地认识黑格尔的这一论题,还必须结合精神分析理论。

必须在此强调的是,黑格尔所谓的能动的实体(原因)和被动的实体(结果)是相对的,而非机械意义上的原因和结果的关系,它是其辩证法意义上的相互作用。黑格尔的这一论题及其阐述,表现了他对精神的深刻性及其复杂性的洞见。黑格尔的实体观是对传统机械因果决定论关系的突破。而拉康的实在界,特别是其幻象公式,正好提供了一个对黑格尔实体观的极佳的例解。

如上所述,拉康的对象 a 就是剩余快感,而剩余快感是拉康的实在界的内容。在拉康那里,实在界就是实体。因此,在某种程度上,可以将对象 a 视为实体。齐泽克认为,拉康的幻象公式中的主体和对象 a 的关系,不但体现了主体与实体的关系,而且折射了能动实体与被动实体之间的错综复杂的相互关系。具体而言,在拉康那里,对象 a 构成了主体的原因,是主体的欲望对象—原因。齐泽克说:"正是实在界对每一符号化的剩余,在作为欲望的对象—原因(object-cause of desire)发挥作用。"①也就是说,在对象 a 与主体的关系中,不是主体决定对象 a,而是主体受制于对象 a。至少从表面看,二者之间是决定和被决定的关系。无疑,齐泽克有关主体与对象 a 的关系,是对传统哲学主体性理论的颠覆。因此,对象 a 本身是具有"本体论"的成分。我们可以将对象 a 看作实体或实体的一部分。这样,就可以说对象 a 是自因,是一种自我设定。按照黑格尔的能动实体和被动实体的划分,可以把对象 a 视为能动实体;它体现为黑格尔哲学中的某种必然性的东西。然而,必须注意的是,在拉康这里,对象 a 同时又是一种设定的存在。用黑格尔的术语来说,就对象 a 是被设定而言,它的存在是"自在的"。然而,一旦它被主体所设定,它就变成了"自为的"存在。其中的关键在于,作为实体的对象 a,其最大特征是非存在或匮乏。一方面,对象 a 是主体欲望的原因,其特征是空洞和匮乏;另一方面,对象 a 又是由被阉割的主体 $ 所设定的,它是主体的欲望对象或幻象对象;也就是

---

① [斯洛文尼亚]斯拉沃热·齐泽克:《意识形态的崇高客体》,季广茂译,中央编译出版社2002年版,引论第4页。

说,原来的主体与对象 a 之间的主动和被动关系,现在又被颠倒了过来。换句话说,在原来的主体和对象 a 的关系中,归属于实在界的对象 a 可以称为"能动的实体",它构成了主体的原因。然而,反过来,从对象 a 的形成过程及其特征看,对象 a 则又是主体设定的:如果离开了主体,也就无所谓对象 a。如此,对象 a 又处于被设定的地位,甚至被动的地位。用黑格尔的话来说,它又变成了被动的实体,而主体反而变成了主动性的。因此,这里的关键就转向了拉康幻象公式中那个虚空的主体 $。换句话说,实体问题的解答还必须求助于主体。因此,$ 与实体的对象 a 之间的关系就显得愈加复杂,二者之间呈现出一种相互作用关系,而非简单的决定和被决定关系。对于这一复杂关系,齐泽克作了如下概括:"这个相互作用范畴比它看起来的更为复杂,为了更充分地理解它,我们必须返回到 $ 与 a 之间的关系,a 是一个对象,仅仅就其被设定而言,它是自在的;作为主体的原因,它完全由主体设定。换句话说,相互作用表明真实原因及其在主体出现之处的指示效果这两者相同的恶性循环,其中,结果的象征网络相互设定它的创伤性原因。因此,我们到达了主体的最简明定义:'主体是一种结果,这种结果完全设定了它自身的原因。'"①

　　根据拉康的幻象公式($\diamond$a),结合黑格尔有关实体与主体之间,特别是能动实体与被动主体之间的相互作用的原理,齐泽克恰当地指出了主体与对象 a 之间的错综复杂的相互作用关系。一方面,主体是实体的结果,是实体 a 的体现,甚至可以说是实体的代理。但另一方面,这种结果并非外在的,而是内在的;也就是说,主体作为实体的结果,是主体自己造成的,而非由外在的原因引发的,这种结果完全设定了它自身的原因。套用黑格尔的话来说,就是对象 a 与主体之间的关系是主体自身演化而来的,而非外在的。因此,可以说,在探求精神分析的创伤性和偶然性背后的原因和动机方面,拉康的外在性和偶然性逻辑与黑格尔追求绝对理性的内在性和必然性逻辑,在此相遇了。基

---

① [斯洛文尼亚]斯拉沃热·齐泽克:《快感大转移——妇女和因果性六论》,胡大平等译,江苏人民出版社 2004 年版,第 42 页。

于拉康的精神分析理论,齐泽克从主体与实体内在互动关系的角度,非常巧妙地阐释了黑格尔"实体即主体"这一内在的辩证逻辑命题。齐泽克说:"如果我们接受这样一种绝对观念,那么差别的环节(绝对的内容通过差异成为多种多样的特殊规定)仅仅涉及'说明过程'、表现方式,以及涉及作为有限主体从我们外在反思的位置来理解绝对而不是绝对自身的方式。相反,'实体即主体'正好意味着'说明过程'——从我们外在反思的位置,我们理解绝对的方式——是决定自身的内在规定。"①如此,精神分析的外在反思就与黑格尔的内在反思相沟通,并走到了一起。

三、主体的代理地位及其纯粹特性

从实体与主体的辩证关系出发,可以得出一个结论:"实体即主体"意味着主体的代理地位。之所以说主体是实体的代理,乃是基于对实体和主体的规定。拉康、齐泽克对实体和主体都进行了新界定。拉康的实体即实在界。齐泽克说:"拉康所谓的实在界所存在的悖论在于,它是一个实体,尽管它并不存在,但它具有一系列的特性。"②实在界的悖论在于它是匮乏或乌有。另一方面,就主体而言,主体的确是我们看得见的真正的存在。但拉康的主体又是什么呢?

拉康的主体也是一个虚空或匮乏。它不同于传统哲学的主体,不是笛卡尔那个"我思"(cogito)的主体。笛卡尔的主体有一个本质,即"我思";这是一种主体本质主义的立场。与主体本质主义相对的是实体本质主义。在近代哲学史上,斯宾诺莎是一个实体本质主义者。其实,"我思"的主体本质主义与

---

① [斯洛文尼亚]斯拉沃热·齐泽克:《快感大转移——妇女和因果性六论》,胡大平等译,江苏人民出版社 2004 年版,第 43 页。

② [斯洛文尼亚]斯拉沃热·齐泽克:《意识形态的崇高客体》,季广茂译,中央编译出版社2002 年版,第 222 页。

"我在"的实体本质主义是同一的。因为在笛卡尔看来,只有"我思",才有"我在",而"我在"的核心又是"我思"。就斯宾诺莎而言,他的实体观是将主体化约为实体,主体退却了、消失了,一切皆归为实体,实体成了唯一的存在,最后被化约为自然和神。然而,到了黑格尔,他终于将实体与主体沟通起来,并得出了"实体即主体"的结论。但无论如何,黑格尔的"实体即主体"仍然是建立在本质主义的基础之上。因为黑格尔强调事物的内在性,追求事物的本质。然而到了拉康,他的主体是一个"非思"或"不思"的主体,一个虚空的非存在的主体。齐泽克说:"人们通常把黑格尔的这些命题,化约为一种简单的本体论替身——把主体提升到生存整体的实体性本质的地位上来:首先,意识觉得,在现象的幕后隐藏着另一个先验本质;然后,借助于从意识到自我意识的过渡,它体验到,隐藏在现象后面的这一本质,这一激发现象出现的力量,就是主体自身。不过,对黑格尔这样的解读,把主体直接等同于隐藏在幕后的本质,忽视了下列至关重要的事实——黑格尔式的从意识向自我意识的过渡,暗示出对某个严重失败的体验:主体想揭穿幕后的秘密;他的努力失败了,因为幕后一无所有,而一无所有就是主体。"[1]所以,拉康的主体的虚空特性是一目了然的。拉康用 $ (打上了斜杠的 S)来表示主体,意味着只要主体进入语言之中,只要主体开口说话,主体就受到了语言的"污染"和"阉割",主体就被"异化"了,变成了一个被阉割的主体。拉康"用 $ 表示主体,$ 是一个被斜线封死了的 S,是一个空隙,是能指结构中的空位"[2]。但在人类社会中,任何一个"正常的"主体必须是一个会"说话"的主体。这里的说话范围很广,它不仅包括口头交流,也包括眼神、肢体动作语言等。聋哑人虽然听不见、不能张口说话,但其同样是拉康意义上的主体。在人与话语之间,人是话语的奴隶。所

---

① [斯洛文尼亚]斯拉沃热·齐泽克:《意识形态的崇高客体》,季广茂译,中央编译出版社2002 年版,第 268—269 页。

② [斯洛文尼亚]斯拉沃热·齐泽克:《意识形态的崇高客体》,季广茂译,中央编译出版社2002 年版,第 100 页。

以,拉康说:"主体是通过与另一个人(another)对话的言语(speech)而被建构的,就此而言,有关主体历史的这一论点显然构成了弗洛伊德所谓的精神分析新方法的基础。"①面对着由语言构筑的能指之网,拉康认为:"主体最终只有承认,他的存在只是其自己的想象建构,这一建构削弱了他所有的确定性。因为在他将其存在重建为另一个(人)的工作中,他重新遭遇到了根本性异化,这一异化使他把其存在建构为另一个(人),而且,这另一个(人)注定要攫取其存在。"②所以,拉康彻底颠倒了近代哲学的主体观,颠覆了主体观上的本质主义,走向了非本质主义的主体观。

那么,主体的这一虚空性是如何在非本质主义的实体中体现的呢? 齐泽克说:"正是在这个意义上,(能指的)主体与(幻象的)对象相关联,甚至完全一样了:主体是空白,是大他者中的洞穴,而对象则是用来填补这一空白的惰性内容;主体的全部'存在',都寄身于用来填补其空白的幻象对象之中。"③齐泽克这段话语至少透露出大他者、主体和幻象对象之间的如下关系:(1)无论大他者如何对主体进行阉割,大他者内部总是存在着一个空隙。也就是说,大他者并非完全封闭的、坚不可摧的,而总是有漏洞的。根据拉康的复杂的欲望图表,大他者的空隙其实是前符号的快感流将大他者的象征能指链打穿的结果,从而形成了短缺能指 S (A)(signifier of lack)。(2)大他者的空隙是为虚空主体预留的空位,这个空隙的位置只有虚空的主体来占据,而非一个"所指的主体"来占据。(3)主体一旦占据这一空位,它就不再是原来那个虚空的主体,而变成一个拥有"意识形态的崇高对象"的主体。他不但与幻象对象密切相关联,而且等同于幻象对象本身。换句话说,能指主体即幻象对象,而幻象对象就是能指主体。必须注意的是,主体与幻象对象的一致或完全等同是

---

① Jacquece Lacan, *Ecrits:A Selection*, Bruce Fink(trans.), New York:W.W.Norton & Company, 2002,p.213.

② Jacquece Lacan, *Ecrits:A Selection*, Bruce Fink(trans.), New York:W.W.Norton & Company, 2002,p.227.

③ Slavoj Žižek, *The Sublime Object of Ideology*, London and New York:Verso,1989,p.195.

有前提的,即此时的主体已经变成了一个欲望主体,一个具有菲勒斯(phallus)能指的主体。这里,菲勒斯在将匮乏主体转化为意识形态主体的过程中,发挥着重要的作用。(4)主体与幻象对象的等同是以主体受制于幻象对象为前提的。也就是说,主体的全部存在都寄身于用来填补其空白的幻象对象之中,而非幻象对象寄身于主体之中。换句话说,在主体与幻象对象的关系中,不是主体决定客体(幻象对象),而是这一特殊的"幻象对象"决定着主体。这样,拉康—齐泽克就彻底颠倒了近代哲学的主体—客体关系。此时,在主体与实体的关系中,那个幻象对象其实就是实体的对象化,它以一种隐而不显的方式决定着、指挥着主体;而主体则不自觉地,或曰"心甘情愿"地受那个幻象对象的指挥或摆弄。当然,主体的"心甘情愿"并非"被动的",而是如黑格尔所言的"理性的狡计"。在此,主体虽然是积极的、主动的、有目的的和理性的,自以为目标明确,肩负并完成着实体所赋予的"使命",然而它无非是一个"消失的中介"。齐泽克是如此表述二者关系的:"在主体与实体之间的这种矛盾关系中,主体在实体的世界中作为一种断裂而出现,就此主体与实体的这种关系难免被这样一种观念所萦绕:在弗洛伊德-拉康的实在界的意义上,主体成了'消失的中介'。"①此时,可以说,在主体与实体的关系上,能指的主体是被动的,实体是主动的。这正好符合了齐泽克的一句话,即"主体是实在界对大他者的应答"。也就是说,在大他者、主体与实体三者的复杂关系中,当大他者被前符号的快感流所打穿而形成 S ($\mathbf{A}$)、留下空位的时候,虚空的主体出场了,它填补了大他者留下的空位,并形成了能指的主体。与此同时,能指的主体只能被幻象对象所填充,并最终形成一个齐泽克所谓的意识形态的崇高对象所占据的主体。这就是精神分析中主体的地位或位置。因此,如果说从精神分析的视角看,主体与实体等同,甚至说"主体即实体",那么则必须说,主体不过是实体的代理而已。

---

① [斯洛文尼亚]斯拉沃热·齐泽克:《延迟的否定》,夏莹译,南京大学出版社 2016 年版,第 41 页。

四、精神是一块骨骼

　　"精神是一块骨骼"是黑格尔的一句名言。黑格尔在《精神现象学》中提到了这一命题,并用很大的篇幅叙述了面相学和颅相学的知识。人们可能会发问,作为如此高贵的精神,怎么可能与丑陋的骨骼相等同呢? 黑格尔这样做的目的是为了沟通伟大的精神与普通的头盖骨之间的内在关联。黑格尔说:"至于自我意识的个体性的另一方面,即它的特定存在的那方面,则是独立着的存在和主体,换句话说,是一种事物,更确切地说,就是一块骨骼。人的现实和特定存在就是人的头盖骨。"①显然,"精神是一块骨骼"是黑格尔有关普遍性与特殊性、必然性与偶然性、本质与现象等诸多命题的集中体现。在这里,作为实体的精神与作为具体的主体的"骨骼"这极不协调的两者辩证地统一在了一起。对黑格尔而言,两者统一的基础就是作为本质的无限丰富性的"精神",而"骨骼"无非就是"精神"的现象和代理而已。而在拉康—齐泽克这里,二者统一的基础则是作为悖论的实在界与作为虚空的主体的辩证统一。正如齐泽克所言:"精神是一块骨骼,它把两个绝对不相容的术语置于一个等式之中,一边是主体的纯然否定性的运动,一边是呆板客体的麻木不仁。这一命题是否为我们提供了拉康的幻象公式($\$\Diamond a$)的黑格尔版之类的事物……骨骼、头盖骨因而是这样的一个客体,它借助于其呈现,填补了空隙、填补了主体的意指再现之不可能性。用拉康的术语说,它是某一短缺的对象化:它是原质,它占据了一个位置,在那里,正缺少能指;它是一个幻象对象,它填补了他者(能指秩序)中的短缺。惰性十足的颅相学客体(头盖骨)不过是某种失败的实证形式而已:它体现了,从字面上讲就是'赋形于'主体的意指再现的最

---

　　① ［德］黑格尔:《精神现象学》(上卷),贺麟、王玖兴译,商务印书馆1979年版,第220—221页。

终失败。因此,它是与主体密切相关的。"①至此,黑格尔的这一命题经过齐泽克的拉康化阐释,已经很清楚了:作为实体的丰富精神不过是一个"骨骼",一个空空如也、难以代表丰富性精神的"骨骼"。但问题在于,精神舍此并无其他途径,它只能通过"头盖骨"这一代理来体现其实体的特性。因为"头盖骨"并非一块普通的骨骼,而是一块特殊的骨骼,一块代表了作为主体的人的精神发展和演化历史的特殊骨骼。因此,"精神是一块骨骼"这一命题也就转换成了"精神即主体"。而在黑格尔看来,精神即实体。在拉康那里,精神也被归为实在界的领域。因此,"精神即主体"不过是"实体即主体"的同义语而已。这就是实体演化为主体的辩证法。如此,作为精神的实体,或拉康所谓的实在界,就完成了向作为头盖骨的主体,即拉康的虚空的、有限的主体的转换。这也就是精神分析语境下"实体即主体"的真正含义。

---

①　[斯洛文尼亚]斯拉沃热·齐泽克:《意识形态的崇高客体》,季广茂译,中央编译出版社2002年版,第284—286页。

第七章　当代西方意识形态及其四重特征

　　自法国学者德斯杜特·德·特拉西(D.de Tracy)提出意识形态概念之后,意识形态已经成为一门复杂深奥的学说和理论。特拉西之后,马克思恩格斯又大大推进了意识形态理论,这尤其体现在《德意志意识形态》这本重要著作中。早期马克思恩格斯对宗教意识形态、德意志意识形态(包括费尔巴哈、布·鲍威尔和施蒂纳所代表的现代德国哲学、黑格尔哲学)以及资本主义意识形态都有深入的研究和批判。20世纪的马克思主义学者阿尔都塞仿效亚里士多德的名言"人是政治的动物",提出了"人天生就是一种意识形态动物"①的观点。不仅如此,阿尔都塞还把意识形态比作社会大厦的水泥,认为"意识形态是对整个社会的存在来说不可或缺的一种客观现实"②。当代学者齐泽克依据其精神分析的独特视角,考察了后现代的犬儒主义意识形态,并提出意识形态幻象、意识形态幽灵、作为社会症候的意识形态、意识形态的崇高客体等概念。当然,还有诸多学者对当代西方意识形态理论进行研究,如英国后现代主义研究学者伊格尔顿反思了阿尔都塞意识形态理论的局限性,并提出"审美意识形态",法兰克福学派第二代旗手哈贝马斯提出"科学技术就是

①　[法]路易·阿尔都塞:《论再生产》,吴子枫译,西北大学出版社2019年版,第365页。
②　[法]路易·阿尔都塞:《论再生产》,吴子枫译,西北大学出版社2019年版,第427页。

意识形态",等等。可以说,当代西方意识形态理论纷繁复杂,意识形态领域的斗争犬牙交错,复杂而严峻,因此,搞清楚当代西方意识形态的本质与特征就显得尤为必要。基于意识形态概念的复杂性及其发展历史,接下来,试从意识形态的概念规定出发,对当代西方意识形态本质及其特征作一简单的分析和梳理,不仅有助于意识形态理论研究的深入,同时由于现代精神分析理论已经成为现代意识形态理论研究不可或缺的一个方法论维度,这也有助于进一步深化精神分析维度下的商品拜物教研究。

一、作为观念复合体的当代西方
意识形态及其坚执性

追溯意识形态的产生源头可以发现,意识形态首先是作为一种观念而存在的,因此,意识形态具有观念性特征。把握作为观念的意识形态可以从两个维度入手。

首先,众所周知,意识形态概念的原有之意就是观念学,来源于"Ideology",它源自法国政治家、哲学家特拉西的著作《意识形态的要素》,不过特拉西使用这个词主要是为了给他的"观念科学"奠定基础。准确地说,在特拉西那里,Ideology 应当翻译为观念学,还不能翻译为意识形态,因为当前的意识形态概念涵义更广,已远远超出特拉西对"Ideology"的界定:它虽然包含特拉西所使用的观念之意,但并不局限于此。有论者通过研究特拉西的观念学指出:"德·特拉西认为我们无法认识事物本身,只能认识对事物的感知所形成的观念。如果我们能系统地分析这些观念与感知,就能为一切科学知识提供坚实的基础,并得出更为实际的推理。德·特拉西对这一新兴的事业提出的名称是 Ideology——从字面上说就是'观念学'。"①从这一论述中,可

---

① [英]约翰·汤普森:《意识形态与现代文化》,高铦等译,译林出版社 2005 年版,第32 页。

以对特拉西的观念学有所把握:第一,他的观念学所要研究的对象不是可感知的客观事物,而是人的意识、观念。第二,在特拉西看来,人类科学知识是建立在观念基础上的,并且通过对观念的研究推动科学知识的发展。第三,重要的一点是,特拉西认为事物本身无法认知,能认识的是人们对事物的感知所形成的观念。

为了更好地把握特拉西的观念学,在此有必要对柏拉图理念论作一简要分析,因为二者之间存在着紧密联系。在此可以透过柏拉图著名的洞穴隐喻对他的理念论作一些阐释。在《理想国》第七卷的开头,柏拉图引入了洞穴隐喻,其大意是说一些人从小到大都面向洞底的墙面而被固定在洞穴里,并且手脚和脖子都不能动,只能直视前方。在他们身后较远处、较高处则有一堆柴火,在这些囚徒和柴火之间有一条处于较高水平面的小路,沿着小路还有一道作为间隔面筑的小墙。另外有一些人将器皿、木制玩偶等举过小墙,并发出怪响。那么那些囚徒就能在洞穴底部的墙上看到器皿、玩偶的投影,并以为怪响是由这些影子发出的。① 通过这一洞穴隐喻,需要把握住如下要点:其一,柏拉图区分两个世界的观点在这里表现得十分明显,一个世界是"影子世界",即可感世界,也就是能够用眼睛、耳朵等感官感知的世界;另一个世界则是"火光""太阳"世界,即可知世界、真理的世界、理念的世界,这一世界是理智的对象。其二,在这两个世界中,理念世界更根本,可以说,可感世界仅仅是理念世界的"表象"。柏拉图指出:"正是它,它是那四季和年岁的提供者,它是那可见的世界中的一切事物的主宰,并且,对于他和他的同伴们在洞穴中所见的一切,它,以某种方式,都是它们之因。"②"它"指代的是火光、太阳,隐喻的是真理、理念。因此,当柏拉图说囚徒在洞中所见一切乃是受"它"主宰,他难道不是在说可感世界受理念世界的主宰吗?黑格尔在其《哲学史讲演录》中对柏拉图哲学进行概括时,也把握住了这一点:"理念的本质就是洞见到感性

① [古希腊]柏拉图:《理想国》,顾寿观译,岳麓书社2010年版,第319页。
② [古希腊]柏拉图:《理想国》,顾寿观译,岳麓书社2010年版,第322页。

的存在并不是真理，只有那自身决定的有普遍性的东西——那理智的世界才是真理，才是值得知道的，才是永恒的、自在自为的神圣的东西。"①"理念世界代表着真理世界，它与可感世界相比更为根本。其三，柏拉图所热烈追求的正是对理念世界的探寻，因为它更根本，它是真理，是万事万物的本质。所以，黑格尔说"对理念的热爱就是柏拉图所谓的热情"②。在柏拉图这里，理念是一个完整的单元，是"太一"；理念不能分割，而只能"分有"。正因此，作为观念学的意识形态同样具有"复合体"的坚执特性或曰"顽固的"特性。这其实有点类似于弥漫于当今世界中司空见惯的"左翼"意识形态和"右翼"意识形态之争。作为两种针锋相对的意识形态的"观念"，双方各执己见，互不相让，甚至针锋相对，大有"不见黄河心不死"的味道，甚至到了"见了黄河心也不死"的地步。但是，"左翼"或"右翼"不过是意识形态的社会现象而已，是"对"意识形态观点的"分有"；其中真正存在的不过是"意识形态"概念本身而已。由此可以推出意识形态的一个典型特征，即"顽固性"或"坚执性"。人们通常将拥有意识形态的"顽固性"或"坚执性"的人，称为"带着花岗岩脑袋去见上帝"的人，也是在意识形态的顽固性这一意义上使用的。

现在重新回到特拉西的观念学，就会发现特拉西的观念学与柏拉图的理念论具有非常类似的特性，即意识形态的观念性及其坚执性的特征。从词源学上考察，特拉西的意识形态，即观念学（Ideology）本身就来自于柏拉图的理念（idea）。柏拉图看中的不是各种各样的感性世界的物质现象，而是统摄这些物质现象的"理念"，因而，不是物质导致"理念"，而是"理念"规定物质，而且物质及其现象只能"分有"理念。由此足见意识形态的观念的坚执性或顽固性特征。特拉西把观念视为科学知识的基础，从而把观念视为真理。可以说，与柏拉图把理念视为本体一样，特拉西把观念视为本体，这样观念"（1）代表理智对象，与感知对象对立；（2）代表真实的事物，与感知中变化的对象对

① ［德］黑格尔：《哲学史讲演录》，贺麟等译，上海人民出版社2013年版，第171页。
② ［德］黑格尔：《哲学史讲演录》，贺麟等译，上海人民出版社2013年版，第171页。

立;(3)代表永恒的事物,与可能消失的变化世界相对立"①。而意识形态由特拉西的观念学发展而来,因而它就带有观念的特征,也就是说它在一定程度上带有真理性。说意识形态是一种观念,并不一定就是说它是一种虚假观念,相反,它也可以是一种正确的观念。

其次,马克思使用意识形态时已经受到特拉西观念学的影响,并且在多个地方将观念与意识形态等同使用。马克思在论述关于资本的错误观念时,提到并引述了特拉西的著作《意识形态的要素》。马克思是这样说的:"劳动不断地被转换成资本——这一点明显地表现在德斯杜特·德·特拉西下述天真的论述中"②。显然马克思在此对特拉西的看法持批判态度。紧接着这一句,马克思便引述了特拉西著作原文,因此,诚如论者所言:马克思"是熟知特拉西其人及其思想的,我们也有理由断定马克思的意识形态概念就是来源于特拉西"③。此外,马克思、恩格斯在《德意志意识形态》中多次将错误的观念等同于意识形态,在此,仅举出一例:一方面,马克思、恩格斯说:"所谓占统治地位的形而上学观念、政治观念、法律观念、道德观念以及其他观念也被归入宗教观念或神学观念的领域"④。另一方面,马克思、恩格斯指出:"道德、宗教、形而上学和其他意识形态,以及与它们相适应的意识形式便不再保留独立性的外观了。"⑤结合这两句话,需要注意的是马克思、恩格斯对观念的用法,前一句说占统治地位的形而上学观念、政治观念等,后一句说道德、宗教和其他意识形态,可以直观地看到,这里的"观念"显然是与意识形态相等同的。不过,要点在于,这里的观念已经是在批判性的意义上使用的。换言之,马克思、恩格斯使用的"观念"与特拉西的观念正好相反,特拉西把观念视为真理,而

① 季国清:《观念论》,《求是学刊》1987年第3期。
② 《马克思恩格斯文集》第8卷,人民出版社2009年版,第541页。
③ 杨生平:《关于意识形态概念的理解问题——兼与俞吾金等同志商榷》,《哲学研究》1997年第9期。
④ 《马克思恩格斯文集》第1卷,人民出版社2009年版,第515页。
⑤ 《马克思恩格斯文集》第1卷,人民出版社2009年版,第525页。

马克思、恩格斯则把观念视为脱离现实的谬误。所以,在马克思、恩格斯这里,意识形态就是一种错误的观念。

黑格尔、布·鲍威尔、施蒂纳等的哲学均属此类。观念被特拉西视为真理,但他没有看到的是,观念一成不变之后会脱离现实而成为错误的观念。马克思、恩格斯从唯物史观出发,看到了特拉西意识形态概念的弊端,因而用意识形态指称具有某种虚假成分的观念。"观念既有真理,也有谬误"①,同样,意识形态既有真理,也有谬误。结合意识形态的起源以及马克思、恩格斯对意识形态的使用情况来看,可以认为意识形态具有观念性特征。

二、当代西方意识形态的虚假性

众所周知,马克思、恩格斯的《德意志意识形态》对意识形态采取的是批判的态度,这是为什么呢? 原因就在于意识形态的虚假性这一典型特征。从该书的副标题即可窥其端倪,该书的副标题是"对费尔巴哈、布·鲍威尔和施蒂纳所代表的现代德国哲学以及各式各样先知所代表的德国社会主义的批判"②。虽然主标题是"德意志意识形态",但副标题却是对德国一些哲学家进行批判。显然,以施蒂纳为代表的德国哲学家的哲学就是一种意识形态,而非科学的思想或学说,而这些人就是马克思、恩格斯所谓的"意识形态家"。

首先,马克思、恩格斯不仅对意识形态的虚假性有深入认识,他们还善于揭示意识形态的虚假性,从而展示出意识形态的虚假性特征。当然,马克思对意识形态虚假性的批判首先来自他对宗教意识形态的批判。在《〈黑格尔法哲学批判〉导言》的开头,马克思提到了对宗教的批判。在马克思看来:"人创造了宗教,而不是宗教创造人。"③宗教意识形态的虚假性就体现在它把上述

---

① 季国清:《观念论》,《求是学刊》1987 年第 3 期。
② 《马克思恩格斯文集》第 1 卷,人民出版社 2009 年版,第 507 页。
③ 《马克思恩格斯文集》第 1 卷,人民出版社 2009 年版,第 3 页。

这句话给颠倒了,宗教意识形态要维护的观点是:宗教创造了人。事实上,宗教仅仅是人们头脑的产物,是人们的幻象。人们在现实生活中遇到种种困难,却不去加以解决和变革,而是耽于宗教幻象,沉浸于虚幻的幸福之中。所以,宗教仅仅是人民的鸦片,让人日渐萎靡。总之,马克思揭示了宗教意识形态的虚假性,完成了对宗教意识形态的批判。

其次,马克思对意识形态的批判还可以追溯至黑格尔哲学,即作为一种意识形态的黑格尔哲学的虚假性。众所周知,黑格尔哲学是马克思所批判的重点对象,说它是一种意识形态,一方面是因为马克思说过黑格尔哲学是德国哲学最系统、最丰富和最终的代表,也就是说黑格尔哲学在当时的德国占有"统治"地位;另一方面是因为黑格尔哲学也确实是一种虚假的"观念"。马克思对黑格尔哲学的唯心主义本质作过彻底批判,在马克思、恩格斯看来,黑格尔哲学的唯心主义性质体现在黑格尔将绝对精神、理念、观念视为一切事物的创造主,视为不断运动和发展着的主体。马克思在《1844 年经济学哲学手稿》中指出:"知道自己是绝对自我意识的主体,就是神,绝对精神,就是知道自己并且实现自己的观念。"[1]这一论述显然抓住了黑格尔哲学的关键,即黑格尔是把绝对精神、观念作为主体来看待的。在《资本论》第二版跋中,马克思批判黑格尔的辩证法时说得更为明晰:"在黑格尔看来,思维过程,即甚至被他在观念这一名称下转化为独立主体的思维过程,是现实事物的创造主,而现实事物只是思维过程的外部表现。"[2]从这里可以看到,马克思再一次精辟地概括了黑格尔哲学唯心主义的本质,即黑格尔将思维过程、观念预设为现实事物的创造主,而生动繁杂的现实世界、能动的人类主体反而成了这些抽象观念的客体。事实上,在马克思、恩格斯看来:"历史向世界历史的转变,不是'自我意识'、世界精神或者某个形而上学幽灵的某种纯粹的抽象行动,而是完全物质

---

① 《马克思恩格斯文集》第 1 卷,人民出版社 2009 年版,第 218 页。
② 《马克思恩格斯文集》第 5 卷,人民出版社 2009 年版,第 22 页。

的、可以通过经验证明的行动"①。这就是说,被黑格尔视为主体的思维过程、绝对精神、观念不过是由人们的物质现实所决定的。因此,这些抽象观念根本就不可能是世界、历史的主体。总之,由于黑格尔局限于自己的预设中,为了论证自己的理念、绝对精神是现实事物的创造主,而把事实颠倒了,因而黑格尔哲学不过是一种虚假的意识形态。

最后,马克思、恩格斯对意识形态的虚假性的揭示,是他对当时德国社会流行的"社会主义"观念的虚假性的揭示。而这种所谓的"社会主义"不仅冒充社会主义名称,打着社会主义的旗号,而且具有极大的欺骗性和迷惑性。针对赫斯等人的所谓"真正的社会主义",马克思、恩格斯批判性地指出:"他们把法国人的思想翻译成德意志意识形态家的语言,任意捏造共产主义和德意志意识形态之间的联系,这样就形成了所谓'真正的社会主义'"②。不仅如此,资本主义社会到处充斥着这样的虚假的意识形态观念。众所周知,资本主义意识形态的一个重要内容就是美化、吹捧资本主义社会关系、资本主义制度、资本主义生产方式,将整个资本主义社会视为永恒的、最符合人性的社会。针对这样一种意识形态,马克思首先就指出其维护的是统治阶级的利益。马克思如此论述道:资本—利润,土地—地租,劳动—工资,这一三位一体的公式"也是符合统治阶级的利益的,因为它宣布统治阶级的收入源泉具有自然的必然性和永恒的合理性"③。"资本—利润,土地—地租,劳动—工资"这一三位一体的公式仅仅是资本主义雇佣制生产方式下特有的分配方式,但是把这一公式自然化、永恒化,实际上维护的是统治阶级的利益,因为这样一来统治阶级就可以合理合法地剥削工人了。从这个角度看,布洛赫关于意识形态的这一说法是成立的:"意识形态原本总是如此属于统治阶级,从而它把现存的社会状况加以正当化,借助于此,意识形态竭力否认现存社会状况的经济根源

---

① 《马克思恩格斯文集》第1卷,人民出版社2009年版,第541页。
② 《马克思恩格斯文集》第1卷,人民出版社2009年版,第589页。
③ 《马克思恩格斯文集》第7卷,人民出版社2009年版,第941页。

隐蔽赤裸裸的剥削现象。"①确实,资本主义意识形态将资本主义的雇佣劳动形式加以正当化,试图掩盖其对工人的剥削,从而维护资产阶级的利益。其实当马克思指出资本主义意识形态乃是服务于统治阶级利益的时候,就已经展示出资本主义意识形态的虚假性。不过,为彻底揭示资本主义意识形态的虚假性,马克思、恩格斯还从如下维度作了深刻分析:其一,马克思揭示了剩余价值,真正找到了资本家剥削工人的关键。在资本主义社会中,工人出卖劳动力,资本家付给工人工资,这在交换领域完全就是等价的,因而无法观察到资本家究竟如何剥削了工人。但是当马克思转到生产领域,发现工人在生产过程中会创造出剩余价值,而它却被资本家无偿占有了。这样一来,马克思便通过发现剩余价值,而揭示了资本家剥削工人的实质。其二,马克思、恩格斯揭示了资本主义社会中工人异化、商品化的严重现象,认为在资本主义社会中,工人"像其他任何货物一样,也是一种商品"②,他们将变成"机器的单纯的附属品"③,从而身体和精神都遭受极大的摧残。由此可以看出,资本主义社会并非最符合人性的,至少对工人来说,这个社会是不适合他们的。其三,马克思抓住了资本主义社会中存在的无产阶级和资产阶级之间的矛盾以及生产力和生产关系之间的矛盾,并认为资本主义社会必将在这两组矛盾的作用下走向灭亡。因此,资本主义社会不可能是永恒的,不可能是最符合人性的,相反,它仅仅是人类社会发展过程中的暂时的、过渡的阶段。总之,资本主义意识形态乃是一种虚假的意识形态。

通过马克思对宗教意识形态、黑格尔哲学以及资本主义意识形态批判的分析,可以发现当代西方意识形态的一个重要特征就是虚假性。综合来看,这种虚假性体现在意识形态掩盖或者颠倒了社会现实的真实情况和特点。

---

① [德]恩斯特·布洛赫:《希望的原理》,梦海译,上海译文出版社 2012 年版,第 172 页。
② 《马克思恩格斯文集》第 2 卷,人民出版社 2009 年版,第 38 页。
③ 《马克思恩格斯文集》第 2 卷,人民出版社 2009 年版,第 38 页。

三、当代西方意识形态的现实性

如上所述,当代西方意识形态具有"固执性"和"虚假性"的特征,但是并不因其具有这两个典型的特征而失去其现实性的特征。当代西方意识形态是某种"虚假"或"错误"的观念,但是,这一观念本身并非仅仅存在于人们的头脑中,而是存在于社会现实中。意识形态非但没有脱离人们的日常生活现实,相反,它本身具有极强的社会现实性,因而,可以说,人们无时无刻不与意识形态构成的社会现实打交道。甚至可以说,意识形态就是社会现实本身。按照阿尔都塞的说法,意识形态"质询"着主体,建构着主体,意识形态保证着社会的再生产,意识形态"弥漫"在人们的日常生活中,具有现实性的特征。

首先,意识形态通过作用于现实的、感性的人而具有现实性。这一点,可以从马克思的论述及其本人的经历来进行把握。马克思曾指出:"环境是由人来改变的,而教育者本人一定是受教育的。"①这一论述一方面指出了人能改变环境,另一方面则指出了环境能改变人,这就是说,人和环境之间是相互作用的。那么这与意识形态有什么关系呢?事实上,这里的环境除包括生产关系、社会关系等之外,当然还包括意识形态。换言之,不管意识形态是虚假的,还是观念性的,甚至是带有真理性的,它作为"环境"的一个要素必然影响着人本身。对此,阿尔都塞有过这样的论述:"没有不借助于主体并为了一些主体而存在的意识形态。"②阿尔都塞在此指出了意识形态和主体之间内在的两重关系:一是意识形态依赖于主体,这是很显然的事情,毕竟任何意识形态都是人创造的,甚至人为的;二是意识形态要作用于主体,也就是说意识形态对主体的生成有重要作用。可以看到,相比于马克思而言,阿尔都塞只是更加突出了"环境"中的意识形态的决定作用。这样,可以说,意识形态通过作用

---

① 《马克思恩格斯文集》第 1 卷,人民出版社 2009 年版,第 500 页。
② [法]路易·阿尔都塞:《论再生产》,吴子枫译,西北大学出版社 2019 年版,第 363 页。

于现实的人而体现出其现实性。需要注意的是,不仅既定社会中占统治地位的意识形态会通过作用于人体现其现实性,而且之前社会中存在的意识形态也会通过作用于人而体现出现实性。马克思指出:"一切已死的先辈们的传统,像梦魇一样纠缠着活人的头脑。"①这里"先辈们的传统"其实就是一种观念、一种意识形态,它们不会随着产生它们的那个时代的流逝而消亡,反而会继续影响着当下的人。

意识形态作用于现实的人,还可以从马克思本人身上得到直观的理解。阿尔都塞曾说:"马克思的开端的偶然性在于,他诞生时被包塞在一块巨大的意识形态的襁褓中,而他成功地从这块沉重的襁褓中解脱了出来。"②可见,马克思也没能逃离"德意志意识形态"的作用。我们知道,马克思出生时,德意志意识形态的典型代表就是黑格尔哲学。在马克思青年时代,黑格尔哲学对他的影响是巨大的,从某种程度上可以说那时候的马克思就是一个典型的"青年黑格尔派"。不过,随着马克思对世界认识的深入,对科学真理的把握,他逐渐认识到自己一直是被黑格尔哲学、德意志意识形态所束缚着。而后,他便开始努力从这些意识形态束缚中解脱出来,但是这个过程是漫长而艰难的。在《德意志意识形态》中,马克思、恩格斯曾指出:"迄今为止人们总是为自己造出关于自己本身、关于自己是何物或应当成为何物的种种虚假观念。"③这一论述无疑展示出马克思、恩格斯已经认识到包括他们自己在内的人们总是受到虚假观念、意识形态的束缚,同时展示出要与这些虚假观念、意识形态作斗争的决心。显然,我们最终看到马克思、恩格斯在不断地与意识形态特别是资本主义意识形态作斗争的过程中,逐渐形成了自己的一套理论体系,即包括唯物史观、辩证唯物主义在内的马克思主义。可以说,马克思最终还是通过创立科学的理论而从意识形态中解放出来。因此,从马克思本人与意识形态的

---

① 《马克思恩格斯文集》第2卷,人民出版社2009年版,第471页。
② [法]路易·阿尔都塞:《保卫马克思》,顾良译,商务印书馆2016年版,第55页。
③ 《马克思恩格斯文集》第1卷,人民出版社2009年版,第509页。

关系中,可以看到意识形态的确通过作用于人而体现出它的现实性来。

其次,意识形态的现实性体现在它具有实际的物质基础,甚至意识形态就是社会实体本身,阿尔都塞直接将其称为"意识形态就是国家机器"。意识形态不仅通过人产生而反作用于人,而且它还通过一定的物质基础才能得以产生。马克思不止一次地表达过意识形态是由物质现实决定的。一定的意识形态总是从一定的物质现实产生的,一旦物质现实发生改变,相应的意识形态也会发生改变。马克思、恩格斯曾指出:"人们的观念、观点和概念,一句话,人们的意识,随着人们的生活条件、人们的社会关系、人们的社会存在的改变而改变,这难道需要经过深思才能了解吗?"①这里虽然说的是"观念、观点和概念"会随着人们的物质现实发生改变,然而意识形态作为观念的体系,难道不同样如此吗? 此外,阿尔都塞将意识形态的这一物质性现实说得更为明晰:"一种意识形态总是存在于一种机器当中,存在于这种机器的某种实践或多种实践当中。这种存在就是物质的存在。"②在阿尔都塞看来,意识形态总是由相应的意识形态的机器产生的,这些意识形态机器包括家庭、学校、工会,等等。所以,可以确定的是,意识形态因其必然具有物质基础而具有现实性。

最后需要强调的是,意识形态的现实性体现为某种特殊的现实,即它并非现存的"物质性"的"客观性"的社会现实,不是人们建造的看得见的"高楼大厦"或确定的"真理",而是被意识形态幻象所结构的社会现实。齐泽克说:"意识形态作为梦一般的建构,同样阻碍我们看到事物的真实状态,看到现实。"③这恰恰说明,意识形态的现实不是"客观真理"本身,而是带有强烈的"观念论"色彩的社会现实。所以,虽然可以说意识形态就是社会现实本身,

---

① 《马克思恩格斯文集》第 2 卷,人民出版社 2009 年版,第 50—51 页。

② ［法］路易·阿尔都塞:《论再生产》,吴子枫译,西北大学出版社 2019 年版,第 358 页。

③ ［斯洛文尼亚］斯拉沃热·齐泽克:《意识形态的崇高客体》,季广茂译,中央编译出版社 2002 年版,第 53 页。

但一定要注意它的特殊性。齐泽克接着指出："意识形态的功能不是为我们提供逃避现实的出口,而是社会现实本身,以供我们逃避某个创伤性的、实在界的内核。"①齐泽克的这一论述十分关键,在此需要把握住两点:第一,齐泽克认为意识形态就是带有某种"症候性"的社会现实,是社会现实本身,也就是说不存在不被意识形态所中介过的现实。平常我们所谓的"客观社会现实"其实都是被意识形态中介过了,是在阿尔都塞"质询"意义上的主体和社会现实。第二,恰恰是因为意识形态构成了社会现实,它才能为我们遮蔽创伤性的、实在界的内核,遮蔽"客观真理"。何以如此呢? 因为真理总是躲在"实在界"那里,从不显现自身;一旦显现,真理总是扮作"鬼脸"而显现。在齐泽克看来,我们只有在梦中,才恰恰能与实在界相遇,与"真理"相遇:但在现实中,我们却无法与实在界相遇,其原因就在于我们所体验的现实总是被意识形态幻象所结构的现实,正是意识形态幻象为我们遮蔽了实在界。所以齐泽克说,意识形态是"用来结构我们的社会现实的(无意识)幻象"②。总之,在齐泽克看来,意识形态发挥功能的关键就在于它通过意识形态幻象结构了我们生活的现实,"只有意识形态成功地决定了我们在日常生活中以何种方式体验现实时,意识形态才会真正地'深入人心'"③。因此,按照齐泽克的这一看法,当代西方意识形态因其有效地结构着我们的社会现实而具有极强的现实性。

综合来看,当代西方意识形态因其总是作用于现实的主体、具有现实的物质基础以及通过意识形态幻象结构社会现实而具有现实性特征。

---

① [斯洛文尼亚]斯拉沃热·齐泽克:《意识形态的崇高客体》,季广茂译,中央编译出版社2002年版,第50页。

② [斯洛文尼亚]斯拉沃热·齐泽克:《意识形态的崇高客体》,季广茂译,中央编译出版社2002年版,第33页。

③ [斯洛文尼亚]斯拉沃热·齐泽克:《意识形态的崇高客体》,季广茂译,中央编译出版社2002年版,第55页。

四、当代西方意识形态的无意识性
及其崇高对象化

当代西方意识形态除具有上述的观念性、虚假性、现实性外，还有一个较为复杂的特征，即无意识性。意识形态的无意识特征总是与意识形态的"崇高对象"密切关联在一起的。齐泽克的《意识形态的崇高客体》一书就是对意识形态的崇高客体的详细论证。当然，这里所说的"意识形态的崇高对象"或"崇高客体"（sublime object），正是建立在意识形态的无意识特征的基础之上；正因为意识形态具有无意识的特征，所以现实社会中必然有意或无意地产生某种"崇高对象"以供人们"顶礼膜拜"。

众所周知，无意识本身是弗洛伊德和拉康的精神分析理论的核心概念，其实，马克思在《资本论》中也谈到了意识形态的无意识特征。但可惜的是，马克思并没有对其展开系统论述。马克思在《资本论》中对意识形态的无意识的表述是"他们没有意识到这一点，但是他们这样做了"[1]。然而，有关意识形态的无意识性特征，还是常常被人们所忽略。不过，如果要深入把握意识形态的特性，全面地把握意识形态作用于主体的机理，就必须考察意识形态的无意识特性。

毫无疑问，无意识是精神分析所研究的主题，弗洛伊德把人的精神意识分为意识、潜意识和无意识三层，由此确定了无意识在人的意识中的位置。不过，作为精神分析学大师的拉康，通过"主体的无意识即是他人的话语"[2]这一论述将无意识的疆界扩宽了，他的无意识涉及话语、结构性网络、象征性网络，等等，可以说，正是拉康对无意识所作的这一拓展，为意识形态与无意识之间的联系奠定了基础。阿尔都塞和齐泽克对意识形态和无意识之间的联系均作

---

[1]　《马克思恩格斯选集》第 2 卷，人民出版社 2012 年版，第 125 页。

[2]　[法]《拉康选集》，褚孝泉译，华东师范大学出版社 2019 年版，第 254 页。

过较为深入的论述,在一定程度上揭示了意识形态的无意识性。

阿尔都塞是在论述"意识形态无历史"的时候,将意识形态与无意识进行联系考察的。阿尔都塞认为意识形态没有历史,这一结论既来源于马克思主义,又与马克思主义有所区别。事实上,马克思、恩格斯在《德意志意识形态》中已经指出:"道德、宗教、形而上学和其他意识形态,以及与它们相适应的意识形式便不再保留独立性的外观了。它们没有历史,没有发展"①。显然,马克思、恩格斯在这里表达了意识形态没有历史的观点。在他们看来,意识形态只是物质现实的歪曲的、颠倒的反映,所以它的历史不过是物质现实发展的历史,因此意识形态本身是没有历史的。而阿尔都塞则认为他的"意识形态无历史"与此有所不同:一方面,各种具体的意识形态是有历史的;另一方面,意识形态被赋予了一种结构和一种发挥功能的形式,由此而成为"一种非历史的现实"②。这里的重点是第二个区别,马克思、恩格斯的"意识形态无历史"完全是在否定意义上说的,这一观点是在批判意识形态,揭示意识形态的虚假性。不过,阿尔都塞的"意识形态无历史"则不同,他是在肯定的意义上说的,他认为意识形态发挥作用的方式是通过作为每一个社会中都存在的意识形态结构来发挥作用的。换句话说,意识形态是每个社会中不可或缺的结构性要素。正因为意识形态具有这样的结构性,它才是无历史的。把握住这点很关键,因为它是将意识形态与无意识相联系的基础。正是在这个意义上,阿尔都塞才说:"我们的命题(意识形态没有历史)能够而且也应该与弗洛伊德的命题(无意识是永恒的,即它没有历史)建立起直接的联系。"③因此,意识形态和无意识之间的联系至少可以从以下三个维度加以把握:其一,两者都是无历史的、永恒的,即"意识形态是永恒的,恰好就像无意识一样"④。其二,两者都

---

① 《马克思恩格斯文集》第 1 卷,人民出版社 2009 年版,第 525 页。
② [法]路易·阿尔都塞:《论再生产》,吴子枫译,西北大学出版社 2019 年版,第 343 页。
③ [法]路易·阿尔都塞:《论再生产》,吴子枫译,西北大学出版社 2019 年版,第 344 页。
④ [法]路易·阿尔都塞:《论再生产》,吴子枫译,西北大学出版社 2019 年版,第 344 页。

是一种结构性要素,并且由此发挥功能。意识形态是每一个社会中都存在的结构性要素,它深刻地影响着社会现实;而无意识则是每个人身上都存在的结构性要素,它深刻地影响着主体的行动。其三,意识形态本身是由人产生的,而人的行为、思想本身又受到无意识的制约、影响,反过来,意识形态会作用于人,从而又会对人的无意识有所影响。因此,意识形态与无意识之间联系密切,相互作用。可以说,意识形态具有无意识特性。

齐泽克则从商品拜物教中的无意识以及信仰的客观性中的无意识两个方面揭示了意识形态的无意识性。商品拜物教是一种典型的意识形态,它与宗教意识形态具有同样的结构,只不过商品拜物崇拜的是人手的产物——商品、货币,而宗教崇拜的则是人脑的产物——神祇。那么作为一种意识形态的商品拜物教,它的无意识性体现在何处呢? 这一点还得从马克思的那句名言开始谈起,那句话是这样说的:“他们没有意识到这一点,但是他们这样做了。”①可马克思在这里想表达的是人们把他们的劳动产品作为价值发生关系时,他们没有意识到他们正在使各种具体劳动作为人类劳动相等,也就是说,他们没能意识到商品交换中存在的抽象。齐泽克借助于雷特尔的分析,将商品中存在的抽象视为“真实抽象”,这一抽象是人们没有意识到的,所以齐泽克说“‘真实抽象’就是超验主体的无意识”②。问题的关键就是,正是人们对“真实抽象”的无意识,才使得交换得以有效进行。否则,一旦“参与者注意到了‘真实抽象’的这一维度,有效的交换行为就不可能了”③。并且,也是由于人们对“真实抽象”的无意识,才使得商品在人们面前具有神秘性。因而,从这个角度来说,商品拜物教的产生有赖于无意识,而这正是商品拜物教的无意识性所在。

---

① 《马克思恩格斯选集》第2卷,人民出版社2012年版,第125页。
② [斯洛文尼亚]斯拉沃热·齐泽克:《意识形态的崇高客体》,季广茂译,中央编译出版社2002年版,第12页。
③ [斯洛文尼亚]斯拉沃热·齐泽克:《意识形态的崇高客体》,季广茂译,中央编译出版社2002年版,第15页。

此外,齐泽克还曾论述过信仰具有客观性,而这里也涉及意识形态的无意识性。一谈到信仰,首先会想到宗教,但实际上信仰也涉及对科学真理的信仰,比如对马克思主义的信仰。归结起来,可以说信仰是与意识形态密切相关的,当然此处的意识形态是在中性意义上使用的。一般而言,说信仰是主观的,这是毫无疑义的,但是何以信仰是客观的呢? 齐泽克揭示了信仰具有客观性的三个维度:第一,信仰的客观性表现在它具有仪式性、形式性;第二,信仰的客观性表现在它具有物质现实性;第三,可以概括为"你以为你的信仰是主观的,但它却是由无意识决定的,因而是客观的",这一维度与前两个的逻辑不同,与无意识相关,是需要重点把握的。关于这一点,齐泽克指出:"当我们使自己屈从于宗教仪式这部机器时,我们就已经相信了什么,但又对此一无所知;我们的信仰已经物化在外在仪式之中。"①从这一论述中可以看出,所谓的主观信仰有一个前提条件,也就是当我们主观地、有意识地开始信仰某一宗教、观念、真理、意识形态之前,我们已经拥有了某种相信,但这种相信是我们未曾察觉、未能意识到的。然而,正是这种无意识性使得我们的信仰具有客观性。也就是说,这种无意识你无法控制,你意识不到,感觉不到,但它却能潜移默化地让你信仰某个宗教、观念、意识形态,等等。总之,这一维度的意识形态的无意识性就体现在:意识形态已经下意识地引导了我们的心灵,对我们产生了作用,但我们却未曾察觉。

综合以上论述,可以将意识形态的无意识性特征概括为以下方面:其一,意识形态与无意识相比而言,它们都是永恒的,都是一种结构性要素;其二,意识形态与无意识之间相互作用、相互构成;其三,意识形态可以在主体无意识的情况下作用于主体。

总之,当代西方意识形态既构成着社会现实,又深刻地影响着主体本身,其重要性在当前时代得到空前凸显。意识形态作为马克思主义研究的重要对

①　[斯洛文尼亚]斯拉沃热·齐泽克:《意识形态的崇高客体》,季广茂译,中央编译出版社2002年版,第47页。

象之一,在 21 世纪渐趋复杂的国际形势下,在各种错误思潮的猛烈冲击下,尤其值得马克思主义者进行更为深入的研究和阐发。从观念性、虚假性、现实性和无意识性四个维度勾勒当代西方意识形态的四重特征,对于意识形态的研究具有积极作用。马克思对这四个方面都有论述,可以说他对意识形态的把握是非常全面的。

第八章　"新"犬儒主义:现代资本主义商品社会的一种意识形态

　　建基于精神分析基础上的意识形态理论是一种重要的现代意识形态理论形式。与此同时,齐泽克在其《意识形态的崇高客体》中多次提到了盛行于后现代社会的另一种意识形态,即犬儒主义的意识形态。那么,犬儒主义的意识形态究竟具有怎样的特征? 齐泽克的意识形态理论与犬儒主义的意识形态又有何区别? 这是研究意识形态的理论者不得不面对和思考的问题。我们在此通过考察犬儒主义的概念及其意义变迁,在阐述齐泽克意识形态理论的基础上,试图对犬儒主义的意识形态作一梳理和分析,以推动国内意识形态的研究。

一、从愤世嫉俗到玩世不恭

　　犬儒主义作为一个学派,它源自古希腊;作为一个概念,它历经 2000 多年的历史沿革,其含义也经历了发展和变化的过程。我们简单地将这一变迁过程概括为"从愤世嫉俗的清高到玩世不恭的认同"。在此,不能详细追踪这一概念的发展史。然而有一点必须指出的是,齐泽克在《意识形态的崇高客体》中提到的"作为一种意识形态的犬儒主义",主要是在一种变化了的意义上,也即现代或后现代意义上所表现出的犬儒主义的形态。为此,还得从古希腊哲学谈起。

首先,犬儒主义是古希腊晚期的四大学派之一,它拥有自己独特的行为处事标准和道德追求。一般认为,犬儒主义(cynicism)的代表人物是苏格拉底的弟子安提斯泰尼(Antisthenes);但如果提到犬儒主义,还必须提及另一位著名犬儒主义者第欧根尼(Diogenes)。这位行为怪异的哲学家因为其住在木桶里的怪异行为而更为人所知,因此被称为"住在木桶里的哲学家",并被人称为犬儒主义者。概而言之,所谓"犬儒主义者",大都是言行举止独特的特立独行者。他们我行我素,旁若无人,放浪形骸,漠视世俗的评价和言行标准,但却自有其独特的言行标准,他们忠诚可靠、感觉灵敏和爱憎分明。犬儒主义者,顾名思义,就是其言行如"犬"或"像狗一样的人"。因此,如果按照世俗社会的标准,犬儒主义理当被归入另类。犬儒主义主张人们要摆脱现实社会的世俗利益,去追求自己所认为值得拥有的善。而所谓的善,在犬儒主义者看来,则是因人而异,迥异于现实的世俗社会。第欧根尼以生活在木桶里而自得其乐,他曾有一句名言:"重估一切现存价值"。这既标志着他对当时世俗社会的价值标准的不满,也意味着他对自身价值的追求。在犬儒主义者那里,世俗社会,也即文明社会的名誉、地位和金钱都是过眼烟云,甚至是罪恶的源头。相反,自然远远比文明更值得人们去追求,也更为真实,因此人们应该重新回归自然,追求自然的生活方式,控制自己的世俗欲望,践行简陋俭朴的生活方式,以磨炼自己。只有这样,人才能有个人的心灵自由。而一味追求快乐,则只会走向快乐的反面。

其次,犬儒主义概念经历了从愤世嫉俗到玩世不恭的处世哲学的演变过程。在西方哲学史上,从古希腊之后的犬儒主义到现代的犬儒主义的含义已经发生了某些变化。早期的犬儒主义者是根据自身的道德原则来蔑视世俗的观念,他们拥有自身的行为准则和信念,不为世俗社会的诱惑而动摇,如早期的第欧根尼是一个极其严肃的犬儒主义者,他是一个激烈的社会批评家,他热烈地追求真正的德行,追求物欲之下心灵的解放和自由。但随着历史的发展,后期的犬儒主义者虽然蔑视传统社会的世俗观念,但却丧失了赖以为标准的自身道德原则,转而认可现实社会的世俗理念,并演变为某种程度的玩世不恭。实际上,从愤世嫉俗到玩世不恭,其间的转换只有一步之差。这一转变的逻辑是这样的:对世俗社会的否定,必然导致对所谓的文明社会道德标准的否定,转而追求所谓自然的道德标准。然而,对文明社会的道德价值的否定必然会进一步模糊或混淆道德标准,进而模糊高贵和低贱的等级之分。因此,在后来的犬儒主义者看来,既然无所谓道德的高尚,那也就无所谓低贱或下贱之说,因为高尚本来就是相对于低贱而言的。如此,高贵和低贱在他们眼里都是无所谓的,两者都不是什么了不得的。这一逻辑发展的结果是,对世俗的全盘否定变成了对世俗的欣然接受,进而,可以不管世俗的好坏,一概笑纳。犬儒主义的这一转变与 20 世纪末的后现代主义有融合的趋势。总的来说,后现代主义或后现代性是对现代性所鼓噪的理性、崇高和善的反叛,它反对理性主义的宏大叙事,追求叙事的碎片化和边缘化,这一点与犬儒主义对文明社会的反对不谋而合。于是,古希腊犬儒主义者的愤世嫉俗就变成了后现代社会里犬儒主义者的玩世不恭。了解犬儒主义这一含义的转变,对理解齐泽克所谓的犬儒主义的意识形态非常重要。因为齐泽克正是在此意义上,也即后意识形态的意义上来谈论作为一种意识形态形式的犬儒主义的。

最后,现代犬儒主义是愤世嫉俗与玩世不恭的混合体,这构成了现代犬儒主义的典型特征。由于现代犬儒主义就处于我们所生活的时代,因此我们对它并不陌生。甚至可以说,我们自己本身也可能就是一个典型的现代犬儒主义者。在此方面,西方学者也多有论述。美国著名记者哈里斯(Sydney J. Harris)曾说:"犬儒主义者不只是在过去饱尝辛酸,他还对未来过早地失去希望。"这句话典型地反映了现代犬儒主义的特征。现代犬儒主义之所以愤世嫉俗,是因为他们对现实社会的不满,甚至还因为他们对现实社会还保留部分的清醒的认识,但由于个人在社会面前的无能为力,他们只好放弃反抗和斗争,变成了对现实的无奈、无助,甚至认同。究其原因,现代犬儒主义的产生与现代社会政治体制密不可分。其根本原因来自弱小的个体与社会的强权之间的张力。约翰·密尔(John Stuart Mill)曾经指出:专制使人变成犬儒。由于个人在现代社会的渺小,极易导致现代犬儒主义现象的产生。由于相信个人根本没有能力来改变现存的世界或社会现实,现代犬儒主义就把对现有秩序的不满转化为一种不拒绝的理解,转变成一种无可奈何的不反抗的清醒,甚至是一种不认同的接受。现代犬儒主义的这一特征在美国记者赫德里克·史密斯(Hedrick Smith)的《俄国人》(1976)一书中得到了详尽的描述。史密斯向读者讲述了勃列日涅夫时代弥漫于苏联社会的犬儒主义现象。当赫鲁晓夫被赶下台,勃列日涅夫重新上台后,当时的社会对人们的言论自由又重新加强了控制,这导致人们从原来对自由的追求转变为某种犬儒主义的处世态度或处世哲学。正是在苏联当时的情势下,出现了现代犬儒主义现象的蔓延,并构成当时苏联社会的一个显著特征。用一句话来概括就是:人们明知这一切是毫无意义的,是皇帝的新衣,但大家不但不去揭穿这一把戏,反而是逢场作戏,玩世不恭,默默地接受这一现实。用齐泽克所概括的一句话来说就是:"他们对自己的所作所为一清二楚,但他们依旧坦然为之。"①这是典型的后现代式的犬儒主义。这意味着现代犬儒主义者的头脑并不完全糊涂,而是处于某种半醒半醉的状态。由于对现实社会的不满,他们很清醒社会的弊端和问题的症结所在;但他们深感自己的无能为力和渺小,他们只能得过且过,装糊涂,或表现为"难得糊涂"。

综合上述现象,可以将现代犬儒主义的特征概括如下:(1)表面上他们表现为不相信正统所宣传的一切东西,并导致了某种普遍的怀疑,这一点与古代的犬儒主义颇为类似;(2)政治冷漠、玩世不恭和对现实社会的冷嘲热讽;(3)由于受到了现代社会的物欲诱惑,以及对现代消费主义的追求,从而导致他们

---

① [斯洛文尼亚]斯拉沃热·齐泽克:《意识形态的崇高客体》,季广茂译,中央编译出版社2002年版,第40页。

的"言行不一致",也即上述所谓"说一套做一套";(4)这种"言行不一致"进一步消解了犬儒主义对现实社会的反抗和清醒的认识,进而使他们转化为对现实社会的认同和接受,其在行为上甚至表现为"今朝有酒今朝醉"的放浪形骸,从而完全抛弃犬儒主义自身的道德追求和处世哲学。

综观齐泽克对犬儒主义意识形态的论述,可以看出,他是在拉康精神分析理论和马克思商品拜物教理论的基础上来谈论犬儒主义的。如果不仔细分析的话,读者甚至会错认为齐泽克是同情或认可现代犬儒主义的意识形态。然而,事实并非如此。齐泽克的意识形态与犬儒主义意识形态之间的关系,远比我们想象的要复杂得多。为此必须在齐泽克意识形态分析的基础上,来探究犬儒主义与精神分析基础上的意识形态,以及与马克思商品拜物教的复杂关系。现在我们转向齐泽克对犬儒主义意识形态的分析。

二、犬儒主义为什么是现代资本主义
社会的一种意识形态?

毫无疑问,犬儒主义已经构成了当今的一种意识形态。英国学者 T.贝维斯指出:"犬儒具有典型的后现代品格,它是一个不仅异化于社会而且异化于其主体性的现象。'犬儒主义'是一个被那些政治家、批评家和评论家当作后现代主义的同义词来使用的概念。"①但问题是,犬儒主义为什么在当今社会构成了一种意识形态呢?只有回答了这个问题,才能厘清它与其他意识形态之间的关系。

首先,将犬儒主义视为一种意识形态,与 20 世纪末后现代主义所流行的意识形态的终结论有关。齐泽克的成名作《意识形态的崇高客体》写于 1989年,当时恰逢意识形态终结论登场之时。众所周知,第二次世界大战之后,随

---

① [英]提摩太·贝维斯:《犬儒主义与后现代性》,胡继华译,上海人民出版社 2008 年版,第 8 页。

着西方生产力的发展和消费社会的繁荣,特别是 20 世纪末苏东剧变和以美苏两个超级大国为代表的"冷战"时代的结束,"意识形态终结论"开始盛行于西方,并逐至中国社会。法国学者雷蒙·阿隆早在 20 世纪 50 年代就提出了意识形态的终结论,他因而成为现代西方工业社会"意识形态终结"最早的预言者之一。雷蒙·阿隆在 1954 年为阿多诺在法兰克福主编的《社会学》写下了《意识形态的终结》一文,由此西方知识界围绕着"意识形态终结与否"进入了一场旷日持久的讨论,该讨论一直持续到 20 世纪末。20 世纪 70 年代,美国学者丹尼尔·贝尔在其后工业社会的论述中再次提及"意识形态的终结"这一问题,并著有《意识形态的终结》一书。它与 20 世纪 80 年代之后盛行于西方的历史终结论和文明终结论一起构成了"终结"说,并盛极一时。在该书中,丹尼尔·贝尔将意识形态问题与他有关后工业社会的思考联系起来。但是,他在书中所提到的意识形态,仍然是在传统意义上来谈论的。因此,他在该书中谈到了旧"意识形态终结",并指出了新的意识形态的诞生及其前景。他说:"当 19 世纪旧的意识形态和思想已经走向穷途末路的时候,正在崛起的亚非国家却正在形成着新的意识形态以满足本国人民的不同需要。这些意识形态就是工业化、现代化、泛阿拉伯主义、有色人种和民族主义的意识形态。在这两种意识形态之间的明显差异中蕴含着 20 世纪后 50 年所面临的一些重大政治问题和社会问题。19 世纪的意识形态是普世性的、人道主义的,并且是由知识分子来倡导的;亚洲和发展地区的大众意识形态则是地区性的、工具主义的,并且是由政治领袖创造出来的。旧意识形态的驱动力是为了达到社会平等和最广泛意义上的自由,新意识形态的驱动力则是为了发展经济和民族强盛。"①

　　显然,丹尼尔·贝尔之所以作出这样的判断和结论,是建立在意识形态的虚伪性、欺骗性和阶级性等诸多特征的基础上。他所谓的旧的"意识形态终

---

　　① [美]丹尼尔·贝尔:《意识形态的终结》,张国清译,江苏人民出版社 2001 年版,第462—463 页。

结"和新的意识形态的诞生,指的是传统的西方19世纪以来的意识形态的终结。而新的意识形态则指的是伴随着后工业社会的降临而导致的新的意识形态的诞生,即亚非地区那种地区性和工具理性式的新的意识形态的出现。显然,贝尔所论与齐泽克所说"意识形态"概念并不直接搭界,也是齐泽克所予以摈弃的。从齐泽克《意识形态的崇高客体》的立场看,他是反对意识形态终结这一论调的,因为现代意识形态是建立在无意识的基础之上。齐泽克认为,作为支配着人们某种观念体系的意识形态是始终存在、难以消失的。这一点在阿尔都塞的《作为意识形态的国家机器》中已经得到了充分的阐述。阿尔都塞论及的意识形态充斥于我们日常生活的各个领域,如政府机关、学校、教堂,以及各种各样的活动之中。总之,意识形态无处不在,无时不有,它不会随着东西方冷战的结束而终结,它也不再表现为真实与虚假、现象与本质式的问题,而更多地表现为幻象与症候。但是,现代意识形态并不是主体可预设的,而只能采取拉康精神分析的运作逻辑。正因如此,现代意识形态就从认识论"知"的层面,转向了"行"的实践层面。由此,根据齐泽克意识形态理论的这一逻辑,他断言,我们并没有进入后意识形态时代。① 这是他与后现代的意识形态的不同之处。

其次,犬儒主义已成为后现代社会的一种统治文化,进而转化为一种意识形态。与丹尼尔·贝尔那种先知式的预言,即伴随着旧的意识形态的终结,取而代之的是"亚洲和发展地区的大众意识形态"的预测相反,齐泽克认为,20世纪末盛行的则是某种犬儒主义的行动哲学。用德国学者斯洛特戴克(Peter Sloterdijk)在其《犬儒理性批判》中的名言来概括这种意识形态,其典型特征表现为:"他们对自己的所作所为一清二楚,但他们依旧坦然为之。"②这是一

---

① [斯洛文尼亚]斯拉沃热·齐泽克:《意识形态的崇高客体》,季广茂译,中央编译出版社2002年版,第40页。

② [斯洛文尼亚]斯拉沃热·齐泽克:《意识形态的崇高客体》,季广茂译,中央编译出版社2002年版,第40页。

种实用理性,也可以说是一种犬儒理性。那么,何谓犬儒理性呢? 顾名思义,犬儒理性必然是某种意识,某种理性的意识,它很清楚当下的境况和自己的所作所为,但其性质却是犬儒式的。在《犬儒理性批判》的第一章,斯洛特戴克对犬儒主义界定如下:"犬儒主义是经受了启蒙的错误意识。它是那个现代化了的、不快乐的意识。启蒙运动在它身上的作用既是成功的,又是不成功的。它从启蒙运动中学到了很多,但它并没有,或许也不可能把它学到的付诸实践,既活得很好,同时又活得很悲惨,这个意识再也感受不到任何意识形态批判对它的影响;它的错误性已经自反式地得到了保护。"①

这里,"启蒙的错误意识"是理解犬儒理性的关键词。换句话说,现代犬儒主义经过启蒙的洗礼之后,它从启蒙那里获得的不是主体的批判意识,而是对现代资本主义社会权威的认可和服从,甚至是某种玩世不恭式的一致。尽管有时候它可以采取某种嘲讽式和挖苦式的诙谐的方式,但这仍掩盖不了它对现实社会的认可和顺从。显然,在犬儒主义理性那里,人们非常清楚意识形态的虚假性,知道意识形态的伪装下面所掩盖的功利性和政治权威,但人们却无力以对,只能默默忍受,逆来顺受地照例行事。这是一种清醒的逆来顺受的行动哲学,同时也是丧失主体对现实的社会批判的哲学,它与主体所追求的批判理性背道而驰。每个人都知道其中的虚假或虚伪,但没有人试图站出来揭露其真相。齐泽克借用苏联时期的现象来形象地描述这种犬儒主义的理性。他说这是"一种强迫性的坚持,即我们必须不惜任何代价来维持表象:我们都知道在幕后正在进行野蛮的派系斗争,但是我们必须不惜任何代价保持党的统一的表象;任何人都不真正相信处于统治地位的意识形态,每个人都对它抱着玩世不恭的态度,人人也都知道没有谁还相信那套意识形态;但是这样的表象依然不惜任何代价地维持着……这种表象是本质性的:如果它要被摧毁,如果有一个人公开宣布'皇帝陛下一丝不挂'这一明显的事实(谁也不再拿处于

①　Peter Sloterdijk, *Critique of Cynical Reason*, London: University of Minnesota Press, 1988, p.5.

统治地位的意识形态当回事了），在某种意义上，这个制度就会土崩瓦解"①。
在这里，神圣、庄严的口号或主义，变成了某种玩世不恭的行动逻辑。这与美
国记者赫德里克·史密斯在《俄国人》一书中所描述的勃列日涅夫时代的犬
儒主义一模一样。

　　齐泽克认为，当这种犬儒主义在后现代社会变得流行，进而成为人们的行
动哲学时，它就不仅仅是某个人的观念问题，而是转化为某种"意识形态"，也
即支配着人们日常生活的主导型观念，成为占统治地位的文化现象。齐泽克
说："犬儒主义是占统治地位的文化对这种大犬儒性颠覆的响应：它承认也重
视掩藏在意识形态普遍性下面的特定利益，承认也重视意识形态面具与现实
之间的距离，但它总能找到保留那个面具的理由。这种犬儒主义并非对非道
德的直接定位，它更像是服务于非道德的道德本身——犬儒智慧的模型就是
要把正直、诚实想象为不诚实的至高形式，把道德想象为放荡不羁的至高形
式，把真理想象为最有效的谎言形式。因此这种犬儒主义是对官方意识形态
的一种不正常的'否定之否定'。"②在他们眼里，传统的"正直、诚实、道德和
真理"都不存在了，它们统统变成了"不诚实、放荡不羁和谎言"等形式。在这
种犬儒主义支配下，人们丧失自己的主体理性，尽可能采取玩世不恭的态度来
为自己的庸俗行为进行辩护。这是一种堕落，一种思想和理性的堕落。正因
如此，齐泽克指出，必须把这种犬儒主义与斯洛特戴克提到的"大犬儒主义"
（kynicism）③区分开来。齐泽克说，斯洛特戴克提到的那种大犬儒主义"拥有
神圣、低沉的音调，并将其提高到荒诞不经的高度，以此揭露隐藏在高贵意识
形态用语下面由权力派生出来的自我利益、好勇斗狠和野蛮残忍……它永远

---

　　① Slavoj Žižek, *The Sublime Object of Ideology*, London and New York: Verso, 1989, pp.197-
198.

　　② ［斯洛文尼亚］斯拉沃热·齐泽克：《意识形态的崇高客体》，季广茂译，中央编译出版社
2002 年版，第 41 页。

　　③ Kynicism 也译为"原犬儒主义"或"原教旨犬儒主义"。

从个人利益出发阐明一切"①。因此,毫无疑问,齐泽克对这种犬儒主义的意识形态始终采取的是批判的态度和立场。

最后,作为一种意识形态的犬儒主义不同于齐泽克阐发的具有症候特征的意识形态。毫无疑问,齐泽克的意识形态是建立在拉康精神分析的基础之上。意识形态与社会现实之间是通过症候和幻象而得以沟通。现在的问题是,处于无意识层次上的意识形态与犬儒主义的区别究竟何在呢? 要回答这个问题,还必须联系马克思的商品拜物教。正因如此,齐泽克在《意识形态的崇高客体》中一开始便花了很大的篇幅来阐释马克思的商品拜物教理论。

众所周知,商品拜物教产生于以私有制为基础的商品经济中。在那里,人与人的社会关系被物与物的关系所掩盖,从而使商品具有一种神秘的属性,似乎它具有决定商品生产者命运的神秘力量。在此基础上,马克思把商品世界的这种神秘性比喻为拜物教,或称为商品拜物教。齐泽克阐述商品拜物教并非为了说明拜物教不为日常生活中的人们所了解、所知晓,相反,他认为经过近代启蒙运动和马克思的《资本论》的批判,经过西方马克思主义,特别是法兰克福学派对商品神秘性的解构,从"知"或认识的层面,商品拜物教的这层面纱已经为人们所了解。但问题的困惑在于,人们虽然了解了商品拜物教是人与人关系的颠倒式反映,但仍难以摆脱这一颠倒结构的制约。此时,当生活在商品社会中的人们进入"做"或"行为"的层次,也即犬儒主义的层次之时,在实际的现实商品社会中,他们实难摆脱这种困境:即"他们对自己的所作所为一清二楚,但他们依旧坦然为之"②。

这是为什么呢? 齐泽克认为,这是由于在现实的活动中,人们受制于拜物教的颠倒结构,就像美国记者赫德里克·史密斯在《俄国人》中所描述的那

① [斯洛文尼亚]斯拉沃热·齐泽克:《意识形态的崇高客体》,季广茂译,中央编译出版社2002年版,第41页。

② [斯洛文尼亚]斯拉沃热·齐泽克:《意识形态的崇高客体》,季广茂译,中央编译出版社2002年版,第40页。

样,生活在勃列日涅夫时代的人们在日常行为中表现出的阿谀奉迎、玩世不恭,并不是因为他们不清楚当时苏联社会的弊端和虚伪;虽然他们很清楚问题之所在,但他们受限于当时的苏联社会的权威结构,不得不逢迎拍马,采取犬儒主义的态度。齐泽克指出,对于此种状况,人们虽然很清楚,但无可奈何。他说:"在日常生活的层面上,个人很清楚,物与物之间的关系之下,存在着人与人之间的关系。问题是,在人们的社会行为中,在他们正在做的某事中,他们的行为就好像货币以其物质现实性,同时也是财富的直接体现。他们在实践上而非理论上,是拜物教教徒。他们所'不知道的'、所误认的,是下列事实:在其社会现实性上,在其社会活动(商品交换)的行为中,他们为拜物教的幻觉所支配。"①因此,人们之所以"在实践上而非理论上,是拜物教教徒",或"明知故犯",心甘情愿地充当仆人的角色,那是由于受到"幻觉"的支配,"犬儒性主体对于意识形态面具与社会现实之间的距离心知肚明,但他依然坚守着面具"。② 因为他们难以摆脱此种幻觉,所以,他们只能将此种幻觉当作社会现实本身了。此时的幻觉就不仅仅是虚假的一面,它还有另一面,即"幻觉是双重性的:它跻身于对幻觉的视而不见之中,这样的幻觉正在构建我们与现实之间的真实、有效的关系。而这一被忽略了的无意识的幻觉,可能正是被人称为意识形态幻象的事物"③。由此,齐泽克就从幻觉对人支配的角度阐释了现代犬儒主义产生的根源。

然而,由幻觉所支配的犬儒主义的意识形态毕竟不同于齐泽克建立在精神分析基础上的意识形态。正如齐泽克所言,幻觉是双重性的,而不是单面性的,在行动中,人们受制于幻觉,"跻身于对幻觉的视而不见之中";这种"对幻

① [斯洛文尼亚]斯拉沃热·齐泽克:《意识形态的崇高客体》,季广茂译,中央编译出版社2002年版,第43页。
② [斯洛文尼亚]斯拉沃热·齐泽克:《意识形态的崇高客体》,季广茂译,中央编译出版社2002年版,第40页。
③ [斯洛文尼亚]斯拉沃热·齐泽克:《意识形态的崇高客体》,季广茂译,中央编译出版社2002年版,第45页。

觉的视而不见"必然会带来这样的效果,即主体自以为自己是清醒的,是一个"现实主义者",而不是"半醉半醒"的浑浑噩噩的糊涂人;这就是齐泽克所谓的"我们与现实之间的真实、有效的关系"的含义。然而,实际上,在精神分析者的眼里,这样的主体无疑是一个典型的"犬儒主义者"或现代犬儒主义的忠实信徒。因此,精神分析是不能仅仅停留于被幻觉支配的层次的。齐泽克根据拉康的精神分析有关幻象的理论得出,幻觉还有"另一面",也即"幻想"的层次。在这一层次上,自以为清醒、务实的主体其实并非完全清醒的、现实的,而是受制于精神分析的"幻想",或者说,"无意识的幻觉"之物正是意识形态的幻想的建构。

至此,就不得不对"幻觉"和"幻想"作简单的区分。在拉康而后齐泽克这里,幻觉(illusion)是带有某种虚假或虚伪的成分,但又被得以掩盖难以发觉之物;而精神分析所谓的"幻想"(fantasy)并不是某种幻觉或虚假之物,相反,它与拉康的实在界密切相关,是弥补或缝合精神创伤不可或缺的东西。因此,对幻想的理解离不开拉康的幻象公式($\$\diamondsuit a$)。在精神分析看来,如果没有幻想,主体将无以为继,难以在现实的社会中生存下去;反过来,只有依赖幻想,只有寄居于幻想,主体才可能获得喘息的机会,"重温旧梦",从而得以生存。像一个"失恋"者在遭受了巨大的"失恋痛苦"之后,必须依赖"幻想"来抚平自己的心灵创伤,才能继续下一场恋爱一样。齐泽克认为,建立在精神分析的无意识基础上的意识形态并不是由幻觉所支配的,而是受制于无意识的幻想。与犬儒主义"清醒的现实主义"相反,齐泽克的意识形态并不表现为对社会现实的简单认可,它认为:"意识形态不是掩饰事物的真实状态的幻觉,而是建构我们的社会现实的(无意识)幻象。"[①]如此,齐泽克就将意识形态从受幻觉支配的犬儒主义的层次转换到了由幻想所建构的现实的层次,这也是齐泽克所谓的"意识形态的崇高客体"的寓意。显然,建立在"崇高对象"基础上的意

---

① [斯洛文尼亚]斯拉沃热·齐泽克:《意识形态的崇高客体》,季广茂译,中央编译出版社2002年版,第45页。

识形态就不仅仅是受制于"幻觉"支配的问题,而是服从于拉康的幻象公式($\$\Diamond a$)的逻辑。在此情形下,如果说存在着真理,那么真理来自误认,来自幻想的建构,真理其实是建立在"幻想"的基础之上。意识形态是具有崇高对象的无意识幻想建构,它不是偏见,而是误认。相反,犬儒主义的意识形态并不是误认,不是无意识的幻想建构,而是处于某种清醒意识之下的反讽和玩世不恭的行为。这就是两者的区别和差异之所在。基于这种差异,齐泽克说:"使得我们对意识形态幻想的结构力量视而不见的方式多种多样,犬儒派的洁身自好只是其中的一种:即使我们并不严肃地对待事物,即使我们保持反讽式的洁身自好,我们依然我行我素。"①至此,已经非常清楚了:犬儒主义仅仅是诸多建立在无意识基础上的现代意识形态的一个变种。虽然它与齐泽克的意识形态极为接近,但却不能将两者混淆起来。

通过对齐泽克有关犬儒主义意识形态论述的追踪考察,逐渐理清了从古代的犬儒主义,经过马克思的意识形态批判,到现代的"犬儒理性"即现代"新"犬儒主义的发展历程及其差异。概而言之,作为一种意识形态的犬儒理性,即现代资本主义商品社会的"新"犬儒主义"是一种后意识形态的境况,它是没有幻觉的境况"②,它不再停留于"知"的层次,而进入"行动"的层次之上,其特征表现为"他们知道,在他们的行为中,他们在追寻着幻觉,但他们依然我行我素"③。现代犬儒理性,作为一种"新"意识形态,是带有某种症候特征的幻想建构,它服从于拉康的幻象公式($\$\Diamond a$)的逻辑,体现为"穿越幻想,认同症候"④。在20世纪的后现代资本主义商品社会,人们即使意识到商品

① [斯洛文尼亚]斯拉沃热·齐泽克:《意识形态的崇高客体》,季广茂译,中央编译出版社2002年版,第45页。
② [斯洛文尼亚]斯拉沃热·齐泽克:《意识形态的崇高客体》,季广茂译,中央编译出版社2002年版,第45页。
③ [斯洛文尼亚]斯拉沃热·齐泽克:《意识形态的崇高客体》,季广茂译,中央编译出版社2002年版,第45页。
④ [斯洛文尼亚]斯拉沃热·齐泽克:《意识形态的崇高客体》,季广茂译,中央编译出版社2002年版,第45页。

交换的"颠倒逻辑",意识到人与人之间的关系实质上体现为物与物之间的关系,但由于受制于现代主义的商品交换逻辑,他们却依然我行我素,践行着"坦然为之"的行动逻辑。

下　篇

商品拜物教理论的当代阐释

第九章 从"异化劳动"到"拜物教" 批判的内在逻辑

"异化"是马克思主义哲学发展史上的一个关键概念,也是国内外学界迄今仍然争论不休的理论议题。国内外学界对马克思异化理论的评价大致分为四种:第一种观点长期占据学界主流地位,认为"异化"仅仅是具有人本主义倾向的青年马克思的概念,故而将异化理论与马克思成熟时期的思想对立起来;①第二种观点则对马克思的异化理论推崇有加,以部分西方马克思主义学者为代表,他们认为《1844年经济学哲学手稿》(以下简称《手稿》)是马克思的核心著作,异化理论充分体现了马克思的学术水准;②第三种观点认为《手稿》中存在两条逻辑,即人本主义的异化劳动逻辑与从对象化出发的现实逻辑,后者助推了马克思走向历史唯物主义的科学方法论,并在此基础上重新使用科学的"异化"概念;③第四种观点体现了新的研究动向,认为《手稿》中的异化理论已经凸显了历史的辩证法,这是因为马克思在《手稿》中经过对黑格

---

① 段忠桥:《马克思的异化概念与历史唯物主义——与俞吾金教授商榷》,《江海学刊》2009年第3期。

② Siegfried Landhut and Jacob-Peter Mayer, *Der Historische Materialismus*: *Die Frühschriften*, *Bd*.2, Leipzig: Alfred Kröner Verlag, 1932, p.287.

③ 孙伯鍨:《探索者道路的探索》,北京师范大学出版社2017年版,第201—202页;张一兵:《重新回到马克思:社会场境论中的市民社会与劳动异化》,《学术月刊》2021年第9期。

尔劳动概念的改造,将历史的起点已经置换为经验性的个人,历史形成的根本原因置换为经验性的劳动,故而实现了对历史的唯物主义解释。① 综合国内外有关异化问题的争论,可见,过多地关注马克思青年时期和晚年时期的思想对立与否,有可能忽视对马克思异化理论的系统研究,缺乏对马克思异化问题的整体把握。通过对马克思一生中具有标志性意义的两部著作(《手稿》与《资本论》)的考察,笔者试图展现马克思思想发展的逻辑转换与理论指向,更好地把握马克思异化理论的演变轨迹,从而更加深刻地把握马克思从"异化劳动"到"拜物教"批判的内在逻辑。

一、从"类本质"出发的异化劳动论

在《手稿》中,异化劳动论的出发点是"类本质",即自由的有意识的活动。就"类本质"这一概念而言,它直接关涉两种思想资源:费尔巴哈的"类"概念与黑格尔的精神现象学,具体来说,费尔巴哈的人本主义唯物主义是马克思异化理论的表层架构,黑格尔的精神现象学是其方法论内核,马克思正是通过重构黑格尔的劳动辩证法实现了对费尔巴哈"类"概念的超越,形成了完整的从外化到异化,再到扬弃复归的异化劳动论的逻辑建构。

首先,费尔巴哈基于"类"概念的宗教批判为马克思从"类"和异化的视角来思考人的类本质提供了一定的启发。众所周知,"类"概念是费尔巴哈在《基督教的本质》中区分人与动物时的一个核心概念。费尔巴哈认为:"只有将自己的类、自己的本质性当作对象的那种生物,才具有最严格意义上的意识。动物固然将自己的个体当作对象,因此它有自我感,但是,它不能将自己

---

① 韩立新:《重新评价马克思的自我异化理论——兼评广松涉对马克思的批判》,《清华大学学报(哲学社会科学版)》2020 年第 3 期。

的类当作对象,因此它没有那种由知识而得名的意识。"①费尔巴哈在这里指出,人具有类意识,人与动物的标志性区别在于人可以把自己的类作为自身的对象。基于这个理解,费尔巴哈从人本学的角度指出了宗教的异化性质,认为宗教把人的类本质异化为一个外在的、统治人的绝对偶像,这表明"宗教是人跟自己的分裂:他放一个上帝在自己的对面,当作与自己相对立的存在者"②。这样一来,克服宗教的异化就必须将神还原为人,将异化了的人的类本质归于人自身。然而马克思意识到,仅仅从"类"和宗教异化的意义上来理解人的类本质是远远不够的,需要另辟蹊径来深化这一问题。因此,他在《〈黑格尔法哲学批判〉导言》中转向了现实的社会历史去揭露异化的性质,并在《手稿》中提出了"类本质"即"自由的有意识的活动"这一命题,尝试从对象性活动或生产劳动的视角来重新界说人的类本质。

其次,黑格尔的劳动辩证法理论为马克思批判费尔巴哈的"类"概念提供了内在的方法论,由此推进了其对人的类本质的理解和把握。在《精神现象学》中,黑格尔是通过阐释奴隶和主人的辩证关系来展开对劳动的分析的。他认为,在主人和奴隶这一对立关系中,主人虽然能够通过奴隶的劳动收获快感与满足,但同时也丧失了博取自我意识的机会,因为他不得不把"物的独立性让给奴隶,只能依靠奴隶,让奴隶对物进行加工改造"③。这样一来,奴隶在支配和改造物的劳动过程中获得了独立的意识,从而转化为自身的对立面——主人。主人却依靠奴隶的劳动,失去了对物的直接支配权,从而沦为了奴隶。这一主人与奴隶之间的辩证转化过程,在黑格尔看来其实就是一种异化的过程,而"陶冶事物的劳动"在其间发挥着极为重要的作用,换句话说,只

---

① [德]路德维希·费尔巴哈:《基督教的本质》,荣震华译,商务印书馆2009年版,第3页。

② [德]路德维希·费尔巴哈:《基督教的本质》,荣震华译,商务印书馆2009年版,第45页。

③ [德]黑格尔:《精神现象学》(下卷),贺麟、王玖兴译,商务印书馆1979年版,第131页。

有在劳动过程中,人才能产生自我意识,才能对自身的本质进行真正的确证。对此,马克思在《手稿》中高度赞扬了黑格尔的劳动辩证法。他评价道:"黑格尔的《现象学》及其最后成果——辩证法,作为推动原则和创造原则的否定性——的伟大之处首先在于,黑格尔把人的自我产生看做一个过程,把对象化看做非对象化,看做外化和这种外化的扬弃;可见,他抓住了劳动的本质,把对象性的人、现实的因而是真正的人理解为人自己的劳动的结果。"①然而,马克思同时指出,"站在现代国民经济学家的立场上的"黑格尔只看到了劳动的积极方面,而没有触及私有制之下的异化现实,究其根本是因为黑格尔所理解的劳动只是一种"抽象的精神的劳动"②,并未深入真正的社会现实之中。因而,尽管黑格尔将劳动看作人的本质及其对人之本质的确证,但他没有看到资本主义社会中的劳动已经与人的类本质相异化的客观事实。在此基础上,马克思重构了黑格尔的劳动概念,从而提出了"异化劳动"这一概念。

再次,马克思在《手稿》中从"类本质"即"自由的有意识的活动"的视角考察了"异化劳动"。他指出:"劳动这种生命活动、这种生产生活本身对人来说不过是满足一种需要即维持肉体生存的需要的一种手段。而生产生活就是类生活。这是产生生命的生活。一个种的整体特性、种的类特性就在于生命活动的性质,而自由的有意识的活动恰恰就是人的类特性。"③这段话表达了两层含义:(1)人需要通过活动、劳动来维持自身的生存;(2)活动、劳动的性质应该是有意识的自由的。从谋求生命存在的角度来理解《手稿》中的劳动概念,也就是在一般的政治经济学意义上讨论劳动,这一观点并不为马克思所独有,而是继承自斯密、李嘉图开创的英国古典经济学的传统。但在马克思看来,劳动应该成为人们实现内在本质力量、展现生命价值的方式,人最重要的是具有自主开展自由的、有意识的创造性活动的能力。正是在

---

① [德]马克思:《1844年经济学哲学手稿》,人民出版社2014年版,第98页。
② [德]马克思:《1844年经济学哲学手稿》,人民出版社2014年版,第98、99页。
③ [德]马克思:《1844年经济学哲学手稿》,人民出版社2014年版,第52—53页。

这一点上,马克思把黑格尔的劳动概念从抽象的精神活动中解放出来,并将人的感性活动即劳动视为对自身本质的确证,从而超越了以往思想家对劳动的理解。

何谓异化? 马克思在《手稿》中并没有给异化概念以明确的定义,但细读文本,不难发现异化的含义,即主体活动及其产物脱离和否定主体自身,并作为一种异己的力量与主体处于对抗性关系之中,以扭曲或否定的方式来呈现人的本质。这里的问题是,异化究竟使人失去了什么呢? 马克思的答案是人性或人的本质。在马克思那里,人首先是有意识的类存在物,然后才能够把自己的活动视为对象,进行自由自觉的生命活动。然而,"异化劳动把这种关系颠倒过来"①,把人的自由自觉的生命活动降格为手段。资本主义社会下的生产劳动呈现出强烈的异化特征,它抽空了人们丰富的感官能力,褫夺了人之为人的本质力量,导致人们的生命活动不再具有人的属性而沦为物的性质。马克思直言:"人的类本质,无论是自然界,还是人的精神的类能力,都变成了对人来说是异己的本质,变成了维持他的个人生存的手段。"②此外,生产领域的异化必然带来整个社会的普遍异化。由于货币和金钱具有购买一切的特性,且构成衡量人们价值的唯一尺度,整个社会生活领域无一不沦为金钱的奴隶和机器,其结果就是异化为整个资本主义的社会现实和外部环境。对于无限肯定私有财产的资本主义社会,马克思以异化为道德批判基石,揭露了资本主义社会的非人性、非正义性,明确表达了消除异化、实现劳动解放和人类自由的现实诉求。

最后,通过对国民经济现实的考察,马克思由浅入深地论证了异化劳动的具体表现。马克思从四重规定(劳动产品的异化、劳动过程的异化、类本质的异化、人与人关系的异化)分析了异化劳动,其中,第二个规定即劳动过程的异化是导致劳动产品异化的根据和原因,而后两个规定又是前两种规定的必

---

① ［德］马克思:《1844 年经济学哲学手稿》,人民出版社 2014 年版,第 53 页。
② ［德］马克思:《1844 年经济学哲学手稿》,人民出版社 2014 年版,第 54 页。

然结果。因此,异化劳动的根本问题是劳动过程本身的异化。在《手稿》中马克思指出:"他在自己的劳动中不是肯定自己,而是否定自己,不是感到幸福,而是感到不幸,不是自由地发挥自己的体力和智力,而是使自己的肉体受折磨、精神遭摧残。"①由此可见,劳动过程的异化表现为:(1)劳动者的肉体沦为资本的工具,其活动是抽象的机械运动,且必须终日进行艰苦繁重的体力劳动以维持基本生存;(2)劳动者的精神活动与肉体活动相分离,劳动者丧失了主体感觉的丰富性,也失去了对创造和审美的享受。因此,劳动者肉体活动和精神活动的相互脱离,尤其是精神维度的缺乏和丧失,构成了劳动者实现类本质的限制性因素。既然劳动者的劳动不属于自身,那这种与自身疏远的劳动到底属于谁? 马克思认为,"通过异化的、外化的劳动,工人生产出一个同劳动疏远的、站在劳动之外的人对这个劳动的关系"②,即资本家与劳动的关系。与劳动者对立,资本家则凭借对劳动者的盘剥和压榨为自己开辟了自由的道路:资本家一边利用别人的奴隶劳动积累着大量的社会财富,一边"服从于生产的休息"进行自由的享受。

正是在劳动者与资本家、劳动与资本的对立中,马克思观察到了异化劳动与私有财产的联系,指出"私有财产是外化劳动即工人对自然界和对自身的外在关系的产物、结果和必然后果"③。也就是说,私有财产体现了工人劳动的结果,但劳动者并不能够占有财产,而占有财产者却不劳动。这表明马克思在人本逻辑之外已经认识到资本或私有财产对劳动的占有和支配。而对异化根源的真正把握,则依赖于马克思后期唯物史观、剩余价值论和拜物教理论的形成。从《手稿》到《资本论》的创作,马克思要弄明白的就是异化劳动何以发生且何以可能的问题。

---

① [德]马克思:《1844 年经济学哲学手稿》,人民出版社 2014 年版,第 50 页。
② [德]马克思:《1844 年经济学哲学手稿》,人民出版社 2014 年版,第 57 页。
③ [德]马克思:《1844 年经济学哲学手稿》,人民出版社 2014 年版,第 57 页。

二、"拜物教"的批判与"异化"的新阐释

在异化劳动论中,马克思是从"类本质"这一设定来批判资本主义现实生活中的异化现象的,这一设定内蕴着"应然(未被异化的类存在状态)"与"实然(被异化的现实状态)"之间的对立。尽管《手稿》时期的马克思已经开始从经济学角度分析异化现象,但毕竟是马克思初涉政治经济学,整体而言,仍然是感性描述和价值批判为主导,缺乏对资本主义社会全面深刻的经济与历史分析。但到了《资本论》时期,马克思通过对以"拜物教"为核心的经济学批判,揭示出商品、货币和资本拜物教构成了资本主义社会异化的具体表现形式。正是从异化劳动到以资本逻辑为基础的拜物教理论批判这一转向,马克思赋予了异化概念以更深刻更普遍更扎实的意义,彻底完成了对资本主义异化问题的解剖与批判。

首先,在重新投入对资本主义异化问题的分析中时,马克思是从分析商品拜物教着手的。简单地说,商品拜物教指的是在资本主义社会中,人们把商品当作上帝一样顶礼膜拜。在马克思眼中,商品具有一种"神秘性质",而这种神秘性质来源于商品形式本身。他指出:"商品形式的奥秘不过在于:商品形式在人们面前把人们本身劳动的社会性质反映成劳动产品本身的物的性质,反映成这些物的天然的社会属性,从而把生产者同总劳动的社会关系反映成存在于生产者之外的物与物之间的社会关系。由于这种转换,劳动产品成了商品,成了可感觉而又超感觉的物或社会的物。"①这也就是说,劳动产品的社会性质本来是在真实的社会关系中取得的,但是劳动产品的商品形式给人的假象是:劳动产品在特定"社会关系"中取得的"社会性质"表现为劳动产品的天然的社会属性,好像劳动产品的"社会性质"与"社会关系"无关一样。因

---

① 《马克思恩格斯文集》第5卷,人民出版社2009年版,第89页。

而,一旦劳动产品转换为商品,原本作为人类劳动产物的物就呈现为独立于人之外的东西,自然也就遮盖了真实的人与人之间的社会关系。那么,劳动产品如何转换为商品,或者说人与人之间的关系如何呈现为物与物的关系?关键在于交换。马克思认为,在资本主义社会,主导性的生产形式是交换价值的生产,而交换价值的基础是"把不同种商品所包含的不同种劳动化为它们的共同东西,化为一般人类劳动"①,即抽象劳动。

《资本论》中提出的"抽象劳动"是对《手稿》时期异化劳动论的逻辑推进。按照马克思的理解,抽象劳动意味着将性质不同的生产劳动都化约和抽象为"人的脑、肌肉、神经、手等等的生产耗费"②,衡量的标尺则是对象化在各个劳动产品之中的劳动时间。正因如此,不同劳动产品之间才能根据一定的量的比例进行交换。马克思对抽象劳动的考察不仅是探索商品世界的秘密,还向我们展示了商品拜物教之下人的本质已经发生异化的客观事实。抽象劳动作为无差别的人类劳动,体现了一种无个性的、一般化的、同质化的劳动。由此导致的结果就是,个体在劳动这一生命活动中无法感受肉体和精神的愉悦,无法实现人的本质力量及其内在价值。同时,把劳动归结为抽象劳动,意味着私人劳动必须转换为可计算可量化的社会劳动。在资本主义的物质生产洪流之中,个体只有将自己的劳动转换为社会劳动,得到社会的承认,才能生存下去。故而,正是这种特殊的抽象劳动使得人丧失了尊严和价值,使得个体降格为生产商品的工具,而商品则成为最终目的。从这一意义上来看,马克思在《手稿》时期对异化劳动的探讨仍然是《资本论》中拜物教批判的逻辑前提,并在《资本论》中得到了进一步的明确化和清晰化。

其次,货币拜物教是商品拜物教的延伸和推进,展现了资本主义社会的另一个异化现实,即货币崇拜。在商品拜物教中,人们崇拜商品的目的是希望通过交换商品来换取需要的货币。货币是商品世界的上帝,谁拥有作为一般等

---

① 《马克思恩格斯文集》第 5 卷,人民出版社 2009 年版,第 65 页。
② 《马克思恩格斯文集》第 5 卷,人民出版社 2009 年版,第 57 页。

价物的货币,谁就潜在地拥有了购买一切商品的能力。马克思指出,"商品的交换价值,作为同商品本身并列的特殊存在,是货币;是一切商品借以互相等同、比较和计量的那种形式;它是一切商品向之转化,而本身又转化为一切商品的那种形式;是一般等价物。"①而货币之所以能够衡量其他商品价值量的大小,其本质是因为它是一般社会劳动时间的化身,体现的是一种社会关系。然而那些具有拜物教观念的"经济学家们"并不理解生产过程的社会形式,把货币在特定生产关系中获得的形式规定视为货币的天然属性,仿佛货币天然就能够表现一切商品的价值。如果说商品拜物教展示的是人与物之间关系的异化与颠倒,那么,货币拜物教则将一切物的差异性与人的差异性进一步抽象化或物化为货币的形式。"货币拜物教的谜就是商品拜物教的谜,只不过变得明显了,耀眼了。"②较之于商品拜物教,货币拜物教的拜物性质显然更为强烈、更为典型,对人的异化也更为彻底。"金钱是人的劳动和人的存在的同人相异化的本质;这种异己的本质统治了人,而人则向它顶礼膜拜。"③

最后,资本拜物教是最为异化、最为隐蔽的一种拜物教形式,它掩盖了资本主义生产方式所带来的剥削与非正义问题。货币崇拜是资本主义社会的一个普遍性心理,然而不同于普通人,资本家崇拜和占有货币的目的是因为货币能够增殖,能够转化为资本,因此,货币拜物教就转化为资本拜物教。马克思认为,货币向资本的转化是通过一个重要桥梁来实现的——雇佣劳动。他指出,"没有雇佣劳动就没有剩余价值生产,没有剩余价值生产也就没有资本主义生产,从而也没有资本"④。正是从货币向资本的跳跃,资本家对雇佣工人的剥削问题才浮出水面。"只有当生产资料和生活资料的占有者在市场上找到出卖自己劳动力的自由工人的时候,资本才产生"⑤。马克思超越资产阶级

---

① 《马克思恩格斯全集》第30卷,人民出版社1995年版,第90页。
② 《马克思恩格斯文集》第5卷,人民出版社2009年版,第113页。
③ 《马克思恩格斯文集》第1卷,人民出版社2009年版,第52页。
④ 《马克思恩格斯文集》第8卷,人民出版社2009年版,第485页。
⑤ 《马克思恩格斯文集》第5卷,人民出版社2009年版,第198页。

经济学家的独特之处就在于从劳动力买卖这一商品交换行为中发现了剩余价值的生产。在他看来,资本家所购买的劳动力商品,其使用价值可以创造比劳动力商品的价值更大的价值,这个增殖的价值就是剩余价值。马克思对剩余价值的发现,戳穿了资本家和工人之间公平交易的假象,揭露了所谓等价交换实质上表现为资本家占有、榨取和剥夺劳动者的剩余价值的运动规律。在整个资本主义生产过程中,"剩余价值的生产(包含原预付价值的保存),表现为资本主义生产过程的决定目的、驱动利益和最终结果"①。资本家作为人格化的资本通过占有劳动者的劳动力实现资本的增殖,劳动者迫于生计到市场上出卖自己的劳动力,其创造的剩余价值转化为资本,进一步保证了劳动力买卖和资本存在的延续性。因此,在资本主义社会,资本家和劳动者都为资本所异化和支配,实现的自由也只不过是资本的自由。

至此,《手稿》中私有财产的来源问题在《资本论》中得到了详细而深刻的论证:异化劳动不是私有财产(资本)的原因和根据,雇佣劳动产生的剩余价值才是资本的深层来源。或者说,资本主义社会中劳动者的不自由不是抽象地表现为异化的劳动,而是具体表现为蕴含在劳动力买卖这一交换过程中的形式自由。对此,美国学者奥尔曼指出,正是在《资本论》这一不朽的巨著中,"马克思沿着私有财产——因此也就是根据异化劳动——而进出自如成了形式的主人,揭示了早在 1844 年对他来说就已经非常清楚的大多数关系"②。既然揭晓了资本拜物教的剥削之谜,那么,推翻资本主义制度、消灭以雇佣劳动为根基的资本主义生产方式,就成为实现人类解放的必然诉求。

总之,马克思从对异化劳动的批判到对拜物教的批判,尽管话语结构和批判范式不同,但揭示的是同一个问题,突出的是同一个主题,即资本主义社会中日益严重的异化现实。不过,马克思在《资本论》时期确实有着更为合理、

---

① 《马克思恩格斯文集》第 8 卷,人民出版社 2009 年版,第 455 页。

② [美]奥尔曼:《异化:马克思论资本主义社会中人的概念》,王贵贤译,北京师范大学出版社 2011 年版,第 204 页。

更为深刻的对资本主义生产方式的批判,即在对商品、货币和资本的具体研究之中,在对资本逻辑的分析之中,深刻地揭示了异化是何以发生的。如果说在《手稿》时期马克思是从"类本质"出发来批判异化现象并抽象地谋求人性的复归,那么在《资本论》中,马克思则是从现实的拜物教及其背后的资本逻辑出发来具体地阐释异化现象的经济制度根源,并诉诸制度变革来彻底实现人之解放,二者之间具有内在的逻辑延续性。

三、从三重维度审视异化理论在马克思思想谱系中的坐标

关于异化理论,《手稿》和《资本论》在阐释模式和批判结构上的重大区别是不能被否认的,但绝不能因此而断定马克思异化理论存在断裂。长期以来,很多学者都认为马克思关于异化问题的论述在《手稿》之后便已终结,并将之视为马克思早期不成熟的思想,因而在马克思思想谱系中并不占据重要地位。日本学者广松涉把马克思从《手稿》到《资本论》的思想转变视为质的飞跃,并将这一思想跃迁概括为"从异化论的逻辑到物象化论的逻辑"①。何谓物象化? 广松涉指出:"马克思的所谓物象化,是指人与人之间的主体际关系被错误地理解为'物的性质'(例如,货币所具有的购买力这样的'性质'),以及人与人之间的主体际社会关系被错误地理解为'物与物之间的关系'这类现象。"②在广松涉看来,《手稿》时期的异化理论是一种陷于主客二分的近代哲学的逻辑图式,它是对人被颠倒为物这一现象的指认,而《资本论》中的物象化论则揭示了人颠倒为物这一现象背后的社会本质。无疑,广松涉对马克思后期的物象化论的认识是深刻的,他对物象化的界定和马克思在《资本论》中对拜物教的理解很相近,但将马克思的异化论置于被审判的地位是十分不恰

---

① [日]广松涉:《唯物史观的原像》,邓习议译,南京大学出版社 2009 年版,第 35 页。
② [日]广松涉:《物象化论的构图》,彭曦、庄倩译,南京大学出版社 2002 年版,第 70 页。

当的。在《手稿》时期，马克思的"异化"概念确实是一种人本学建构，其主导逻辑是以先验预设的类本质为基础、以类本质的丧失及复归来揭露资本主义社会的异化现象并展望未来，指向对类本质重新占有的共产主义。基于客观严谨的政治经济学研究，在《资本论》中，马克思重新使用"异化"概念，并用"拜物教""物化""剥削"等范畴代替了《手稿》中的"类本质"。这些范畴表征着马克思不再仅仅基于价值维度，更是基于对资本主义生产方式的深刻解剖来阐明异化现象的经济根源，并诉诸根本性的制度变革来扬弃异化、实现人的解放。此外，马克思在《1857—1858 年经济学手稿》中，明确将异化劳动视为资本主义雇佣劳动的重要特征，并从历史视野的高度肯定了作为异化劳动的雇佣劳动是历史长河中的"一个必然的过渡点"①。可见，由于忽略了马克思《资本论》时期"异化"概念的独特理论价值，广松涉有关马克思早期"异化论"与后期"物象化论"之间存在明显断裂的观点，一定程度上遮蔽了马克思历史唯物主义的丰富意蕴。那么，应该如何把握异化理论在马克思思想谱系中的坐标呢？

　　首先，"异化"概念作为核心线索贯穿马克思思想始终，并在《资本论》中获得了完整意义。由于《手稿》和《资本论》分别是马克思早期和晚期异化理论的代表性著作，因而构成了探讨马克思异化理论的主要研究文本。但纵观马克思文本，"异化"概念其实出现在马克思不同时期的著作之中。第一阶段是由客观唯心主义向唯物主义转变时期，主要包括《博士论文》《黑格尔法哲学批判》《论犹太人问题》《〈黑格尔法哲学批判〉导言》《詹姆士·穆勒〈政治经济学原理〉一书摘要》《1844 年经济学哲学手稿》等；第二阶段是唯物史观创立时期，主要包括《神圣家族》《关于费尔巴哈的提纲》《德意志意识形态》《哲学的贫困》《共产党宣言》等；第三阶段是唯物史观发展时期，也是政治经济学研究和批判时期，主要包括《资本论》及其三大手稿。仅就"异化"概念的

━━━━━━━━━━

① 《马克思恩格斯全集》第 30 卷，人民出版社 1995 年版，第 512 页。

使用频率而言,马克思在晚期文本中确实有所降低,但这并不意味着可以忽略他在晚期重启"异化"之门这一事实。早期马克思用"异化"概念来针砭资本主义社会现实,虽然超越了当时的资产阶级经济学家,但还是在人道主义的外衣下对资本主义病症的表层分析。在晚期马克思的文本中,尤其在《资本论》中,马克思运用的是基于政治经济学批判的"人道主义"尺度,即用拜物教批判理论来深度解剖资本主义社会的异化现实。"正是对这一现象的揭露,马克思不仅坚持了异化理论,而且对这一理论作出了创造性的推进。"①就此来看,《资本论》不仅没有摒弃马克思早期异化理论的基本思想,而且在唯物史观和政治经济学批判的基础上,赋予异化概念以新的规定,使异化理论趋于科学化和系统化。

其次,异化辩证地具有消极与积极双重面向,这是马克思异化理论所内蕴的历史大视野。在作为《资本论》第一手稿的《1857—1858 年经济学手稿》中,马克思提出了经典的三大社会形态的理论。其中,他将第二阶段称为以"物的依赖性"为基础的社会阶段。理解"异化"在历史发展中的地位和作用的关键,在于透彻地理解"物的依赖性"的准确含义。在马克思那里,"社会关系物化的普遍化"是"物的依赖性"的前提,是指在资本主义条件下,商品、货币、资本等成为社会运行的主体和目的,个人变为资本增殖的工具和手段,人与人之间结成的社会联系具有普遍的拜物性。无疑,马克思对这一普遍异化("物化"内蕴着"异化")的现象深恶痛绝并予以了深刻批判。然而,马克思并不只是看到了异化的消极面向,他还从历史唯物主义的高度认识到异化是推动历史进步的积极要素。"在货币关系中,在发达的交换制度中(而这种表面现象使民主主义受到迷惑),人的依赖纽带、血统差别、教育差别等等事实上都被打破了,被粉碎了……"②可见,"物的依赖性"的社会阶段是对旧的、落后的社会阶段的超越。同时,这一阶段又为未来的社会新形态提供了历史

---

① 俞吾金:《再论异化理论在马克思哲学中的地位和作用》,《哲学研究》2009 年第 12 期。
② 《马克思恩格斯全集》第 30 卷,人民出版社 1995 年版,第 113 页。

基础。"在以交换价值为基础的资产阶级社会内部,产生出一些交往关系和生产关系,它们同时又是炸毁这个社会的地雷。"①此外,采取异化这一特殊的否定形式也是实现人的发展的必要环节。"这正是以建立在交换价值基础上的生产为前提的,这种生产才在产生出个人同自己和同别人相异化的普遍性的同时,也产生出个人关系和个人能力的普遍性和全面性。"②因此,尽管"物的依赖性"的资本主义社会包含着极端的异化形式,但它同时承担着瓦解自身以及为未来社会提供充分物质和文明条件的历史功能。正是通过对"物的依赖性"的分析,马克思突破了将异化简单地等同于恶而予以否定的狭隘视野,赋予了异化概念以丰富的历史内涵,即异化作为人类文明发展的特定环节有其历史必然性和历史暂时性,从而超越了各种庸俗经济学理论。

最后,马克思的异化理论仍然是批判当代资本主义社会的重要依据。自《手稿》发表后,马克思异化理论成为世界各地马克思主义流派兴起和发展的重要理论资源。尤其是西方马克思主义将马克思异化理论作为认识论和方法论,运用于对资本主义社会的意识形态、大众文化、日常生活等领域的批判,揭示资本主义社会的全面异化现象。卢卡奇率先揭示了当代资本主义社会中工具理性的全面渗透及其主体意识逐渐物化的现象③;霍克海默、阿多诺指出了在文化工业成为晚期资本主义意识形态的背景下,"个性就是一种幻象"④;马尔库塞揭露了社会个体在发达工业社会的技术理性的支配下变成了单向度的人⑤;列斐伏尔则发现了现代资本主义的异化已经从生产领域延伸至日常生

---

① 《马克思恩格斯全集》第 30 卷,人民出版社 1995 年版,第 109 页。
② 《马克思恩格斯全集》第 30 卷,人民出版社 1995 年版,第 112 页。
③ [匈]卢卡奇:《历史与阶级意识》,杜章智、任立、燕宏远译,商务印书馆 1999 年版,第 161 页。
④ [德]马克斯·霍克海默、西奥多·阿道尔诺:《启蒙辩证法》,渠敬东、曹卫东译,上海人民出版社 2006 年版,第 140 页。
⑤ [美]赫伯特·马尔库塞:《单向度的人:发达工业社会意识形态研究》,刘继译,上海译文出版社 2006 年版,第 11—12 页。

活领域,强调必须"再次拿起马克思主义,展开对日常生活的批判"①。这些理论家共同的特征是把马克思的异化理论从经济政治领域拓展到了社会文化等上层建筑领域,论证了当代资本主义异化已然呈现出新的、多样且复杂的特征和形式,同时也揭示了当代资本主义的全部社会生活领域彻底沦为被技术理性和消费意识形态所操控和支配的客观世界,个体完全"客体化"了。由于马克思的异化理论源于对历史现状与社会现实的深度思考和科学探索,故此成为世界知识界持久不息的重要思想资源。从当代资本主义现状来看,马克思所分析的异化现象不仅没有减弱,甚至渗透至资本主义社会生活的所有领域,因此马克思的异化理论仍然具有对资本主义社会进行剖析和批判的内在生命力。

综上所述,"应然"与"是"的分离,是马克思《手稿》时期运用价值批判方式论证异化问题的内在局限。马克思确立以类本质的价值预设为前提的异化观的目的在于批判资本主义社会,希望将资本主义社会中不自由的异化劳动改造为自由自觉的活动。但由于马克思所设想的类本质并不是基于现实的社会生活,而是基于强烈的道德律令,这就决定了马克思对资本主义条件下异化现实的批判只能是一种哲学批判或价值批判。《资本论》中拜物教批判理论的提出,表征着马克思改变了异化问题的研究范式,即从早期外在的价值批判深入资本主义社会领域的经济批判,在资本逻辑中建构出对资本主义异化现实的批判理论。从《手稿》到《资本论》,从"异化劳动"到"拜物教",反映出马克思的异化理论从哲学批判向政治经济学批判的纵深发展。如果说《手稿》时期马克思是从横向的角度把握主体与客体所发生的变化,那么,《资本论》时期马克思则是从纵向的角度即社会经济关系视角进一步分析人的异化问题。在这一意义上,可以说马克思从类本质出发的异化理论是后期从拜物教批判出发重新解

---

① [法]亨利·列斐伏尔:《日常生活批判》第二卷,叶齐茂、倪晓辉译,社会科学文献出版社2018年版,第270页。

读异化概念的思想渊源,这两个理论框架之间具有内在的逻辑延续性。

随着资本主义社会进入新的发展时期,马克思的异化理论产生了越来越强的"溢出"效应,被广泛地应用于哲学、文化、美学等领域,同时也对精神分析理论产生了深远影响。该理论从无意识出发,认为主体生成的历史在某种意义上说也是异化的历史。或者说,异化是主体必然的命运和归宿。在拉康那里,"异化"指涉的是主体正式进入语言和意义的系统,并臣服于大他者即符号秩序的统治。"异化"观念始于镜像阶段,处于镜像阶段的幼儿会将处于混沌之中的身体和镜中看到的完整形象等同起来,这一借助非我介体(镜中影像)识别"自我"的过程就是主体异化的开始过程。其实,马克思在《资本论》中也曾有类似的观点:"人来到世间,既没有带着镜子,也不像费希特派的哲学家那样,说什么我就是我,所以人起初是以别人来反映自己的。名叫彼得的人把自己当做人,只是由于他把名叫保罗的人看做是和自己相同的。"①这里,马克思同样是以他者为镜像来构建主体的。齐泽克在接受拉康主体异化思想的基础上,运用"恋物癖"概念来分析批判当代资本主义社会。他认为,恋物的奥秘就在于自身的物质现实与外界所赋予的精神维度的视差之中,并认为即使日常生活中接触到的普通客体,也都渗透着恋物的光晕。② 因此,无论是拉康意义上的"镜像阶段"还是齐泽克意义上的"恋物癖",都认为异化与无意识机制有关,是很难被消除的主体境况。至于异化与无意识的关系,马克思在多个文本中已经有所涉及,比如《资本论》中的一处:"他们没有意识到这一点,但是他们这样做了。"③

---

① 《马克思恩格斯文集》第 5 卷,人民出版社 2009 年版,第 67 页。
② 陈剑:《齐泽克笔下的资本主义恋物癖》,《武汉大学学报(人文科学版)》2017 年第 1 期。
③ 《马克思恩格斯文集》第 5 卷,人民出版社 2009 年版,第 91 页。

第十章　卢卡奇的物化与历史辩证法

作为西方马克思主义的创始人和奠基者,卢卡奇以著名的《历史与阶级意识》开启了西方马克思主义思潮。一方面,卢卡奇在未接触到马克思《1844年经济学哲学手稿》的前提下,通过分析马克思对商品拜物教的批判,提出了与"异化"(Entfremdung)概念类似的"物化"(Verdinglichung)概念,展现了他非凡的理论思考力;另一方面,与物化概念相对立的"阶级意识"和"总体性"概念则被视为克服物化的历史辩证法的核心概念。如此,物化与如何消除物化就构成了历史辩证法的主线与核心问题。在《历史与阶级意识》一书中,卢卡奇通过阶级意识和总体性概念,包括"关于组织问题的方法论"等,试图解决"物化"这一难题。但这一解决途径仍然有其自身局限性,在革命实践的实体与主体、物化与阶级意识、主体与客体之间,仍存在着巨大的鸿沟和裂隙,它们仍是当今资本主义社会一个悬而未决的理论和现实难题。

一、"物化"理论及其内在悖论

"物化"是由卢卡奇所提出的贯穿《历史与阶级意识》全书的一个中心概念。借助这一概念,卢卡奇揭示了资本主义商品化背景下主体的双重异化:由物化引发的主体的客体化以及物化结构在主体意识中的合理化,并由此展开了对资本主义社会的物化现象以及物化所蕴含的现代形而上学思想(卢卡奇将之称为资产阶级思想的"二律背反")的批判。

首先,物化是卢卡奇在分析马克思商品拜物教时所提出的概念。在他看来,物化描述的是现代资本主义社会的一个特有问题,物化的产生以商品形式成为整个社会的普遍范畴为前提。区别于前资本主义社会,物化是由现代资本主义社会特有的经济形式决定的,它体现了"庞大的商品堆积"和作为统治形式的商品形式对社会发展的客观作用,是资本主义社会关系的隐藏形式,人与人的关系在此以物的形式呈现出来。

马克思在《资本论》中指出商品拜物教的特殊表现,即商品是一种"可感觉而又超感觉的物"[①],它使得劳动产品成为商品之后就具备了谜一般的性质。商品拜物教的独特性质使得私人劳动的社会关系表现为物与物之间的社会关系,使得以社会必要劳动时间为尺度的商品交换,作为抽象的客观力量统治和支配着人,并以自我运动的形式呈现出"自然规律"般的特征。卢卡奇正是根据马克思关于商品拜物教的论述,分析了物化在客观方面与主观方面的呈现:在客观方面,产生了一个人们能够认识其规律但不能改变的世界,它是"由现成的物以及物与物之间关系构成的世界(即商品及其在市场上的运动的世界)"[②];在主观方面,人的特质被客体化为商品,并要服从商品经济规律,即"人的活动同人本身相对立地被客体化,变成一种商品,这种商品服从社会的自然规律的异于人的客观性,它正如变为商品的任何消费品一样,必然不依赖于人而进行自己的运动"[③]。

由此可见,卢卡奇物化概念的显著特征是劳动异化,即在商品经济普遍发展的社会中,人的活动受到客观力量的支配,同时他自己的劳动又成为对他来说是客观的和对立的东西。在此意义上,物化的含义与马克思在《1844 年经

---

① 《马克思恩格斯文集》第 5 卷,人民出版社 2009 年版,第 88 页。
② [匈]卢卡奇:《历史与阶级意识》,杜章智等译,商务印书馆 2021 年版,第 153 页。
③ [匈]卢卡奇:《历史与阶级意识》,杜章智等译,商务印书馆 2021 年版,第 153 页。

济学哲学手稿》中给出的"异化"概念相似,卢卡奇给出的定义是:"人自己的活动,人自己的劳动,作为某种客观的东西,某种不依赖于人的东西,某种通过异于人的自律性来控制人的东西,同人相对立。"①因此,在当时的卢卡奇还未能读到马克思《1844年经济学哲学手稿》时,他已经呈现了与马克思颇为相似的"异化"概念,即原本具有特殊个性的人成为一个不由自主的物。

其次,卢卡奇对物化现象的分析也借鉴了马克斯·韦伯的相关思想,重点关注了资本主义社会的合理化,指出物化过程所蕴含的合理化过程以及物化结构对主体意识的影响。

在卢卡奇看来,商品形式的普遍性在主观方面和客观方面都制约着对象化劳动的抽象结果,它使那些在质上不同的劳动产品能够以抽象劳动为中介而具有交换的可能;与此同时,抽象劳动也对生产过程中的人的关系进行了抽象。在商品社会中,可计算性、合理化的原则遍及生活的全部表现形式,个体的特性被编织进合理化的机制之中,人由此成为科学的、合理化分工的一个环节。资本主义分工破坏了任何一个有机统一的劳动过程和生活过程,把它分解为它的各个组成部分。劳动过程的机械化、合理化成为一种可计算的劳动定额,被推行和刻进工人的灵魂与心灵之中。这样一来,不仅工人作为人的性质和特点被结合到机械系统中去,成为抽象规律中的一份子,工人之间的联系也被机械过程的抽象规律所中介。在此基础上,卢卡奇进一步指出,物化的过程同时也是形式和结构合理化的过程,它意味着作为总体的资本主义形式的合理化以及物化结构在主体意识中的合理化,以便由此来维持和再生产出资本主义生产关系。卢卡奇指出,资本主义形式的合理化最开始体现在法律的制定上。为了维持和实现资本主义形式在总体上的再生产,"资本主义的发展就创造了一种同它的需要相适应的、在结构上适合于它的结构的法律,一种相应的国家等等"②。通过这种法律调节来抛弃经验、传统和材料限制,以便

---

① [匈]卢卡奇:《历史与阶级意识》,杜章智等译,商务印书馆2021年版,第152—153页。

② [匈]卢卡奇:《历史与阶级意识》,杜章智等译,商务印书馆2021年版,第163页。

不依赖于个人的"任性",能够逐渐将合理系统化的"规律"推行到技术生产和企业管理中。这样一来,合理化的结果构成了人类的"第二自然",它使生产生活的各种条约以自然法则的形式出现,以这种"似自然性"默默地规约人的意识。

因此,物化普遍化与合理化的结果是物化的内化,即物化作为一种自觉意识固着于主体,成为指导主体生活方式的内在声音,由此变成一种物化意识。"正像资本主义制度不断地在更高的阶段上从经济方面生产和再生产自身一样,在资本主义发展过程中,物化结构越来越深入地、注定地、决定性地沉浸入人的意识里。"①也就是说,资本主义不仅通过经济方面的再生产来维持和再生产出其物化结构,同时也通过物化意识的不断再生产来巩固其形式的合理性,这样资本主义生产过程的结构就可以离开过程本身,即在生产之外实现它的形式的合理性。

最后,卢卡奇对物化意识作了具体阐释,认为物化意识通常表现为两个极端即粗糙的经验主义和抽象的乌托邦主义,体现的是"资产阶级哲学面临的二律背反,进而在思维层面上强化了个体对形式与内容、主体与客体的对立的认可"②。

物化意识是物化在思维领域中的产物,物化意识(reified consciousness)也称"物化思想"(reified thought),意指资本主义社会普遍存在的物化现象在观念上的反映。物化意识的形成来自资本主义社会的普遍物化,作为形式的普遍物化的结果以隐蔽的方式固着在主体的意识之中,使得资本主义社会特有的商品结构和它们的"自然规律性"成了社会成员默认的事实,这一事实在意识上的反映表现为,工人作为他的劳动力的"所有者"自发地把自己想象为商品。因此,物化不仅是一种统治和支配人的外在力量,同时也内化和深入人的

---

① [匈]卢卡奇:《历史与阶级意识》,杜章智等译,商务印书馆2021年版,第161页。

② 陈食霖、屈直:《论卢卡奇文化批判理论的内在逻辑》,《武汉大学学报(哲学社会科学版)》2023年第3期。

意识和日常活动之中,成为一种物化意识。

物化意识由于割裂了主客体的内在统一性,因而常常表现为两个极端:一是由于过度强调物质的客观性、弱化主体的认识能力而导致的粗糙的经验主义;二是由于高扬理性主义与夸大主体的能动性和革命性所导致的抽象的乌托邦主义。物化意识的第一个极端是"粗糙的经验主义"(crude empiricism),就是列宁在《唯物主义和经验批判主义》中所提及的简单反映论,意识成为物质的简单反映,即意识成为它自己必须顺从而从来不能加以控制的客观法则的消极的旁观者。在此,物化法则的作用被无限地夸大,而主体的作用则完全被忽略,它意味着主体自觉认同外在的物化结构,并采取无意识的实践方式。物化意识的第二个极端是"抽象的乌托邦主义"(abstract utopianism),它不主张社会革命,而是寄希望于个人伦理水平的提高来实现社会主义,它虚幻地夸大了个体与奇迹的作用。也就是说,在普遍物化的社会中,既然主体从意识上将这种物化结构当作"自然规律"并遵循服从,那么主体也就丧失了批判和超越的主体性维度。不仅一般的工人在意识上缺乏超越物化的批判维度,而且统治阶级和知识阶层也深陷在官僚政治体制和科层制之中。

综上所述,卢卡奇不仅讨论了与马克思"异化"概念极其接近的"物化"概念,实际上也吸收了马克斯·韦伯的合理化概念,或者说,是将韦伯的问题纳入马克思主义的理论逻辑之中。韦伯将合理化进程与支持资本主义出现的新教思想相联系,卢卡奇的独创性则在于他强调合理性的形式结构与它所强加给社会现实的实际的人类"内容"之间的张力。卢卡奇借鉴了韦伯的思想,但在通过分析马克思对拜物教批判的总体框架中,卢卡奇又看到了形式理性与现实之间的辩证冲突。因此,卢卡奇试图从德国古典哲学中,尤其是借用黑格尔"实体即主体"的辩证法来纠正和解救这种冲突,也就是通过无产阶级的阶级意识来克服物化意识,从而在内在批判的路径上,以无产阶级的阶级意识去推动历史的进步。

二、物化的克服：历史辩证法的三重维度

为了解决物化结构中所蕴含的主客体间的内在张力，卢卡奇在借用黑格尔"实体即主体"，吸纳阶级意识与总体性概念的基础上，提出了历史不仅是实体也是主体的论断，也即历史辩证法。在他看来，"历史是实体，是人类社会实践的客观历史过程；历史又是主体，是人类自己的能动创造。"①虽然卢卡奇在《历史与阶级意识》中并未有专门的章节来讨论"历史辩证法"，但从各个章节中可以窥视其历史辩证法的踪迹，由此足见历史辩证法在青年卢卡奇思想中的地位，这也是他重释马克思历史唯物主义的逻辑基点，更是其由此反对恩格斯自然辩证法的根据。基于此，可以从实体与主体、物化与阶级意识、主体与客体三方面来理解卢卡奇的历史辩证法。

第一，卢卡奇借助黑格尔"实体即主体"的辩证法来论证马克思的历史观或历史唯物主义，在此，实体即主体也即历史的主体及其活动。首先，在《历史与阶级意识》中，卢卡奇通过考察历史的理性发展，指出了其与黑格尔的内在联系。他直接引用黑格尔的话并说道："只有当'真理不仅被把握为实体，而且被把握为主体'……辩证法的问题及随之而来的主体和客体、思维和存在、自由和必然等等对立的扬弃的问题才可以被看作是解决了。"②由此可见卢卡奇与黑格尔哲学的内在关联。卢卡奇只不过将黑格尔的"真理"概念替换成了历史辩证法的"历史"概念，即历史不仅是实体，而且也是主体；历史既是过程也是结果，既是理论也是行动。其次，在《历史与阶级意识》中，卢卡奇的历史性就是"历史理性"，它包括如下几点：（1）历史不是那种原始社会—奴隶社会—封建社会—资本主义社会—共产主义社会这样的线性发展的历史观，而是辩证的历史观。（2）历史不是现存的、静态的和经验的历史。换言

① ［匈］卢卡奇：《历史与阶级意识》，杜章智等译，商务印书馆 2021 年版，译序第 viii 页。
② ［匈］卢卡奇：《历史与阶级意识》，杜章智等译，商务印书馆 2021 年版，第 227 页。

之,历史不是静静地躺在那儿的已经消失的过去事件或材料堆积,而是动态的和主动的人类社会活动。(3)历史是"生成的"历史,是一个"过程",是"现实性的"。这里,卢卡奇明显地受到了黑格尔强调历史是一个过程的观点的影响,历史是处于时代变动中的,是作为主体的无产阶级的创造性的活动。因此,只有在历史是"生成的、过程的和实践的"意义上,才能将历史理解为既是实体也是主体。正是通过对历史概念的重新阐释,并借助于黑格尔哲学的深厚历史感,卢卡奇超越了机械唯物主义盲目崇拜的自然物质的倾向,强调了马克思的基础是历史而不是自然。最后,对卢卡奇历史辩证法的理解也离不开对主体的把握。卢卡奇借助黑格尔《精神现象学》中有关"实体即主体"的辩证观点对主体作了规定。他指出,根据黑格尔的《精神现象学》有关主体的规定,不能将主体理解为静态的旁观者或高高在上的领导者与主宰者。正如卢卡奇所言:"主体在这儿既不是存在和概念的客观辩证法的不变的旁观者(就像在埃利亚学派或者甚至在柏拉图那里那样),也不是它的纯思想可能性的实际主宰者(就像在希腊的诡辩家们那里那样),而是辩证的过程发生了,主要是在主体和客体之间的一成不变形式的僵硬对立溶化了。"①换句话说,历史行动中的主体就是革命的、实践的、正在形成的无产阶级。此外,在卢卡奇那里,实体则具体化为作为主体的无产阶级的"阶级意识",即无产阶级革命的实践中所形成的那种本质性的存在。施密特在分析精神现象学在卢卡奇历史哲学中的再现时也认为,"历史是实体,无产阶级的阶级意识是主体。两者在思辨上是同一的"②。

第二,卢卡奇的历史辩证法也蕴含着物化意识与阶级意识的辩证思想。在资本主义社会中,商品形式作为社会的支配形式渗透到社会的方方面面,人们面临着以合理性为表象的物化困境。这种物化现象的产生主要来源于资本

---

① [匈]卢卡奇:《历史与阶级意识》,杜章智等译,商务印书馆 2021 年版,第 226—227 页。
② [德]G.施密特:《精神现象学在卢卡奇历史哲学中的再现》,郭官义译,《哲学译丛》1985年第 2 期。

主义社会要求劳动对象和劳动主体必须能够切割,具有可计算性。如此一来,主体趋向于客体化,主体间的关系成了物与物的关系,劳动主体只能趋向一致,保留抽象的形式规定性,而不可以保留自己的独特个性。对于劳动主体而言,工人的主体性和能动性不复存在,不再作为劳动过程的主人来体现自己的本质特征,而是对合理化的资本主义社会采取直观态度,承认资本主义社会的可计算性原则与合理化原则。也就是说,物化和物化意识具有了"普遍性"的特征,物化已经成为主体难以逃脱的命运,物化意识蔓延在整个资本主义社会之中。然而,在卢卡奇看来,无产阶级的阶级意识能够克服这一物化困境,恢复主体的主体性,实现主体与客体相统一的总体性辩证法。也就是说,物化意识体现的是主体的异化过程,阶级意识与之相反,体现的是恢复主体性的过程。在狭义的意义上,卢卡奇所强调的阶级意识特指无产阶级形成的自觉的阶级意识,它是一种真正的阶级意识。也就是说,不同于物化意识渗透在资本主义社会的各个角度与每个主体身上,具有"普遍性"特征,阶级意识只能靠无产阶级来形成,局限于无产阶级这一行动主体,具有"阶级"性质。在此意义上,阶级意识是对客观历史发展的总体把握,因此能够依靠客观可能性的范畴进行细致的历史分析,由此达到和总体的真正联系。在此,无产阶级的阶级意识是伴随资本主义的发展而生成的,因而它首先是在资本主义社会特有的物化结构和物化现象的阴影下成长的。在前资本主义社会,等级意识遮盖了阶级意识,被固定在特权之下的阶级意识未能成长,而在资本主义社会,作为历史动力的阶级利益首次赤裸裸地表现出来,所以在此时期,"阶级就是这一直接的历史现实本身。"①它使得阶级意识的显露成为可能。因为资本主义本身特有的社会经济结构,直接塑造和建构了人的意识,使得它或者成为被压抑的无意识,或者成为一种可能的阶级意识。尽管无产阶级和资产阶级都处于物化逻辑之中,但是由于这两个阶级在经济过程中的地位不同,因而赤裸的直

---

① [匈]卢卡奇:《历史与阶级意识》,杜章智等译,商务印书馆 2021 年版,第 119 页。

接现实性对于这两个阶级的中介效果也是根本不同的。资产阶级由于不能把握其自身存在的起源，因而资产阶级的立场是纯直接性的立场。无产阶级之所以能够超越这种直接性，是因为无产阶级在物化过程中是深受其害的阶级。在把自身作为商品出卖的过程中，无产阶级的主体性被客体化为商品，这种主体性和客体性之间的分裂尤为明显，以至于无产阶级能够意识到自身的社会地位。又因为它自身的社会存在是形形色色的中介的结果，是商品结构的拜物教形式所中介的结果，因此它所抵抗的便是商品生产、商品交换基础上的资本主义生产关系。无产阶级的阶级意识就意味着无产阶级要超越物化意识，作为"统一的主体与客体"去扬弃资本主义社会的物化结构。

第三，卢卡奇的历史辩证法是对主体与客体相统一的总体性问题的探讨。总体或总体性(totality)，是卢卡奇的《历史与阶级意识》中所坚持的一个基本方法论，也是他一生始终坚持的一个重要思想，它在当代辩证法史上产生了深刻的影响。在他看来，马克思理论的核心是辩证法的总体性。这样一来，卢卡奇就对那种把马克思主义狭隘地理解为机械的经济决定论观点进行了反驳，他指出，"不是经济动机在历史解释中的首要地位，而是总体的观点，使马克思主义同资产阶级科学有决定性的区别。"①卢卡奇将总体性概念置于一个核心位置。在他看来，总体性既是唯物辩证法，也是历史辩证法，这是辩证法的核心。它的总体不是部分的相加，而是总体统率部分，是主客体相互作用的统一，是历史的趋势和过程，是与历史性相一致的辩证运动。简言之，总体性体现了历史发展中思维与存在、意识与现实、主体和客体的相互作用，从而为理论与实践的统一提供了确定的前提。正是在此意义上，卢卡奇把总体性方法确立为核心方法，渴望和发展一种主体与客体相统一的历史过程。卢卡奇分析了德国古典哲学留下的二律背反的难题，指出了黑格尔试图用辩证法竭力

---

① ［匈］卢卡奇：《历史与阶级意识》，杜章智等译，商务印书馆2021年版，第79页。

去做而未能具体做到的事情。黑格尔似乎开辟了正确的道路,他用辩证的方法去扬弃自在之物,然而他却将历史发展的动力置于绝对精神之中。卢卡奇则循着马克思的实践路径,在总体的辩证环节中找到了历史发展的中介,即无产阶级。卢卡奇对无产阶级的阶级意识寄予希望,他认为无产阶级的阶级意识能够作为历史发展的主体。对于历史发展进程而言,无产阶级是主体与客体相统一的力量,它以自身的中介作用不断推动社会结构的变革和发展。在此意义上,卢卡奇的阶级意识具有以下三个特征:一是阶级意识不能仅仅停留于对"物"的认识,而且要认识到"主体"在资本主义社会中的地位;二是阶级意识不能像作为个体意识的物化意识那样陷于资本主义社会的物化困境,而是必须作为集体意识进行反抗;三是阶级意识必须具有实践维度,"只有变成了实践的无产阶级的阶级意识才具有这种变化事物的功能"①。因此,卢卡奇正是在黑格尔—马克思主义的基础上,发展了总体性的辩证法,并将无产阶级的产生及其历史地位置于人类历史发展的总体中去考察。他表明,历史并不是线性发展过程,而是辩证动态地生成。这与历史发展过程与无产阶级及其中介环节密切相关。

就此而言,卢卡奇的历史观首先是在黑格尔"实体即主体"意义上而言的历史,是世界精神。具体到《历史与阶级意识》,历史则演变为作为主体的无产阶级革命实践的主体精神(阶级意识)和总体性的实践活动。因此,卢卡奇的历史既是实体也是主体,同时也是其作为总体性的方法论的体现。卢卡奇说道:"要理解这种统一,就必须指出历史是从方法论上解决所有这一切问题的场所,而且具体地指出这个是历史主体的'我们',即那个其行为实际上就是历史的'我们'。"②由此可见,卢卡奇的历史就是"我们"的历史,就是无产阶级实践的历史,是作为阶级意识和总体性的历史。正是在这个意义上,卢卡奇的历史观也是历史辩证法,是历史唯物主义,也可以被称

---

① [匈]卢卡奇:《历史与阶级意识》,杜章智等译,商务印书馆2021年版,第310页。
② [匈]卢卡奇:《历史与阶级意识》,杜章智等译,商务印书馆2021年版,第231页。

为历史实践论。

三、批判与反思：历史辩证法中的乌托邦因素

卢卡奇的历史辩证法建基于对资本主义社会中的物化现象，尤其是对物化所造成的主体客体化的异化结果的批判，主张通过"被赋予的阶级意识"来对抗资本主义社会的异化危机，最终恢复主体的革命性与自主性，实现主体与客体相统一的总体性。然而，卢卡奇的历史辩证法不仅没有摆脱主客二元的困境，而且由于赋予主体意识以优先性，预设了一个全能的阶级意识，其必然结果是缺乏革命的与强有力的实践力量，具有强烈的乌托邦色彩。

首先，卢卡奇的物化理论没有严格地在概念上深入界定物化，仅仅从经济角度推演出各个领域的物化现象，最终导致的结果是物化的泛化与对物化批判的不彻底性与乌托邦性。卢卡奇从马克思的拜物教理论入手，结合资本主义社会的现实情况，提出了用以阐释资本主义社会商品化现实的"物化"概念，并由此展开对资产阶级物化意识的批判。然而，在对资本主义社会进行批判的过程中，卢卡奇走上了物化的泛化之路，不仅将物化从马克思的生产领域扩展至整个资本主义社会，而且不加批判地将可以在任何社会中存在的客观化、合理化、对象化等内容归结为物化，认为物化可以涵盖一切，甚至说只要参与经济活动就是物化。在这一点上，法兰克福学派对之进行了深刻批判，指出了卢卡奇物化批判理论的局限性与片面性。在哈贝马斯看来，卢卡奇认为商品形式具有一种普遍特征，能够囊括资本主义社会的各种对象化形式，由此主体与主体间的以及主体与自身间的关系也可以归结为交换关系，这种由交换价值所主导的交往活动所导致的结果是生活世界的殖民化，与语言理解相关的主体间性不复存在。正如他所指出的，"由于卢卡奇只注意到一种媒介，即交换价值，并且把物化还原为'交换抽象'，因此，他把西方理性主义的一切现

象都说成是'整个社会彻底资本化的标志'"①。与哈贝马斯一样,法兰克福学派第三代的核心人物霍耐特也指出了卢卡奇物化概念的缺陷,即卢卡奇将客观化等同于物化,没有注意到物化概念的使用场景,不加区分地使用物化概念。此外,霍耐特还对卢卡奇"从经济的单一维度出发进行理论预设"作出了批判。②在霍耐特看来,人与客体的物化不能直接推出人与人的物化、人与自身的物化,三者之间并不存在必然的关联性,不能直接将不同类型的物化同一化,预设一个作为整体的普遍的物化概念。然而,卢卡奇不仅在概念范畴预设了一个作为整体的物化,而且在论题范畴预设经济领域拥有塑造文化生活的强大力量,采取了经济优先的解释策略,先验地认为经济领域发生的物化就可以蔓延至政治、文化等各个领域,各种各样的物化也可以还原为经济关系,即"他原先仅在资本主义市场交流中发现的物化现象,将会像疾病感染一般地,扩散到所有社会生活世界里"③。对此,卢卡奇本人也作了反思,他指出自己"对经济还是做了过于狭隘的理解,因为它的马克思主义基本范畴,作为社会与自然之间物质变换的中介的'劳动'被遗忘了"④,这一理解导致的结果是"关于资本主义矛盾和无产阶级革命化的论述都不自觉地带上了浓厚的主观主义色彩"⑤。

其次,为了克服物化意识及其所产生的意识形态危机,实现主体与客体的统一,卢卡奇诉诸阶级意识的灵魂革命方式,这一革命理论具有强烈的唯心主义与乌托邦色彩。在他看来,在物化社会中,无产阶级存在着意识形态危机,这种危机不仅表现为"无产阶级在许多方面还受到资本主义的思维和感觉方

---

① [德]尤尔根·哈贝马斯:《交往行为理论(第一卷):行为合理性和社会合理化》,曹卫东译,上海人民出版社 2004 年版,第 342 页。

② 杨礼银、李倩倩:《霍耐特的物化批判理论评析——以对卢卡奇的批判为视点》,《学术交流》2019 年第 8 期。

③ [德]阿克塞尔·霍耐特:《物化:承认理论探析》,罗名珍译,华东师范大学出版社 2018 年版,第 129 页。

④ [匈]卢卡奇:《历史与阶级意识》,杜章智等译,商务印书馆 2021 年版,第 11 页。

⑤ [匈]卢卡奇:《历史与阶级意识》,杜章智等译,商务印书馆 2021 年版,第 12 页。

式的严重束缚"①,而且表现为"无产阶级的资产阶级化在孟什维主义的工人党以及受这些党控制的工会领导中获得了自己的组织形式"②。换言之,无产阶级的意识不仅没有获得相对独立性与自主性,而且还受到资产阶级的物化意识影响,停留在资产阶级化的一定阶段上,此外,这一趋向由于当时组织的不纯洁与不完善性被进一步加剧。卢卡奇认为,无产阶级形成对自己地位的正确理解无比重要,解决意识形态危机的方法也主要取决于无产阶级本身。因此,他的革命目标是同资产阶级的彻底决裂,实现无产阶级的自由与解放,而革命关键就在于培养一种未被歪曲的阶级意识。当然,卢卡奇并没有宣称阶级意识的直接给定性以及认为阶级意识是自然而然的,而是认为阶级意识是被赋予的,他将其阶级意识称为"被赋予的阶级意识",这种阶级意识不是"个别无产者的心理意识,或他们全体的群体心理意识,而是变成为意识的对阶级历史地位的感觉"③。在他看来,政党组织对于阶级意识的形成至关重要。正如卢卡奇所指出的,"如果说孟什维主义的党是无产阶级的意识形态危机的组织形式,那么共产党就是对这种飞跃的有意识态度的组织形式,从而是走向自由王国的第一个有意识的步骤。"④在他看来,共产党并不是一个松散的个人集合体,不是个人意志的简单集合,而是一种团结在一起的集体意志,只有集体意志才能真正克服物化意识对个人主体性的摧残。需要指出的是,卢卡奇对阶级意识的强调表明其承认了主体意识的实践优先性,并预设了一个无所不能的阶级意识,该阶级意识具有实现人类自由的解放功能,这导致他最终"陷入无产阶级总体性意识主导革命实践之历史内容的浪漫主义取向和乌托邦色彩"⑤。因此,卢卡奇的"被赋予的意识"暗含着对历史必然性的

---

① 〔匈〕卢卡奇:《历史与阶级意识》,杜章智等译,商务印书馆 2021 年版,第 414 页。
② 〔匈〕卢卡奇:《历史与阶级意识》,杜章智等译,商务印书馆 2021 年版,第 414 页。
③ 〔匈〕卢卡奇:《历史与阶级意识》,杜章智等译,商务印书馆 2021 年版,第 138 页。
④ 〔匈〕卢卡奇:《历史与阶级意识》,杜章智等译,商务印书馆 2021 年版,第 419 页。
⑤ 尹健、刘同舫:《卢卡奇对实证主义方法的双重批判及其内在冲突》,《自然辩证法研究》
2020 年第 3 期。

认同,意味着无产阶级的阶级地位与其阶级意识存在直接同一的关系,并赋予了无产阶级以普遍性,即无产阶级的特殊的阶级利益与整个人类的普遍利益是直接同一的。这里显然表明"卢卡奇关于历史必然性的概念在根本上还是抽象的,它缺乏一系列必要的中介"①。正如卢卡奇在《历史与阶级意识》一书的新版序言中论及阶级意识所指出的,"与其说它符合真正的马克思主义学说,莫若讲它更接近当时流行于共产主义左派之中的以救世主自居的乌托邦主义。"②对此,哈贝马斯在《交往行为理论》一书中也指出,卢卡奇犯了一个致命性的错误,即把实践再一次理论化了,用阶级意识理论来补充物化理论。③

最后,卢卡奇并没有完全克服物化所蕴含的主观与客观、思维与存在的二元对立困境,相反走上了黑格尔的唯心主义道路,采取主体统摄客体的方法来实现主客体的统一,这表明其仍然采用的是一种主客二分的论证批判框架,并未克服主客之间的内在断裂问题。在他看来,随着物化的普遍化,以及"见物不见人"的实证主义思潮的泛滥,出现的是物化背景下资产阶级哲学所面临的二律背反,即"理性主义体系化原则与非理性界限之间的矛盾"④。他认为,"近代批判哲学是从意识的物化结构中产生出来的"⑤,这种意识的物化结构就是近代哲学所提出的问题,即"不再把世界视为独立于认识主体而产生的(例如由上帝创造的)什么东西,而主要地把它把握为自己的产物"⑥。卢卡奇以康德哲学为例,指出一方面是人的理性主义,另一方面是自在之物所表明

---

① 张双利:《重解历史的必然性——论齐泽克对〈历史与阶级意识〉的重新解读》,《哲学研究》2013 年第 3 期。

② [匈]卢卡奇:《历史与阶级意识》,杜章智等译,商务印书馆 2021 年版,第 12 页。

③ [德]尤尔根·哈贝马斯:《交往行为理论(第一卷):行为合理性和社会合理化》,曹卫东译,上海人民出版社 2004 年版,第 346 页。

④ 胡绪明、韩秋红:《批判的双重维度与革命的"乌托邦"困境——兼论卢卡奇"物化"思想的现代性批判的意蕴》,《华侨大学学报(哲学社会科学版)》2007 年第 1 期。

⑤ [匈]卢卡奇:《历史与阶级意识》,杜章智等译,商务印书馆 2021 年版,第 183 页。

⑥ [匈]卢卡奇:《历史与阶级意识》,杜章智等译,商务印书馆 2021 年版,第 184 页。

的"抽象的、形式的理性化的'人'的认识能力的一种界限或一种局限"①。面对物化现实与物化意识的泛滥,资产阶级哲学仍致力于普遍的理性体系的建立,试图以绝对观念简单地将主观与客观、思维与存在、内容与形式等同,以实现主体对客体的把握与统治,但最终所实现的是在思维上对主客对立关系的强化。在他看来,正是资产阶级思想中的二律背反加重了资本主义社会的物化现象,因此,无产阶级要获得解放的前提就是对资产阶级的形而上学哲学进行批判,要遵循具体的总体的实践原则,认为"具体的总体是真正的现实范畴"②。卢卡奇所主张的具体的总体实际上就是其历史辩证法,通过研究意识与作为整体的社会的关系,将意识与社会整体联系起来,最终实现主体与客体在历史中的统一。由此,历史不仅是实体也是主体,无产阶级作为历史的主体,能够通过意识革命,最终占有异化的实体。然而,卢卡奇的这一解决路径实际上仍然存在着一种断裂,并未实现主体与客体的融合。从齐泽克在揭示黑格尔统一性哲学内在断裂时所指出的内容可以发现卢卡奇与黑格尔的相似之处。在齐泽克看来,黑格尔的"实体即主体"并不意味着主体与客体的和解,主体是实体的产生基础,相反意味着主体对实体的介入,表明实体永远无法获得的一种匮乏,他指出,"'作为主体性维度的实体'最终意味着某种本体论意义上的'断裂',它拒斥与每一种世界观(world-view)的相似性,拒斥每一种作为一个整体,并拥有'一个庞大的存在链条'的宇宙观。"③同理,卢卡奇借用黑格尔的"实体即主体"来描述其历史辩证法,即认为只要重新唤醒无产阶级的阶级意识,作为主体的无产阶级就可以占有异化的实体,从而破解物化结构下主体与客体分裂的困境,这一思想必然是一种主体统摄客体的意识活动,并没有填充实体自身的匮乏,主体与客体的内在断裂仍然存在。

---

① [匈]卢卡奇:《历史与阶级意识》,杜章智等译,商务印书馆 2021 年版,第 188 页。

② [匈]卢卡奇:《历史与阶级意识》,杜章智等译,商务印书馆 2021 年版,第 59 页。

③ [斯洛文尼亚]斯拉沃热·齐泽克:《延迟的否定:康德、黑格尔与意识形态批判》,夏莹译,南京大学出版社 2016 年版,第 31 页。

  由此可见,在对物化现象加以批判的过程中,卢卡奇基于当时的时代背景给出了阶级意识这一革命方案来实现主客体的统一。然而,这一方案由于在对物化概念的界定上不够深入,预设了经济领域和主体意识的优先地位,导致其仍在主客二元的框架下进行形而上学的批判,从而表现出种种乌托邦因素。但无论如何,卢卡奇有关商品拜物教之"物化"概念的提出和探讨,开启了西方马克思主义对商品这个特殊之"物"的研究。继卢卡奇之后,德国学者索恩·雷特尔和其他西方马克思主义者继续展开对马克思《资本论》中提出的这个商品之"物"的探讨。

第十一章　商品交换中的双重
抽象与社会综合

　　商品交换是马克思《资本论》研究的核心问题。商品交换虽然是商品社会中极其普通的日常活动，但其中蕴含了深刻的哲学意义，如商品拜物教的产生及其哲学分析仍然是一个未完成的课题。所有这些都可以在马克思的《资本论》中找到踪迹。20世纪德国哲学家索恩-雷特尔（Sohn-Rethel）一生致力于商品交换及其哲学思想的探讨，并在其晚年出版的《脑力劳动与体力劳动：西方历史的认识论》一书中详细阐述探讨了商品交换和交换抽象等概念，由此引发了对商品拜物教、商品交换、交换抽象、思维抽象和社会综合等概念及其之间的关系的探讨。表面上看，交换抽象仅仅局限于商品交换活动中，它来自马克思在《资本论》中有关商品拜物教的理论；然而在雷特尔看来，交换抽象概念并不仅仅局限于马克思的商品交换及其政治经济学批判的理论，也不仅仅与古典经济学家亚当·斯密和李嘉图的理论关联，而且还关涉德国古典哲学，特别是康德先验哲学的基础问题；不仅如此，雷特尔还将商品拜物教的研究从发生学的角度追溯至西方历史认识论的起源，即古希腊早期的商品交换及其剥削现象。因而，商品交换及其伴随的一系列概念就成为雷特尔关注的核心问题。鉴于此，将首先探讨交换抽象概念的内涵及其特征；然后引申出交换抽象对思维抽象的奠基性关联，并在此基础上探讨其中所蕴含的格式塔转换逻辑;最后引申出商品交换中的历史唯物主义认识论的发生学逻辑。

一、交换抽象的内涵及特征

顾名思义,交换抽象是在商品交换中所发生的抽象。但这样说仍然难以把握交换抽象的含义。这里的关键点是如何理解交换抽象概念中的"抽象"一词。所谓抽象是与具体相对立的,是与人的思维活动相关联的。那么,在商品交换活动中的抽象又是如何体现的呢? 雷特尔在《脑力劳动与体力劳动》中借助于马克思《资本论》中商品交换的概念,对交换抽象作了简单的界定。他说:"交换行为只改变了商品的社会状况,即改变了商品作为其占有者的所有物状况,并且,为了使这一社会性的改变有序进行,并能执行其本身的规则,商品必须排除所有与之相伴随的物理方面的改变;或者说,它能够被认为没有发生质料方面的改变。因此,交换在它所需要的时间之中是抽象的。"①雷特尔这里所谓的抽象包括商品交易双方对所交换商品在时空维度上的"抽象":即在商品未成交之前,商品的质及其物理特性必须保持不变,否则就难以达成交易。因此,在商品未成交之前,商品在被"交换时间之中是抽象的"。这是商品交换抽象的首要的规定。这一点马克思在《资本论》中论述商品交换时已经作了详细的说明。我们不在此赘述。雷特尔为了论述交换抽象,只不过更强调了这一点。与马克思所论及的商品交换抽象相比较,雷特尔认为,交换抽象还具有如下含义。

(一)作为一种形式性的交换抽象

如上所述,交换抽象概念源自马克思有关商品交换和商品抽象的概念。在马克思那里,它首先是一种形式抽象。马克思在《资本论》中提到了商品交

---

① [德]索恩-雷特尔:《脑力劳动与体力劳动:西方历史的认识论》,谢永康、侯振武译,南京大学出版社 2015 年版,第 14 页。

换的形式及其神秘性,也谈到了商品交换中的抽象性,"劳动产品一旦采取商品形式就具有的谜一般的性质究竟是从哪里来的呢? 显然是从这种形式本身来的。"①但马克思并没有直接使用交换抽象概念,而是使用了"商品抽象"这一概念。与马克思相比,雷特尔更强调商品交换的抽象形式性特征,由此可以引申出交换抽象的第一个特征,即交换抽象首先具有的形式性。当然,顾名思义,凡谈论"抽象"都有一种"形式性"的含义。"抽象是一个在时空中的进程;它是在参与者背后发生的。使它如此难以察觉的,是其状况的否定特征,即它建立在某一时间的纯粹不在场之中。"②概言之,抽象是对具体的否定,是对具体的商品交换活动的否定。这里需要清楚的是,交换抽象所针对的是"什么具体的"抽象? 是对"具体劳动"的抽象,还是对"交换关系"的抽象,抑或是其他?

首先,抽象是对劳动的抽象,而不是抽象劳动。这里必须区分对劳动的抽象和马克思的抽象劳动概念。因为雷特尔并不认可马克思在《资本论》中谈及的"抽象劳动"概念。他认为,劳动是具体的,不存在所谓的"抽象劳动"。因而他强调交换活动中的抽象性也就是交换活动中的形式性。这一"形式性"究竟是什么意思呢? 这是准确理解雷特尔思想所需要解决的重要问题。因为正是由于交换抽象的形式性特征,才构成了"思维抽象"的前提,进而引申出对马克思的"商品拜物教"概念的新阐释。所以,正是在这个意义上,雷特尔才指出马克思的"商品抽象是交换抽象,不是劳动抽象"。③ 由此,交换抽象、商品抽象和抽象劳动这三个概念之间的关系,成为理解雷特尔思想的关键。

虽然马克思与雷特尔都在使用"商品抽象"概念,都强调了抽象的形式性

① 《马克思恩格斯文集》第5卷,人民出版社2009年版,第89页。
② [德]索恩-雷特尔:《脑力劳动与体力劳动:西方历史的认识论》,谢永康、侯振武译,南京大学出版社2015年版,第17页。
③ [德]索恩-雷特尔:《脑力劳动与体力劳动:西方历史的认识论》,谢永康、侯振武译,南京大学出版社2015年版,第39页。

特征,但二人的目的却明显不同:马克思看重的是隐匿在商品抽象这一形式性背后的劳动及其价值,由此得出了"劳动价值论",并最终提出了剩余价值理论,这在逻辑上是顺理成章的;雷特尔更看重的是交换抽象的形式性特征及其所蕴含的认识论因素,所以他不是走向了劳动价值论和剩余价值理论,而是走向了西方历史认识论的起源及其发生学的逻辑。这是二人的根本差异。雷特尔说道:"严格来说,马克思的商品抽象概念涉及体现于商品中并决定着商品价值量的劳动。不同于创造使用价值的有用的、具体的劳动,创造价值的劳动被规定为抽象的人类劳动"①。

对马克思的抽象的人类劳动概念,雷特尔并不认可。他认为劳动主要是具体的,而非抽象的,"劳动并非向来就是抽象的,将劳动变成'抽象人类劳动'的抽象也不是劳动自己的作为。劳动并不会使自身抽象化。抽象是外在于劳动,处于交换关系的特定的社会交往形式之中"②。也就是说,只有在交换活动中,在交换关系中才会发生抽象。而在具体的劳动活动或劳动实践之中是不存在抽象的。在这一点上,法兰克福学派的哈贝马斯与雷特尔相似,他们都是着眼于人与人之间的交往关系。哈贝马斯指出,马克思的劳动概念探讨的是人与自然之间的关系,是人对自然的征服和改造,而非人与人之间的互动;当面对如何处理主体之间的相互关系时,只能用"交往行动"概念取而代之。他在《重建历史唯物主义》中所指出的"我们必须把交往行动的层面同在社会协作中形成的工具和战略的行为层面加以区别"③,因为,虽然"交往行动规则的发展,是对工具行动和战略行动领域中出现变化的反映。但是,交往行

---

① 〔德〕索恩-雷特尔:《脑力劳动与体力劳动:西方历史的认识论》,谢永康、侯振武译,南京大学出版社 2015 年版,第 13 页。

② 〔德〕索恩-雷特尔:《脑力劳动与体力劳动:西方历史的认识论》,谢永康、侯振武译,南京大学出版社 2015 年版,第 13 页。

③ 〔德〕尤尔根·哈贝马斯:《重建历史唯物主义》,郭官义译,社会科学文献出版社 2000年版,第 156 页。

动的规则在这些领域中遵循的是自身的逻辑"①。这里的关键是,劳动本身是可以单独进行而不需要交换的;劳动的交换只能通过劳动产品,即商品而展开;但商品则不同,商品是必须交换的劳动产品,否则它就不能被称为"商品"。正是由于交换,才会出现"抽象性"这个概念,进而出现了交换中的"神秘性"。那么,这一神秘性是如何来的呢？这是马克思《资本论》和雷特尔都特别感兴趣的问题,下面慢慢展开。

接下来的问题是,既然劳动本身不能抽象,难道雷特尔所说的商品交换关系就可以抽象吗？当然不能。因为交换关系也是具体的,是发生在人们之间的一种真实的社会关系,是不能被抽象的。雷特尔说,

> 反过来说,交换关系也不会将自身抽象化,这与马克思的观点也是相合的。交换关系抽象了劳动,或如我们所说,它将劳动抽象化了。这一关系的结果就是商品价值。……在"商品形式"的这种抽象的关系规定性中,作为"价值实体"的劳动变成"价值量"的纯粹量上的规定根据。②

雷特尔在此想说的是,劳动和交换关系都是实实在在的,是不能被抽象的。劳动是人与自然之间的关系,而交换关系则是一种"社会关系",是人与人之间通过"商品"而发生的关系,因而是不同于劳动的另类关系。但是劳动与交换一旦相关联,那么就会产生"交换抽象",换句话说,交换抽象并不能使自己抽象化,但却能将劳动抽象化,并使之变成了一种纯粹的形式,也就是使劳动变成了纯粹的数学的量,即价值的多或少,这是一种无质料实在性的、是仅仅在量上可区别的价值量。而劳动的过程及其中所蕴含的酸甜苦辣,即劳动艰辛和付出,是可以在商品的交换关系中抽象掉的,抽象的结果,或抽象唯

① [德]尤尔根·哈贝马斯:《重建历史唯物主义》,郭官义译,社会科学文献出版社2000年版,第159页。

② [德]索恩-雷特尔:《脑力劳动与体力劳动:西方历史的认识论》,谢永康、侯振武译,南京大学出版社2015年版,第13页。

一剩下的就是那个数学上的量词形式,即"多少钱"或"价值几何",它不带任何感情色彩,是冷冰冰的、赤裸裸的、形式性的。这其实就是雷特尔所说的"交换抽象"的形式性特征。

(二)交换抽象的现实性特征

说交换抽象具有形式性特征,并非否定交换抽象的现实性特征。换句话说,交换抽象既是形式性的,也是现实性的具体活动,是具体的现实性和抽象的形式性的对立统一,这一点与马克思的辩证法是一致的。

首先,交换抽象的现实性指的是发生在具体的时空之中及其相伴随的交换行为,这些都是在现实中具体的交换性活动。从唯物主义角度看,这一点是无可置疑的。雷特尔说道:

> 交换抽象的现实特征同样是几乎无可置疑的。交换行为的抽象性,是一种原因性通过行为而产生的直接结果,它根本不会直接呈现给概念。在交换发生的时间和地点上,并不发生使用行为,这一事实所产生的结果就是这种抽象性。一般来说,为保障商品贸易的这一基本条件,规则,或者至少是市场秩序(Marktordnungen)便起作用了。①

这里,雷特尔指出了商品交换中的"抽象性"与"现实性"非但不是矛盾的,而且是互为依赖的。抽象是通过交换而产生,而交换则离不开抽象。也就是说,处于交换中的商品是不允许被使用的,只有在完成了交易之后才可以发生。这不是对交换抽象现实性的否定,反而是交换抽象现实性的体现。此时,如果双方要达成交易,离不开具体的时空,也离不开双方的具体交易行为或活动,更离不开交易的市场环境,它是"保障商品贸易的这一基本条件"。这些都是交换抽象的现实性及其前提。

---

① [德]索恩-雷特尔:《脑力劳动与体力劳动:西方历史的认识论》,谢永康、侯振武译,南京大学出版社2015年版,第17页。

其次,交换抽象的现实性表现为被交换商品的属性或"所有权"的转移,它是相互排他性的、"唯我论的"。换句话说,商品交易完成前后的商品都属于私人性和排他性,但又不同。进入交易之前商品是"相互对立的私人所有的孤岛上的鲁滨逊们"①,它们在交换中相遇,"显然,它是造成双方都对同一个物品主张所有权并导致私人对抗的那个点。我的——因而不是你的;你的——因而不是我的。这个原则假定了一种统一性,由于这种统一,'我的'和'你的'才相互剥离开来。"②一旦经过交易双方的讨价还价而完成交易,则立刻改变了商品的所属性,"你的"变成"我的",反之"我的"变成"你的",从而实现社会属性的转移,即商品所属主体的转移。这就是交换抽象的社会属性的转移。雷特尔说:"交易行为导致一种社会化,在这个社会化发生之时,行为对它是一无所知的……这种形式主义具有'纯粹'抽象的特征,但却具有时空上的现实性。"③

再次,交换抽象的现实性还表现为不同于第一自然的行为的社会—综合特征。也就是说,交换抽象是与第一自然(自然界与动物世界)不同的第二自然,是建立在商品交换和货币等价物基础上的一种社会活动。它标志着人与原初的第一自然以及动物之间的根本区分。换句话说,当货币作为一般等价物而进入商品交换活动中时,交换抽象已经完全脱离了自然和动物界。对此,雷特尔直言:

　　交换行为是社会行为;然而,行为者的意识却是私人的,并且辨别不出其行为的社会—综合特征。意识通过将行为抽象化的东西而得到满足,并且,只凭借交换行为从所有经验中毫无例外地抽象出

---

①　[德]索恩-雷特尔:《脑力劳动与体力劳动:西方历史的认识论》,谢永康、侯振武译,南京大学出版社2015年版,第31页。

②　[德]索恩-雷特尔:《脑力劳动与体力劳动:西方历史的认识论》,谢永康、侯振武译,南京大学出版社2015年版,第32页。

③　[德]索恩-雷特尔:《脑力劳动与体力劳动:西方历史的认识论》,谢永康、侯振武译,南京大学出版社2015年版,第35页。

来,无意识的社会的网络作为一种第二自然的网络才得以构成。①

这里的无意识就是交换抽象的社会化的效果。虽然它是无意识的,但却是社会性的,并构成了人与动物的根本差异。不仅如此,交换抽象的社会性还表现为其商品交换的网络化特征。劳动及其产品只有进入这个交换网络才可以被称为"第二自然",而那种自给自足的劳动无疑与动物世界的自我满足并无大的差异。雷特尔在此提到劳动的社会性及其条件,他说:

> 劳动只有转化为其形式特征,作为"人类的"劳动,它才进入这个网络之中;它仅仅是"人类的",因为起源于人的第二自然是从自然中脱离出的,是处于与自然的对立之中的,并且是人类自我异化的基础;因为第二自然完全以对劳动产品的私人居有为形式,与创造劳动产品的劳动相区分。②

最后,交换抽象是相对于思维抽象而言的现实抽象,一个归属于经济学的领域;另一个则归属于自然科学的领域。根据马克思《资本论》有关商品特性的分析,商品抽象是现实抽象。而交换抽象虽然具有其典型的"形式"特性,但仍然是一种现实抽象。说交换抽象是一种现实抽象,主要是相对于思维抽象而言。因为思维抽象是不同于现实抽象的另类抽象。这里必须对交换抽象与思维抽象作一简单区分,雷特尔说:"商品抽象的本质是,它不是由思想家创造出来的,它的起源不在人的思维之中,而在人的行动之中。"③也就是说,交换抽象不是一种思维性的活动,不是思维抽象,而是处于商品交换行为的关系中所导致的抽象。具体而言,(1)商品交换就是交换领域中的具体经济活动,它属于经济学的领域,准确地说,是属于政治经济学意义上的价值抽象;而

---

① [德]索恩-雷特尔:《脑力劳动与体力劳动:西方历史的认识论》,谢永康、侯振武译,南京大学出版社 2015 年版,第 47 页。

② [德]索恩-雷特尔:《脑力劳动与体力劳动:西方历史的认识论》,谢永康、侯振武译,南京大学出版社 2015 年版,第 47 页。

③ [德]索恩-雷特尔:《脑力劳动与体力劳动:西方历史的认识论》,谢永康、侯振武译,南京大学出版社 2015 年版,第 9—10 页。

不是数学和自然科学意义上的抽象活动,因而它不是一种自然科学意义上的抽象活动或脑力劳动,而是一种特殊的"体力劳动",这也是雷特尔为什么将他的著作命名为"脑力劳动与体力劳动"的缘由。(2)与自然科学相类似,商品交换发生的"抽象"是指商品交换活动的个体或主体"抽象"掉了商品的各种可感觉的附加属性,如商品的形状、重量、颜色、质料、产地、有用性、使用特征,只留下了一个纯粹的"数字"概念或符号,即数量和价格的经济学量化指标,也即"价值"。这个"价值"一定是形式化的"数字",即价格的多少、高低。正是在这个意义上,雷特尔说,商品抽象是"极其严格的意义上的抽象……其特征被刻画为完全的无质性,纯粹量上的可区别性"①。换句话说,商品抽象的最后结果仅仅具有数量上的差异,除此之外,别无其他。

如果这样,那么仅仅表现为数量或价格上不同的交换抽象与数学或自然科学的抽象是否完全等同呢?雷特尔对此给出了否定的回答。他指出,作为政治经济学意义上的价值抽象的商品抽象,表面上或形式上与自然科学的抽象非常相似,然而实质却完全不同。虽然商品抽象"表面上与量化的自然知识的基础性范畴之间有着惊人的相似,然而在这两个完全异质的层面之间,我们连最低限度的内在联系也看不出来"②。这里,雷特尔一语道破天机。他指出,问题的关键在于:"自然知识的概念是思维抽象,而经济学的价值概念是现实抽象。"③如此就出现了两种形式类同,但实质完全不同的抽象,即"现实抽象"与"思维抽象"或"概念抽象"。也就是说,自然科学的思维抽象与政治经济学的商品抽象或交换抽象是两种完全不同的抽象类型。于是,交换抽象这种现实抽象就与思维抽象处于一种平行层面的关系。因此,"交换抽象的

①　[德]索恩-雷特尔:《脑力劳动与体力劳动:西方历史的认识论》,谢永康、侯振武译,南京大学出版社 2015 年版,第 10 页。

②　[德]索恩-雷特尔:《脑力劳动与体力劳动:西方历史的认识论》,谢永康、侯振武译,南京大学出版社 2015 年版,第 10 页。

③　[德]索恩-雷特尔:《脑力劳动与体力劳动:西方历史的认识论》,谢永康、侯振武译,南京大学出版社 2015 年版,第 10 页。

两个方面显然处于完全的相互疏离之中。它们不具有共同的概念,钢铁在经济上的定义是其价格,而物理学上对钢铁的定义则是其原子量。这二者是不可相互转换的,并且其中一方不能排除另一方的存在。"①既然如此,那么,这种平行关系究竟是一种简单的类比,还是一种奠基性的关联呢,雷特尔认为答案显然是后者,即交换抽象对思维抽象的奠基性关联。

二、交换抽象构成了思维抽象的奠基性关联

在雷特尔看来,交换抽象与思维抽象之间的关系还是相对复杂的,它并非简单的决定与被决定之间的关系,也不是简单的基础与基础之上的决定性的关系,而是某种平行性,但却是一种奠基性的关联。换句话说,二者之间并不能简单地被理解为决定与被决定之间的关系,或者说,是交换抽象规定了思维抽象。相反,交换抽象与思维抽象之间是一种非常复杂的关系。

第一,二者之间是一种平行的关系。一般而言,平行关系是不发生直接关联的,如果说发生关联,也只能是具体的时空之中所发生的间接的关联。所以,雷特尔说:"思维不是直接地受到交换抽象的影响"②。

第二,二者之间的关系虽然是平行的,但仍然是会发生关联的;那么可以肯定地说,这种关联是间接性的。雷特尔指出,"只有思维面对交换抽象的效果完成了的格式塔(Resultate in fertiger Gestalt)时,也就是在事物的变化过程完成了之后,才受到交换抽象的影响。"③雷特尔这里的意思已经非常明确了,即交换抽象与思维抽象从开始直至商品交换的整个过程,二者之间不会发生

---

① [德]索恩-雷特尔:《脑力劳动与体力劳动:西方历史的认识论》,谢永康、侯振武译,南京大学出版社 2015 年版,第 56 页。

② [德]索恩-雷特尔:《脑力劳动与体力劳动:西方历史的认识论》,谢永康、侯振武译,南京大学出版社 2015 年版,第 20 页。

③ [德]索恩-雷特尔:《脑力劳动与体力劳动:西方历史的认识论》,谢永康、侯振武译,南京大学出版社 2015 年版,第 20 页。

直接关联,是一种平行关系;只有当交换行为完成并实现了效果之后才会看到二者之间的关联,才会发现思维抽象受到了交换抽象的影响。

第三,二者之间不仅是关联的,而且还是奠基性的,也即基础性的,即或多或少带有决定与被决定的色彩。但必须注意的是,这种决定性不是直接的而是间接性的。所以不能将二者关系简单地理解为决定与被决定的关系。雷特尔是这样表述二者关系的:"即便有着对思维抽象与现实抽象的一种形式上的同一化,也不能确保对前者起源于后者作出一个清晰的解释。恰恰由于这里充满着行动与思维的二元性,这种形式上的同一性仅仅是直接地证明了这两个层面之间的一种平行性,这一平行性能指示出一种单纯的类比关系,也能指示出一种奠基性关联。"①

因此,基于交换抽象与思维抽象之间这种平行性关系,雷特尔展开了对两者关系的具体分析。他指出,"精神形式与社会形式有一点是共同的,即它们都是'形式'"②。正是这一共同的抽象"形式",架设起了商品交换的形式与思维抽象形式沟通的桥梁,这种"形式"具有高度的抽象性,但却是完全不同的两种抽象。二者之间的关系既是"类比的",也是"奠基性的"。实际上,类比关系与奠基性关系是完全不同的两类关系。如果二者发生关联,那么唯一的可能性就是从"发生学"的源头考察,或者从"效果"来看二者之关系。雷特尔是这样来描述二者的类比性的。他说:

> 源自商品抽象的经济学价值概念,其特征被刻画为完全的无质性、纯粹量上的可区别性,被刻画为对市场上可能出现的各种商品和服务的适用性。实际上,因为这些特性,经济学的价值抽象表面上与量化的自然知识的支撑性范畴之间有着惊人的相似,然而这两个完

---

① [德]索恩-雷特尔:《脑力劳动与体力劳动:西方历史的认识论》,谢永康、侯振武译,南京大学出版社2015年版,第23页。

② [德]索恩-雷特尔:《脑力劳动与体力劳动:西方历史的认识论》,谢永康、侯振武译,南京大学出版社2015年版,第7页。

全不同(heterolog)层面之间,连最低限度的内在联系也看不出来。①

由此可见,交换抽象与思维抽象的可类比性表现在"纯粹的量上"的不同或差异。这一点与自然科学的量的不同具有"惊人的相似"或类似性。如不同的矿泉水在市场上的成交价格无非数量上的差异,这一差异是用数字来标记的,而且也可用数学计算公式来进行计算。这似乎看不出交换抽象与思维抽象的不同,但实际上矿泉水的成交价不是依靠数学公式来定价的,而是交易双方通过对不同矿泉水及其品牌的价值加以估值,经过"讨价还价"而成交的。商品的这个交换过程,即"讨价还价"的过程就是交换抽象的发生过程。这里,虽然有类似的数字差异及其数学计算活动,但关键的还是商品交换过程中"讨价还价"的价值评估。这一"价值"的不同或差异不是建立在自然科学或数学的基础上,而是如马克思所言,根据包含商品中的具体劳动量的大小而得出的,即交换过程中对"劳动价值"的估值,这一"讨价还价"的估值及其过程就是雷特尔所谓的"交换抽象"。它是现实地发生的,离不开具体的时间、空间、市场及其环境,甚至经济制度或政治制度的保证。而"思维抽象"则完全不同。它不需要交易双方的"讨价还价",甚至不需要"双方",单凭个人的逻辑思维活动就可以展开。据说牛顿发明万有引力定律就是由于当时伦敦疫情,牛顿不得不居家隔离了近一年,他依靠数学推导和伽利略等人的物理学,得出了著名的万有引力定律。在此期间,万有引力定律的提出不需要牛顿参与什么具体的"交换"活动,更不需要交易双方的所谓的"估值"。

由这两个不同的案例,可以看出交换抽象与思维抽象的不同或差异。交换抽象的成立需要:(a)商品的交易双方。(b)对商品质量进行估价,即商品的价格并非固定不变的,而是如马克思所言,围绕着价值上下波动;而商品价值本身也不是完全确定的,它受市场环境的影响。(c)必须经过讨价还价而

---

① [德]索恩-雷特尔:《脑力劳动与体力劳动:西方历史的认识论》,谢永康、侯振武译,南京大学出版社2015年版,第10页。

成交,否则商品就实现不了其"价值"。而思维抽象则不需要上述所有这些程序,单凭主体的思维能力即可展开或完成(如1+2＝3)。

那么,这两种完全的抽象性究竟源起何处呢？这就需要我们将目光追溯至康德的先验哲学。众所周知,康德的先验哲学是关于人的先天抽象能力的考察,是一种高度抽象基础上的唯心主义的思维抽象。雷特尔虽然将自己标榜为一位历史唯物主义者,但仍然绕不开康德的先验论哲学。他的独特贡献就是将康德的先验哲学奠基于他所谓的交换抽象的基础上。那么,他是如何完成这一奠基性关联的呢？

首先,交换抽象是发生在现实中的商品交换活动,它虽然是现实发生的商品交换活动,却与康德的先验哲学密切关联。正如雷特尔所言,交换抽象或商品抽象是政治经济学的研究对象。思维抽象是自然科学与数学研究的对象。在商品社会中,二者之间是平行关系,是一种奠基性的关联;反之,在非商品交换的社会中,就不存在这样的平行关系,也不会发生关联。比如在原始部落社会,虽有简单的易物交换,但并不存在雷特尔所谓的"交换抽象"或"思维抽象",因为此时还没有出现商品社会那种"一般等价物",如金、银或纸币。根据雷特尔的考察,交换抽象与思维抽象形成于公元7世纪古希腊的伊奥尼亚学派。"在古希腊,伊奥尼亚学派的创始人泰勒斯把'水'看作万物的始基。他的继承人阿那西克曼德又认为始基是无限的。"①因而可以说,到了公元7世纪才真正出现交换抽象与思维抽象的"奠基性关联"。至此可以说,交换抽象与思维抽象之间是一种既"平行"又不完全"平行"的关联或关系。实际上,在商品交换的社会中,总有某种"现实性"的关联隐匿在二者的这种看似"平行"的关联中,并使马克思的历史唯物主义基础得以可能。

由此可见,商品交换是现实性的抽象活动,但雷特尔的最大贡献之一是把交换抽象追溯至康德的先验哲学。众所周知,康德先验哲学的核心是要考察

---

① 叶秀山:《前苏格拉底哲学研究》,社会科学文献出版社2007年版,第50页。

先天综合判断如何可能的问题。康德在《纯粹理性批判》中指出了知识来源于人的先验能力和经验现象的综合,并力图回答形而上学何以可能的问题。但雷特尔认为,康德的先验哲学至此停滞不前了,他并没有为其先验论哲学找到真正的唯物主义的根基,因而康德的先验哲学是一种典型的唯心主义哲学,一种本体与现象二分的二元论哲学。他指出,康德先天综合判断的缺陷是:"面对着不能阐明精神的综合能力这一丑闻……即单个主体的社会—综合的效力对于这些单个主体来说还是完全被遮蔽的:这一效力被唯心主义知识理论实体化为'先验主体'。"①也就是说,康德哲学只看到了知识来源于先验主体,但却没有解决先验主体的发生学问题,即没有解决"纯粹先天综合判断"的"社会"起源问题,也即先验哲学的唯物主义基础性问题。也就是说,康德看到知识来源于先验主体这一知识论问题,也即所谓的"哥白尼革命",即"人为自然立法"。正如康德经常谈到的那样:"有两样东西,人们越是经常持久地对之凝神思索,它们就越是使内心充满常新而日增的惊奇和敬畏:我头上的星空和我心中的道德律。"②由此可见,回答自然科学何以可能,以及回答道德哲学的基础问题,即道德形而上学及其"绝对命令"的问题构成了康德哲学的核心。显然,在康德看来,自然科学何以可能的问题在于人的先验能力,即作为主体的人拥有"先天综合判断"的能力,这是人与动物区分的关键性标志。毫无疑问,康德的先验哲学是哲学史上的伟大革命,但在雷特尔看来,与马克思的商品拜物教批判理论相比较,康德哲学的这一形而上学回答却远未令人满意,因为它包含了太多的唯心主义色彩,缺乏唯物主义的基础。

　　虽然康德哲学具有如此的缺陷,但雷特尔对康德先验哲学却又赞赏有加。在他看来,康德先验哲学中的先验形式与马克思商品拜物教中的商品交换的形式性直接关联。虽然马克思对此并没有明确的意识,但雷特尔却将此二者

———————

　　① [德]索恩-雷特尔:《脑力劳动与体力劳动:西方历史的认识论》,谢永康、侯振武译,南京大学出版社 2015 年版,前言第 3 页。
　　② [德]康德:《实践理性批判》,邓晓芒译,杨祖陶校,人民出版社 2003 年版,第 220 页。

关联了起来,并为此而自豪。在雷特尔看来,"交换抽象"概念是沟通马克思与康德先验哲学的关键,然后才会涉及"思维抽象"问题,以及交换抽象与思维抽象之间的关系。雷特尔认为,马克思的有关商品交换的分析弥补了康德哲学的唯心主义缺陷。他说道:"如果我们遵循着现实的社会实践的主导思想,应该能够建立一种唯物主义的知识理论,且它只能是一种历史性的知识理论。"①这里,雷特尔所谓的"历史性的知识理论"就是该书的副标题提出的问题,即"西方历史的认识论"的发生学逻辑问题。显然在他看来,先验哲学的发生学逻辑是由马克思的政治经济学批判来完成的。马克思主要是在《资本论》的商品拜物教批判中完成了这一历史唯物主义的转换。具体而言,就是马克思在《资本论》第 1 卷中有关商品"交换抽象"神秘性特征的具体论述。换句话说,康德先验哲学的发生学逻辑这一空白为马克思所填补。因为马克思在研究商品交换活动中指出,正是借助交换抽象,整个社会才得以正常地流通、运转。交换抽象并不是凭空构想出来的,它是真实、直接地呈现在我们面前的,"它不是由思想家创造出来的,它的起源不在人的思维之中,而在人的行动之中"②。所以,在商品交换活动中,主体的思维与行动是分离的,二者之间是某种"平行关系"。如果说关联,那么它们之间的这种关联不是"直接的"因果逻辑那样的决定与被决定的关联,而是某种"间接的奠基性关联"。而如何理解这种"间接的奠基性关联"也是雷特尔《脑力劳动与体力劳动》最困难的地方,"脑力劳动与体力劳动"就是这种奠基性关联的体现。

所以,在马克思的商品分析之前,整个西方理论思维传统把抽象看作思维形式才享有的特权,而马克思之后才把抽象思维的特征归之于"交换活动",当然商品交换的抽象并不仅仅局限于马克思本人,实际上政治经济学的那些

①　[德]索恩-雷特尔:《脑力劳动与体力劳动:西方历史的认识论》,谢永康、侯振武译,南京大学出版社 2015 年版,前言第 3 页。

②　[德]索恩-雷特尔:《脑力劳动与体力劳动:西方历史的认识论》,谢永康、侯振武译,南京大学出版社 2015 年版,第 9—10 页。

前辈们都为此作出了贡献,如亚当·斯密、大卫·李嘉图。也就是说,政治经济学所讨论的商品交换与劳动价值论问题都属于"交换抽象"的另类抽象形式,只不过马克思更为突出罢了。马克思在《资本论》中所深入分析的商品抽象打破了此前思维形式独享的特权,并将思想抽象奠基于商品的交换抽象。而雷特尔正是从发生学意义上阐述了二者之间的内在关联。他说:

> 马克思对商品抽象的发现,与整个理论思维传统处于不可调和的矛盾之中,必须批判地解决这一矛盾。在此,这种批判性解决是这样一种操作,在其中,相互矛盾的两个命题不应当被假定为真实的命题,而是应当按照批判思维的尺度来澄清它们之中哪一个是真实的。①

换句话说,这里需要明确交换抽象与思维抽象哪一个是更为根本、更为真实的,以及二者之间的关联。雷特尔对此给出了明确的回答。他认为交换抽象对于思维抽象具有奠基性的作用,这种作用构成了历史唯物主义的知识论。一个是建基于自然科学之上的思维抽象,另一个是来自政治经济学商品交换基础上的"交换抽象",这是既完全不同,但又不得不发生关联的两个学科、两种不同的"抽象"。所以雷特尔说,交换抽象出的价值概念虽与自然科学的基础范畴相类似,但却有质的差异。"因为自然知识的概念是思维抽象,而经济学的价值概念是现实抽象。后者虽然不过是存在于人的思维之中的,但是它却并不是源自思维的。它直接地是一种社会本性,其起源存在于人与人之间交往的时空领域之中。"②由此,雷特尔自豪地宣称,他打通了康德的知识理论与马克思的政治经济学批判之间的逻辑鸿沟,并把思维抽象奠基于交换抽象的唯物主义的基础之上。雷特尔指出,康德先验哲学为什么是唯心主义的,就

---

① [德]索恩-雷特尔:《脑力劳动与体力劳动:西方历史的认识论》,谢永康、侯振武译,南京大学出版社2015年版,第10页。

② [德]索恩-雷特尔:《脑力劳动与体力劳动:西方历史的认识论》,谢永康、侯振武译,南京大学出版社2015年版,第10页。

是因为他仅仅关注了自然科学何以可能的问题,而没有思考经济学何以可能的问题。这一问题是由亚当·斯密发端,而由马克思在《资本论》中加以丰富、补充而完成的。当然,从另一方面看,雷特尔认为,马克思则由于过分关注政治经济学的分析而忽视了康德意义上的自然科学何以可能的哲学思辨的分析。他说:

> 康德是因为没有将对数学化的自然科学理论的分析进一步导向对现实科学,特别是经济学的分析;马克思则相反,他是因为没有将政治经济学批判扩展到自然科学的批判上去。这样在这两位大思想家之间,自然科学与人文科学之间的鸿沟依然保留了下来。而我从时空进程和事实状况中推导出纯粹的思维范畴,就抛弃了这种二元论。在这个基础上,对历史的一种深入的重构就应当是可能的。①

雷特尔为何如此高调宣称自己的这一"伟大"发现呢?他不仅自己极为兴奋,而且与法兰克福学派的代表人物阿多诺多次通信沟通,并得到阿多诺的欣赏和赞扬。这从《脑力劳动与体力劳动》的"附录",以及与阿多诺的通信和谈话笔记中均可窥见。在与雷特尔的通信中,阿多诺也非常认可雷特尔这一研究成果,并给予了极高的评价。在接到雷特尔的书稿并认真阅读后,他甚至提出了"历史唯物主义是对起源的回忆"②这样带有强烈唯物主义的哲学命题。

其次,在发生学的意义上,交换抽象不是唯心主义的思维抽象,而是唯物主义基础上的抽象。在康德先验哲学中,交换抽象则被康德视为形而上学何以可能的"思维抽象",一种类似于自然科学与数学何以可能的唯心主义的思维活动。这样表述其实还是多少有点晦涩或难以理解,还是先从交换抽象开

---

① ［德］索恩-雷特尔:《脑力劳动与体力劳动:西方历史的认识论》,谢永康、侯振武译,南京大学出版社 2015 年版,第 57 页。

② ［德］索恩-雷特尔:《脑力劳动与体力劳动:西方历史的认识论》,谢永康、侯振武译,南京大学出版社 2015 年版,第 77 页。

始谈起。

如上所述,正如雷特尔所言,既然交换抽象构成了思维抽象的奠基性关联,而且交换抽象也具有纯粹的"神秘性"的形式特征,即它也是一种"形式抽象",那么它与"思维抽象"究竟是如何区分开来的。毫无疑问,如果说"交换抽象"具有形式抽象的特征,那么思维抽象更是纯粹的"抽象",如何将它与交换抽象区分开来呢? 这是理解《脑力劳动与体力劳动》中两种抽象的关键和难点。

众所周知,康德的先天综合判断中的核心概念是"先验的"和"综合的"概念。在康德的意义上,所谓"先验的"意味着它既是先天性的,先于经验的,是人类先天具有的能力,但这种能力却又离不开人的后天经验。康德的先验包括先验感性论、先验分析论和先验辩证论。时间和空间就是人具有的先天感性直观形式;而思维范畴和概念则是知性的纯形式,如因果性、必然性和偶然性,一和多等范畴。先验辩证论涉及的则是人的理性。不过,由于人的理性不可能认识所谓的"自在之物",即绝对真理,所以理性在认识真理时会陷入不可解决的自相矛盾,即"二律背反"。无论是人的感性、知性和理性,都需要与后天的经验材料相结合,从而形成"先天综合判断"。所以,作为"先于经验"的先验能力是离不开后天经验的,是需要通过后天的经验才能获得的。正是在这一点上,康德的先验知识论"与那些具有后天的来源、即在经验中有其来源的经验性的知识区别开来"①。康德在论及先天的知识时进行了两种区分:一种是掺杂经验性、但不依赖于任何经验所发生的先天知识,一种则是没有掺杂任何经验性东西的知识,这种知识我们称之为"纯粹的先天知识",也即通常所说的"纯粹的先天综合判断"。康德将此称为人类知识中的"一些必然的和在严格意义上普遍的、因而纯粹的先天判断"②。那么,哪种知识属于这种纯粹的先天判断呢? 康德进一步指出,"如果想从科学中举一个例子,那么我

---

① [德]康德:《纯粹理性批判》,邓晓芒译,杨祖陶校,人民出版社 2017 年版,导言第 1 页。
② [德]康德:《纯粹理性批判》,邓晓芒译,杨祖陶校,人民出版社 2017 年版,导言第 3 页。

们只须把目光投向一切数学命题;如果想从最普通的知性使用中举这样一个例子,则在这方面可引用'一切变化都必有一个原因'这个命题"①。

雷特尔所指的思维抽象是否就是康德意义上的"先验的"知识呢? 答案是否定的,交换抽象不是康德意义上的先验思维的方式或形式。因为交换抽象是主体间性的,是建立在现实主体间交换基础上的现实的思维活动;思维抽象则是单个主体的先验性思维活动。交换抽象属于政治经济学的研究领域;思维抽象则属于自然科学和数学的领域。因为按照西方传统的形而上学思维方式,抽象仅仅是思维的特权,与现实活动无关。雷特尔指出,"精确的科学实际上是脑力劳动(这种劳动是在与生产场所中的手工劳动的彻底区分和独立中发生的)的任务,就此而言,康德知识理论的假设是完全正确的。……因此,知识理论批判的进行也就必须完全在体系上独立于政治经济学批判"②。这里,雷特尔所谓的"精确的科学"指的是自然科学或数学,是脱离现实活动而展开的纯粹思维活动,如数学的代数推理运算或几何证明;显然,它不是政治经济学意义上的交换抽象或商品抽象。雷特尔说:"自然知识的概念是思维抽象,而经济学的价值概念是现实抽象。"③

众所周知,康德哲学是建立在牛顿力学基础之上的哲学思考,是对 18 世纪自然科学的哲学概括。所以康德哲学将其先验哲学奠基于近代数学和牛顿力学的基础上也是自然而然的,是符合近代哲学逻辑的。他所依据的就是当时最前沿的牛顿力学和自然科学,并要探讨牛顿力学背后的形而上学问题,即数学与自然科学何以可能的问题。但康德认为这一问题与政治经济学并不相关联,而是属于自然科学与形而上学的问题,属于"思维抽象"一类的问题。但是,雷特尔在这一点上并不认可康德的看法。他认为,康德的先验哲学并非

---

① ［德］康德:《纯粹理性批判》,邓晓芒译,杨祖陶校,人民出版社 2017 年版,导言第 3 页。
② ［德］索恩-雷特尔:《脑力劳动与体力劳动:西方历史的认识论》,谢永康、侯振武译,南京大学出版社 2015 年版,第 25 页。
③ ［德］索恩-雷特尔:《脑力劳动与体力劳动:西方历史的认识论》,谢永康、侯振武译,南京大学出版社 2015 年版,第 10 页。

一种"思维抽象",而是与马克思有关商品交换活动中的"交换抽象"相关联,因此,他在《脑力劳动与体力劳动》中把交换抽象追溯至康德的先验哲学,将从斯密直至马克思的政治经济学批判与康德的先验哲学关联了起来。如此,表面上看起来风马牛不相及的两个学科居然被强行地关联了起来。雷特尔不但不为此感到有什么困惑,反而沾沾自喜,其中的缘由究竟是什么呢?换句话说,虽然雷特尔指出了交换抽象与思维抽象之间的一种奠基性的关联,但如果仔细推敲,我们发现,在交换抽象与思维抽象之间其实还有一道没有填补的鸿沟,即通过何种路径,才实现了二者之间的"奠基性关联"。或者说,交换抽象究竟是如何实现向思维抽象的过渡呢,这种过渡又具有怎样的特征,下面就来回答这个问题。

三、交换抽象的三个维度及其
格式塔转换逻辑

交换抽象有着与思维抽象相类似的"纯粹抽象"的形式性,而正是借助这一特性,雷特尔找到了构建历史唯物主义认识论的突破口,虽然雷特尔称"在这两个完全异质的层面之间,我们连最低限度的内在联系也看不出来"①,但这并不是否定二者之间的关联。因为交换行为的抽象性并非直接地呈现给思维,而是经历了一系列复杂的综合转化才对思维的形成产生了影响。"要论证这种奠基性关联,就必须要表明,现实抽象是以何种方式过渡到思维之中的。"②这里雷特尔所谓的"以何种方式"这一疑问,其实就是通过"格式塔转换"而实现的。

---

① [德]索恩-雷特尔:《脑力劳动与体力劳动:西方历史的认识论》,谢永康、侯振武译,南京大学出版社 2015 年版,第 10 页。
② [德]索恩-雷特尔:《脑力劳动与体力劳动:西方历史的认识论》,谢永康、侯振武译,南京大学出版社 2015 年版,第 23 页。

对于这种转化机制的描述,可以引证齐泽克所作的精准概括:"商品交换包含了双重的抽象:其一是来自商品的可变品性的抽象,它发生在商品交换的行为中;其二是来自商品具体的、经验的、感性的、特殊的品性。"①除了这两重抽象之外,以交换抽象为中介的格式塔转换——社会综合,成为促成交换抽象向思维抽象转化的决定性因素,即"无数种交换行为经过格式塔的处理,引起了'发达的商品生产社会之中人类行为的世界和思维的世界之间的功能性关联以及在本质上的分裂'"②;笔者将此作为交换抽象的第三重维度。下面,对交换抽象的这三重维度进行系统分析,以阐明现实抽象向思维抽象的转换逻辑。

首先,交换抽象是对商品可变品性的抽象。它是指商品交换行为的发生要排除商品所有的各种使用特征,也即商品不能发生任何质料方面的改变;这是商品交换行为可以发生的前提条件。这种抽象的维度可以从以下几点进行说明:其一,商品交换在时间上是与使用行为相分离的,用于交换的商品一旦"成为交换行为的对象,它就既不能被卖家也不能被顾客使用。只有在交易完成之后,即在商品过渡到购买者的私人领域之后,商品对于购买者来说才是可以使用和支配的"③。其二,交换抽象排除了商品的质料性变化,只有如此才能进行正常的市场交换。所谓质料性的变化指的是在商品交换之前所发生的物理性或化学性的改变,包括物理尺寸的大小、形状的变化、运输中的物理破坏或损害,甚至化学性的改变,如粮食或食品的变质,等等,所有这些物理、化学,甚至生物学上的变化,都会影响商品交换的正常活动,因而排除这些商品的质料性的变化就构成了商品交换得以按照市场规则执行的前提条件。因

---

① ［斯洛文尼亚］斯拉沃热·齐泽克:《意识形态的崇高客体》,季广茂译,中央编译出版社2002年版,第23页。

② 熊久勋、高民政:《超限物役社会视域下的人工智能、主体性和家庭——基于索恩-雷特尔现实抽象批判范式的若干讨论》,《理论月刊》2018年第9期。

③ ［德］索恩-雷特尔:《脑力劳动与体力劳动:西方历史的认识论》,谢永康、侯振武译,南京大学出版社2015年版,第14页。

为"只要商品的价格保持不变,那么商品体就要屏住呼吸"①。也即在商品交换行为中,必须排除商品的任何物理方面的改变,这是商品交换的必要前提,否则就会影响商品的价格、价值,甚至交易的成功。因此,在物品进入商品交换的具体环节中,物品本身虽然是具体的、可变的,但是一旦其准备成为"可交换的商品",那么该物品本身立马就在其执行的时空之中变成了一个抽象之物。也就是说,该物品除了能被用于"交换"之外,其他任何的行为都是不被允许的,它必须保持"原封不动的静止状态"以等待交易双方完成。这就是商品交换活动中的"抽象性";换句话说,一旦完成交易,该商品物本身就会立马活跃起来,开始发挥其使用价值的功能,包括物理学、化学,甚至生物学意义上的改变。因此,雷特尔说:"在交换发生的时间和地点上,并不发生使用行为,这一事实所产生的结果就是这种抽象性。"②

其次,在第一重抽象之后,得到了交换抽象纯粹的社会化特性。作为一种物质性的抽象行为,究竟是什么导致了以"商品交换"为中介的社会化特性的出现呢?这里,进入交换抽象的第二重维度,即在抽去了商品具体的、经验的、感性的、特殊的品性之后,交换的执行内在地设定了一个交换等式的假设,通过这个设定,这第二重的抽象导致了所有商品交换化约为一个统一的抽象的数量,即纯粹的数学的量的衡量。那么,现在的问题是,为什么这个等式,这个纯粹的数量的量具有"社会化的特性"呢?马克思指出:"讲到价值,讲到某一个商品的交换价值,我们指的是这一个商品与其他一切商品交换时的比例量。"③由此,可以说交换行为"抽象"掉了商品的各种可感觉附加属性,经过这第二重维度,交换抽象出了经济学的价值,而经济学的价值不再是自

---

① [德]索恩-雷特尔:《脑力劳动与体力劳动:西方历史的认识论》,谢永康、侯振武译,南京大学出版社 2015 年版,第 14 页。

② [德]索恩-雷特尔:《脑力劳动与体力劳动:西方历史的认识论》,谢永康、侯振武译,南京大学出版社 2015 年版,第 17 页。

③ 《马克思恩格斯选集》第 2 卷,人民出版社 2012 年版,第 37 页。

然科学或物理性,甚至化学意义上的属性,而是具有明显的社会属性。因为
第二重的抽象是发生在现实社会商品交换活动中的抽象。正如雷特尔所指
出的那样,这第二重抽象"虽然不过是存在于人的思维之中,但是它却并不
是源自思维的。它直接地是一种社会本性,其起源存在于人与人之间交往
的时空领域之中。不是人,而是人的行为、人们之间的相互行为产生了这一
抽象"。①

最后,即第三重维度,也是最重要的决定性的维度,则是以交换抽象为中
介所建构的格式塔转换②。有关格式塔转换,雷特尔是这样说的:"思维不是
直接地受到交换抽象的影响,而是只有思维面对交换抽象的效果完成了的格
式塔(Resultate in fertiger Gestalt)时,也就是在事物的变化过程完成了之后,才
受到交换抽象的影响"③。这里,雷特尔所谓的格式塔转换是现代心理学的一
个专有概念。格式塔转换与格式塔概念密不可分。根据现代心理学的解释,
格式塔(Gestalt)包含了一系列的组织性原则,它是由德国心理学家马克斯·
韦特海默(Max Wertheimer)等人最先提出的。这一概念提出和形成经历了漫
长的过程。格式塔心理学认为,人的认知在某些方面与动物类似,人对其他任
何事物或现象的认知方式采用的是直接而统一的方式,将认知对象知觉为一
个整体,而不是一系列个别的片面化的感觉。它认为,人们在认知时,只要一
看见(或听到)不同元素组成的知觉对象,就会立即在知觉中产生一种带有
"整体性"的结构。所以,格式塔的心理认知模式与心理学的经验主义是完全
对立的。另外,它虽然与心理认知的结构主义密切关联,但又不能与之完全等

---

① [德]索恩-雷特尔:《脑力劳动与体力劳动:西方历史的认识论》,谢永康、侯振武译,南京大学出版社2015年版,第10页。
② 格式塔是一种心理学术语,通俗地讲就是知觉的最终结果,是我们在心不在焉与没有引入反思的现象学状态时的知觉。同时,格式塔也表示完整事物所具有的完整特性。格式塔概念不仅从无意识方面进一步说明了知性的社会起源,而且其完整性也对应于我们所表述的社会综合,它与康德的"先天综合"观念相对照,强化了我们的论证。
③ [德]索恩-雷特尔:《脑力劳动与体力劳动:西方历史的认识论》,谢永康、侯振武译,南京大学出版社2015年版,第20页。

同,所以它并不完全赞同结构主义的心理认知模式。格式塔是心理认知或知觉的最终结果,是我们在心不在焉和没有引入反思的现象学状态时的某种知觉。格式塔理论强调经验和行为的整体性,反对当时流行的构造主义元素学说和行为主义"刺激—反应"理论。它认为整体不等于部分之和,意识不等于感觉元素的集合,行为不等于反射弧的循环。因此,现代心理学认为格式塔"具有两种含义。一种含义是指形状或形式,亦即物体的性质,例如,用'有角的'或'对称的'这样一些术语来表示物体的一般性质以示三角形(在几何图形中)或时间序列(在曲调中)的一些特性。在这个意义上说,格式塔意即'形式'。另一种含义是指一个具体的实体和它具有一种特殊形状或形式的特征,例如,'有角的'或'对称的'是指具体的三角形或曲调,而非第一种含义那样意指三角形或时间序列的概念,它涉及物体本身,而不是物体的特殊形式,形式只是物体的属性之一。在这个意义上说,格式塔即任何分离的整体。"①也就是说,"假使有一种经验的现象,它的每一成分都牵连到其他成分;而且每一成分之所以有其特性,即因为它和其他部分具有关系,这种现象便称为格式塔。"②总之,格式塔不是孤立不变的现象,而是指通体相关的完整的现象。"完整的现象具有它本身完整的特性,它既不能割裂成简单的元素,同时它的特性又不包含于任何元素之内。"③

而格式塔转换则是格式塔心理学家苛勒等人于 1929 年前后提出的学习迁移理论,这个理论实际上是从事物关系的角度,对经验类化理论进行了重新解释。他们不否认经验类化的作用,但强调"顿悟"是迁移的一个决定因素。"迁移不是由于两个学习情境具有共同成分、原理或规则而自动产生的,而是由于学习者突然发现两个学习经验之间存在关系的结果。人所迁移的是顿

---

① [美]库尔特·考夫卡:《格式塔心理学原理》,李维译,北京大学出版社 2010 年版,中文版译序第 1—2 页。
② 高觉敷:《西方近代心理学史》,人民教育出版社 2001 年版,第 324 页。
③ 高觉敷:《西方近代心理学史》,人民教育出版社 2001 年版,第 325 页。

悟——两个情境突然被联系起来的意识。"①作为这一理论的代表,苛勒做了大量实验来证明该理论的真实性及可靠性,其中包括著名的测验黑猩猩实验,通过这些实验,苛勒认为"人和类人猿的学习不是个别刺激作出个别反应,是对一定情境中的各事物间关系的理解构成一种'完形'来实现的,是一种顿悟形式的智慧行为。当学习者理解了情景之后,会产生突然的、迅速的领悟。"②为了进一步证明格式塔转换理论的正确性,苛勒做了"小鸡啄米"实验,这更加证明"迁移是结构的、关系的迁移,而不是共同要素的迁移"③。

回过头来看,雷特尔提到的格式塔转换是以"交换抽象"为中介而展开的,其中还涉及了另一个与"交换抽象"密切关联的核心概念,即"社会综合(gesellschaftliche Synthesis)"。

四、交换抽象与社会综合

雷特尔提出的社会综合概念显然是与康德的"先天综合判断"相对应的,它是发生于主体间的一种社会综合能力,而不是康德那种单个主体的先天综合判断的能力。众所周知,康德的先天综合是作为主体的知性的先天形式对感性杂多现象进行图示化处理的一种综合能力,"人类知识有两大主干……这就是感性和知性,通过前者,对象被给予我们,而通过后者,对象则被我们思维。"④它发生在主体认知的知识论层面,与主体的社会属性无关。显然社会性维度的匮乏构成了康德先天综合及其先验哲学的明显缺陷,这也是黑格尔批判康德先验哲学的最主要原因。在这一点上,雷特尔显然是认可黑格尔对康德先验哲学的批判的,只不过更多的是从马克思的政治经济学维度来批判

①　叶浩生:《心理学史》,华东师范大学出版社 2009 年版,第 213 页。
②　叶浩生:《心理学史》,华东师范大学出版社 2009 年版,第 213 页。
③　叶浩生:《心理学史》,华东师范大学出版社 2009 年版,第 213 页。
④　[德]康德:《纯粹理性批判》,邓晓芒译,杨祖陶校,人民出版社 2017 年版,第 16—17 页。

地分析康德的先验哲学。社会综合概念的提出显然是雷特尔从马克思历史唯物主义的立场出发,试图弥补康德先天综合概念的缺陷的理论努力。仔细读一下《脑力劳动与体力劳动》一书,我们并没有看到雷特尔有关社会综合的明确界定,但从字里行间还是能看出其社会综合概念不同于康德先天综合概念的基本含义。

社会综合离不开商品交换,它是建立在商品社会"交换抽象"基础之上的。也就是说,没有交换抽象就不可能产生社会综合。雷特尔说道:"社会化通过商品交换而赋予社会综合以统一性"[1]。由此可见,社会综合概念是建立在社会化的基础上。而这里的"社会化"显然指的就是商品交换的社会,尤其是现代资本主义商品交换高度发达的社会。他说:

> 在商品生产的社会中,交换抽象是社会化的载体。个人生活于其中的使用行为,无论是消费性的还是生产性的,一旦离开商品交换的中介,就不能在商品生产的分工关系中得到实现……商品生产的社会的综合,要到商品交换中,更确切地来说是在交换抽象中去寻找。与之相应,我们要着手交换抽象的形式分析,以回答这个问题:采取商品交换形式的社会综合何以可能?[2]

一句话,社会综合是"商品生产的社会的综合",而不是康德意义上的主体性先天综合。因此社会综合的最后一个环节是"格式塔转换"。雷特尔说:

> 在他们相互的交往中,即在商品交换中,有一种行为越过不可通约的整个领域,并且只以彻底的抽象性为其标志特征;这正是交易过程中与任何对象的使用相分离的交换行为。但是,这种独特的行为,只有当它辐射到所有承载着这个综合的人类关系上时,才能产生其

---

[1]　[德]索恩-雷特尔:《脑力劳动与体力劳动:西方历史的认识论》,谢永康、侯振武译,南京大学出版社2015年版,第34页。

[2]　[德]索恩-雷特尔:《脑力劳动与体力劳动:西方历史的认识论》,谢永康、侯振武译,南京大学出版社2015年版,第23页。

社会结果。①

从西方历史认识论的发生学视野看,雷特尔认为它包含如下两种形式:

其一,雷特尔将商品交换看作从剥削社会以来就存在的一种普遍现象,由此,他将康德的先天思维形式问题回溯至西方文明的发源地古希腊。他认为康德的先天思维形式不是来自近代自然科学,而是来自公元 7 世纪古希腊铸币形式的生成,这为概念思维乃至具有永恒形式的哲学概念奠定了基础;货币作为商品可交换性形式的最高抽象形式,以其纯粹的形式抽象、纯粹量化的综合为最初的哲学本体论概念奠基。对于货币的这种形式抽象,他指出,货币功能性本质所要求的材料的不可磨损性与自然界中根本不存在这样一种材料是内在于货币之中的矛盾,由此,就形成了两种需要区分的货币材质:"一种是表面上的、一种经济功能的材质,正如每个人只在感官上所能接触到的那样;一种是深层的、作为商品社会的综合之潜在功能载体的货币材质,借助这个综合,人们倾向于将货币称为社会的神经。"②雷特尔将货币的这种社会综合功能视为其本质特征,并指出货币正是由一种纯粹抽象的非物质实体性材料所构成的;这种非物质实体的抽象性作为一种现成的形式抽象摆在人们面前,而对这种抽象的注意只有通过概念思维才有可能,巴门尼德第一个为这种现实抽象寻找概念,他将万物的本源归结为"一",这个本体论的概念即货币之同一化特性在思维中的片面化、绝对化的表达,在古希腊,正是借助货币统一性实现了对居有社会的中介综合,这种具有高度形式同一性的现实抽象导致了纯粹概念的形成,由此,就形成了具有永恒性的希腊哲学概念,而正是这种"形成概念的能力与其作为认识'主体'——'逻各斯'、'努斯'、'理智'——的角色"③

---

① 〔德〕索恩-雷特尔:《脑力劳动与体力劳动:西方历史的认识论》,谢永康、侯振武译,南京大学出版社 2015 年版,第 54—55 页。

② 〔德〕索恩-雷特尔:《脑力劳动与体力劳动:西方历史的认识论》,谢永康、侯振武译,南京大学出版社 2015 年版,第 50 页。

③ 〔德〕索恩-雷特尔:《脑力劳动与体力劳动:西方历史的认识论》,谢永康、侯振武译,南京大学出版社 2015 年版,第 76 页。

在此获得了历史性的生成,这是康德先天观念的思维形式基础。正是在这个意义上,阿多诺的"历史唯物主义是对起源的回忆"得到了说明。

其二,雷特尔所谓的"格式塔转换"逻辑其实类似于康德的先验逻辑。但必须清楚的是,它是建立在"交换抽象"这一唯物主义的基础上。我们沿着历史的脉络,将目光聚焦于康德所生活的资本主义生产方式逐渐占据统治地位的时代。此时,发达的资本主义商品交换使得社会综合相较于古希腊发生了根本的变化,相对于古希腊货币作为物性、同一化的交换中介的职能,这一时期的货币已然具有了生产资本的职能。在发达的资本主义社会,商品交换规律构成了资本主义生产的先天之物,货币作为一种生产资本将生产统一为一个整体,从而使得"资本主义生产方式的竞争机制成功地形成了一个自在相关的、似乎是自动的体系"①,这种由资本主义的商品交换所构序的因果必然性导致了资本主义生产方式连续一致的展开,对此,国内的张一兵先生曾将之形象地比喻为社会先验综合中的齐一性强暴,②也即"正是商品的这种交换价值形式齐一化了所有存在(人与物)"③。雷特尔指出,这种生产的自我封闭的物化关联的再生产在理论思维上的再现,就构成了自然知识的逻辑范畴,资本得以在这种再生产中不断辩证地自我展开,资本充满了世界,在资本主义的现实世界中,资本就是"世界精神",资本的展开就是"世界精神"的实现,"人们只需要为了货币的一致的统一,为这个描述添加上'自我意识的统一',为服务于交换社会的货币综合功能添加上'统觉的本源综合统一',为货币对于资本主义生产的构成意义添加上'纯粹知性',为资本自身添加上'理性',为商品世界添加上'经验',并且,为按照资本主义生产方式的规律进行的商品

① [德]索恩-雷特尔:《脑力劳动与体力劳动:西方历史的认识论》,谢永康、侯振武译,南京大学出版社 2015 年版,第 128 页。

② 张一兵先生将这种齐一性强暴概括为另外一种哥白尼革命,以表示由商品的交换价值形式所中介的社会先验综合对于康德先验论的决定性作用。

③ 张一兵:《发现索恩-雷特尔:先天观念综合发生的隐秘社会历史机制》,北京师范大学出版社 2018 年版,第 95 页。

交换添加上'物按照法则的定在',即'自然'。"①正是基于此,康德先天综合判断的唯心主义知识理论才得到了历史唯物主义的阐明。

这种"格式塔转换"逻辑遵循拉康的"对象 a"的无意识运作机制。经过交换抽象这三重维度的递进发展及共同作用,我们从交换抽象的物质实在性中推导出了纯粹知性概念,完成了从交换抽象到思维抽象的"格式塔转换"逻辑,而这一逻辑的完成其实就是交换抽象中所发生的无意识机制,是一场"悄无声息"的隐秘转换逻辑。对于"格式塔转换"的逻辑,雷特尔并没有给予过多的笔墨论述。但仔细考察即可发现,"格式塔转换"的逻辑其实是拉康对象 a 的无意识的运作机制。正由于此,齐泽克在《意识形态的崇高客体》中敏锐地觉察到这一转换逻辑的内在的无意识机制。从发生学的角度看,雷特尔指出,针对着某一单个主体而言,商品的这种双重抽象并不是后天的,而是先天的。也就是说,在主体形成其意识之前,商品交换的形式的抽象性或神秘性就存在了。它不仅独立于或先于主体,而且也先于自然科学知识。这并非说商品交换形式是某种独立于意识的"客观存在",而是说,相对于人类所获得的科学知识,商品交换是更为基本、先天的形式抽象活动,是经验之前的某种更根本的本体性的形式活动,它构成了科学认知和其他人类说的基础。

对于马克思的历史唯物主义,哈贝马斯指出,"在马克思的阐述中,尽管包含着构成彻底认识批判的一切要素,但马克思并没有把它们综合在一起,构成唯物主义的认识论"②。当然,我们并不完全赞同哈贝马斯的观点,但必须看到,雷特尔对有关交换抽象的分析,特别是他从西方历史认识论角度的分析,的确丰富了马克思主义的历史唯物主义的认识论,并引发出了历史唯物主义认识论的逻辑建构问题。他通过对马克思商品形式分析的深入剖析,提炼出了交换抽象这一核心概念,并循着从交换抽象到思想抽象,从思维抽象到康

① ［德］索恩-雷特尔:《脑力劳动与体力劳动:西方历史的认识论》,谢永康、侯振武译,南京大学出版社 2015 年版,第 132 页。

② Jürgen Habermas, *Erkenntnis und Interesse*, Berlin:Suhrkamp Verlag,1991,S.43.

德的先验逻辑,在《脑力劳动与体力劳动》中勾勒了商品交换活动中所发生的格式塔转换以及其中所蕴含的无意识运作机制。其著述虽少,但分析却至为详尽深入,为我们提供了马克思有关商品交换及其形式迄今为止最为深入、详尽的理论分析。也正是他执着的理论探索,使得我们发现了马克思历史唯物主义的知识论内涵及其发生学逻辑。他不仅将马克思《资本论》中有关商品交换活动及其特征与康德的先验哲学相关联,而且更将康德的唯心主义哲学奠基于交换抽象的唯物主义的基础之上,丰富了历史唯物主义的内涵。因而,从这个角度看,从交换抽象概念入手,进而探讨其中所蕴含的"格式塔转换"逻辑及其无意识的运作机制,其理论意义和现实意义也是不言自明的。

第十二章　货币拜物教与主体的生成

　　主体和主体性是传统哲学的核心概念；主体和客体、主体性及其对象构成了近代哲学的主题。康德哲学更是因"主体性"哲学而得名。那么，主体或主体性与货币之间具有怎样的关系呢？这是一个非常有趣而值得探讨的哲学问题。雷特尔对商品的交换抽象分析及其格式塔转换逻辑为货币和主体性拓展了空间。事实上，他在《脑力劳动与体力劳动》的第二部分展开了对货币起源和主体性的分析。总体上，雷特尔还是从历史唯物主义的视角出发，重点探讨了主体与货币之间的相互的生成性关系。作为其好友的阿多诺更是直白地指出了历史唯物主义在阐释主体性与货币之间的内在关系中所起的决定性作用，并对雷特尔的工作及其对历史唯物主义的贡献给予了高度评价。概言之，雷特尔的突出贡献之一是将马克思有关商品拜物教的秘密回溯至康德的"先验主体"概念，进而在此基础上探寻商品拜物教中所蕴含的主体性与货币之间的关系。他认为马克思在《资本论》第 1 卷中详细论述了商品拜物教的秘密在于商品交换的形式性，但这一工作仍未完成，因为马克思并没有探讨货币与主体性之间的复杂的生成性关系。因此，此处将围绕雷特尔有关货币的产生过程与主体性源起之间的复杂关系展开分析，以阐明马克思商品拜物教的历史唯物主义基础，揭开"历史唯物主义是对起源的回忆"这一阿多诺名言的本真之意，并由此建立一种历史唯物主义的知识理论。

一、康德还是黑格尔:知识理论的
历史唯物主义批判联结

在马克思主义发展史上,雷特尔的一个突出贡献是他将马克思的历史唯物主义拓展到了传统西方哲学知识理论的领域,从微观视野发展马克思的历史唯物主义的认识论,填补了历史唯物主义知识起源理论方面的空白,实现了对社会科学和自然科学统一的历史唯物主义归基。

雷特尔的思维逻辑就是将马克思的商品交换追溯至康德的先验哲学,然后又将康德的先验哲学回溯至古希腊货币的起源,从而沟通了货币的起源与主体形成之间的内在复杂的互动关系。具体而言,雷特尔直接越过黑格尔,把马克思与康德关联了起来。一般而言,人们会将马克思的《资本论》,包括其政治经济学理论,与亚当·斯密、大卫·李嘉图和黑格尔联系起来。的确,如果仔细阅读马克思的《资本论》第1卷的第1章,会发现马克思经常提到黑格尔的名字,尤其是黑格尔的辩证法。所以,将马克思的《资本论》及其中的商品拜物教理论追溯至黑格尔,无论在逻辑上还是从思想渊源上都是自然而然的。然而,雷特尔却反其道而行之,在人们看到马克思思想中的黑格尔"闪光"点的地方,他却发现了康德先验哲学的痕迹,也就是康德的先天认识论生成的秘密。雷特尔由此开始了对马克思商品拜物教理论的追踪溯源式的探讨工作。他穷其毕生精力致力于从商品拜物教的生成机制探寻康德认识理论的历史唯物主义基础。在此过程中,康德的先验哲学成为他绕不过去的一道关键"门槛"。

雷特尔在《脑力劳动与体力劳动》的第一章"商品形式与思维形式"中提出了一个很尖锐的问题,即对知识理论的历史唯物主义批判与康德、黑格尔的关系问题,"谁是马克思的'引路人'? 黑格尔还是康德? 答案并不如通常所假定的那样简单。在整个为辩证法所浸淫的历史唯物主义观念中,充满着这样一种危险的诱惑,即由于自然的缘故而忽略知识问题。"①换句话说,雷特尔认为,通常人们所认为的马克思的唯物史观来自黑格尔的辩证法并不完全是对的,因为马克思的历史唯物主义虽然吸收了黑格尔的辩证法,但其中包含了太多的"客观主义"的成分(后来恩格斯的《自然辩证法》实际上与马克思的唯物辩证法是一致的,并没有直接的逻辑矛盾),这就使得社会历史的发展以一种类似自然因果律的物质必然性前后相继,发展所需要的自然科学知识则作为不言自明的前提条件;与之相应的是,作为自然科学知识认识主体的思维形式的起源问题也即知识理论被忽略了;马克思的历史唯物主义虽然继承了黑格尔的辩证法,但却忽略了康德及其知识论问题,由此,导致了历史唯物主义的不完满,而雷特尔的工作则是在马克思的历史唯物主义与传统哲学的知识理论问题之间建立联结,从而圆满解决自然科学与社会科学不相关的状态,推动历史唯物主义将人类历史、知识理论问题统一纳入其阐释体系之下,使得知识的社会言说得以可能,康德的知识理论问题有了唯物主义的解答。

那么,雷特尔如何看待马克思、黑格尔、康德三者之间的关系呢?他明确指出,历史唯物主义的发生学起源既不完全来自黑格尔,也不完全来自康德,而是在黑格尔框架中的康德。正如他在书中所说的:

> 由此得知,康德表述中的知识问题,是在由黑格尔归纳的历史唯物主义的基础上提出的,不是所谓的康德还是黑格尔,而是在黑格尔框架中的康德。事实上,这里所涉及的既不是脑力劳动,也不是体力劳动。而是脑力劳动在其与手工劳动的分离中的显现方式。这是历史唯物主义的子问题。②

---

① [德]索恩-雷特尔:《脑力劳动与体力劳动:西方历史的认识论》,谢永康、侯振武译,南京大学出版社 2015 年版,第 5 页。

② [德]索恩-雷特尔:《脑力劳动与体力劳动:西方历史的认识论》,谢永康、侯振武译,南京大学出版社 2015 年版,第 6 页。

雷特尔在此想说的是,马克思的历史唯物主义继承自黑格尔关于历史的辩证法演绎,但其最终的圆满阐释绕不开对康德的知识论或先验主体,也即康德追问的"先天综合判断是如何可能的"这一问题的历史唯物主义溯源。正由于此,雷特尔将马克思的历史唯物主义与"在黑格尔框架中的康德"这一知识问题联结,并由此将知识问题转化为历史唯物主义的子问题加以解决。

需要特别强调的是,雷特尔这里所指的马克思的历史唯物主义主要是建立在"劳动"基础上的唯物史观。"劳动"成为马克思历史唯物论的关键概念。雷特尔说:"历史唯物主义这一表述意味着⋯⋯人类的自然基础与人类历史的唯物主义在于,人们并不是生活在极乐世界中,即不是无偿地实存着。但也不是像动物那样盲目地由自然来喂养。而是按照其劳动的尺度来生活。因而是凭借他们自己进行的、自己开始并实施的生产来生活。"①而劳动是有价值的,这是马克思劳动价值论的基本观点,也是《资本论》中的核心思想。所以,价值规律也就成为历史唯物主义的基本规律。雷特尔接着说:

> 人们可以说,历史唯物主义的根本规定是价值规律,但是,价值规律只是在人类劳动产品超出单纯的生活必须品并成为人与人之间的"价值"的地方才开始运行。并且这一点是界限门槛,商品交换与剥削在此产生,从而按照非唯物主义的说法,原罪开始了。或者用马克思主义的话说,人的"物化"或"自我异化"开始了;⋯⋯换言之,在阶级社会时代进程中,价值规律成为历史唯物主义的根本规律。②

雷特尔这段话信息量极大。他在此明确指出:第一,价值规律是历史唯物主义的根本规定,原因在于价值产生于"超出单纯的生活必须品",即只有在商品交换的地方价值规律才会发生作用,否则就不存在所谓的价值规律。这

---

① 〔德〕索恩-雷特尔:《脑力劳动与体力劳动:西方历史的认识论》,谢永康、侯振武译,南京大学出版社 2015 年版,第 4 页。

② 〔德〕索恩-雷特尔:《脑力劳动与体力劳动:西方历史的认识论》,谢永康、侯振武译,南京大学出版社 2015 年版,第 4 页。

一点与马克思的历史唯物主义社会存在决定社会意识还不完全一样。他在此可能更看重马克思在《资本论》中的基本观点，即人们只有在满足其基本的生活必需之后才会将多余产品用来进行交换，这个被交换之物就是商品；因为有了商品交换，所以才会出现"物有所值"，才会产生交换价值。当然这是从交换抽象的发生学逻辑而言的。事实上，价值是一个预设的实体范畴，它与商品交换相伴而生，如影相随。第二，物与物之间的商品交换来源于早期的以氏族征服、掠夺为形式的剥削所造成的最初的居有，并导致了最初的商品交换。他说："商品交换是从剥削中发展出来的，而不是相反。"[1]因而商品交换是一切恶的源头，也是人类文明的开端，是西方历史认识论的起源，是人类主体性的出场（这点后面再论）。在他看来，按照非唯物主义的说法，如人性论的观点，商品交换是一切恶的源头，是一种原罪，看一下莎士比亚《威尼斯商人》中的商人夏洛克就清楚了。从马克思的观点看，它标志着人类早期人的"物化"或"自我异化"开始，标志着"物性"、"物化"和"拜物教"现象的出现。这里的物化指的是整个社会的生产与消费的统一不再像原始社会那样直接关联于人，而是关联于作为商品的物，伴随商品交换进入发达资本主义阶段，这种"物化"逐步演变为马克思在《1844年经济学哲学手稿》和《资本论》中所描述的"异化现象"和"商品拜物教"，因为在发达的资本主义阶段，人的"物化"现象表现为人变成了"物"的奴隶，也就是人的"自我异化"。第三，商品交换源起剥削，并在后续的发展阶段构成了以其为中介的功能社会化，由此，价值规律便伴随西方历史的发展不断深入社会的各个方面：在这一进程中，价值规律成为主导西方社会历史发展的根本法则。

至此，雷特尔完成了他有关知识理论的历史唯物主义追溯工作。一方面，从逻辑上，他将商品交换与康德的先验哲学或先验主体进行链接，并通过对马克思商品形式的分析，将先验主体奠基于马克思的唯物史观的基础之上。另

---

[1]　[德]索恩-雷特尔：《脑力劳动与体力劳动：西方历史的认识论》，谢永康、侯振武译，南京大学出版社2015年版，第142页。

一方面,从发生学上,雷特尔将马克思的历史唯物主义还原为人类早期从事商品交换中的最基本的"价值规律";这是一种发生学意义上的回溯式考察。因而可以说,价值规律并不是仅仅发生于资本主义社会,而是伴随着人类最初的剥削现象和商品交换而形成。综上所述,可以看出,价值规律是人们在商品社会或阶级社会中所必须遵循的普遍规律;从其历史生成视角来看,这一普遍规律与黑格尔有关历史辩证法自身的内在演进逻辑相对应;与此同时,价值规律也以其合乎自然的内在必然性以及极具抽象形式的概念,而拥有了与康德先验论的知识论相类似的形式主义特征。因而,正是在此意义上,雷特尔大胆地说,历史唯物主义所面对的知识问题的起源,既不是康德,也不是黑格尔,而是"在黑格尔框架中的康德"①。

二、交换抽象中的先验主体

康德哲学是一种先验论的唯心主义哲学,将马克思的商品交换和劳动价值论联结至康德的先验哲学,这显然不是雷特尔的终极目标,但却是雷特尔有关知识理论向历史唯物主义回溯过程的必经之路。

商品交换是马克思在《资本论》第 1 卷中所分析的重要对象。马克思将商品视为资本主义社会的细胞,商品本身具有使用价值和交换价值的二重性。每一个劳动产品必须被拿到市场上进行交换才能成为商品,因而,交换就构成了商品不可或缺的特征。正是由于商品的可交换性,才使得商品具有某种神秘性的特征,从而使得商品披上了某种神秘的外衣,成为人们顶礼膜拜的对象,最终导致了商品拜物教现象的产生。马克思有关商品拜物教分析的关键节点是他看到了商品形式背后存在着某种"超感觉"的形式,也即商品交换的神秘形式。

---

① ［德］索恩-雷特尔:《脑力劳动与体力劳动:西方历史的认识论》,谢永康、侯振武译,南京大学出版社 2015 年版,第 6 页。

那么,这种谜一般的形式究竟是什么呢? 就是某种看得见却摸不着的"形式本身",也即存在于人们之间的"神秘的"商品交换形式。表面上,商品交换是极其普通的日常事务或日常生活,但正是由于它太过于平常而司空见惯,从而遭到了人们的忽视或漠视。然而,马克思的伟大之处恰好在于他的慧眼识珠,从"平凡"中看到"不平凡"之处。

马克思所谓的"可感觉而又超感觉的物",已经触及了凌驾于物品具体内容之上的商品交换形式。由此,马克思从商品交换形式的"神秘性"推演出商品拜物教就是自然而然的了。这是马克思不同于古典政治经济学家的地方。实际上,在貌似普遍的日常的商品交换中隐藏了深奥的哲学道理。沉溺于商品交换中的每个人看似忙忙碌碌,表面上不过是一个凡夫俗子,然而,在雷特尔看来,商品交换中的每一个主体都是康德意义上的"先验主体",一个具有高度抽象思维能力的"先验"个体。所以,在马克思看到商品交换形式的秘密中所隐藏的那个特殊之"物",那个"可感觉而又超感觉"之物的地方,雷特尔看到的是商品交换中的主体,一个康德意义上的"先验"主体。这个主体来自日常商品交换行为逻辑中的"交换抽象"。

这里涉及马克思与雷特尔所关注重心的差异。马克思注重商品交换和交换抽象,但其最后目标是为了揭示资本家剥削工人的秘密,即为了推出剩余价值概念。雷特尔更关注的是商品交换中的知识论或历史认识论的成分,即商品交换或交换抽象中的无意识的产生与思维的形成过程。但是他们二人都是建立在唯物主义的基础上来研究商品交换和商品拜物教理论的。先看一下雷特尔是如何分析交换抽象中的主体的。在《脑力劳动与体力劳动》的前言中,雷特尔说:"我毕生的思想工作可以说就是对一个近乎直觉性的洞见进行澄清或解疑。这一洞见是我 1921 年在海德堡大学学习时获得的:发现了商品形式中的先验主体(Transcendental subject),发现了历史唯物主义的主导原理(历史唯物主义的发生学考察,即历史认识论)。为了最终获得对这一主导原理的令人满意的解释,我不得不一再地进行'攻关',不断地重新构想所谓的草案"①。

雷特尔这里所说的"直觉性洞见"其实就是康德意义上的"理智直观"（intellectual intuition）。众所周知，理智直观是作为知性的先验主体的一种能力，主体的一种认知能力，只不过康德将之归属于先验主体，而雷特尔将之归属于商品交换者个体。这是雷特尔在大学时代阅读马克思《资本论》时的直觉。那么，雷特尔毕生探求的这种"直觉性洞见"是如何与商品交换的个体联系起来的呢？最终他还是从分析商品拜物教理论中的"交换抽象"这个关键性概念入手。

首先，交换抽象是一种纯粹的先验形式，但却是一种"悖论性"的交换关系。雷特尔是这样来描述商品交换的这种极端抽象和形式性特征。他说："商品交换是一种参与者在其中保持清醒的交往形式，是一种自然在其中停息下来的交往形式，因而是一种绝不掺杂人类之外的东西的交往形式，最终是一种被还原为单纯的形式主义的交往形式。"②一句话，这种抽象形式是人独有的，动物则不具备。所以，它才可能带有"悖论性"。他说："商品抽象的本质是，它不是由思想家创造出来的，它的起源不在人的思维之中，而在人的行动（tun）之中。"③交换抽象集商品交换中的"交换行为"和"思维"于一身；其中，交换行为是社会性的，而交换中的思维则是"自私性的"，是"唯我论的"，如此就形成了类似于康德的"先天综合判断"或"理智直观"那样的先验性思维。需要注意的是，这个"思维"并不是与自然科学相对应的思维抽象下的思维。在交换抽象中，一方面，交换不再是单个主体的行为，而是主体间的一种相互的行为，一种社会性的行为；但另一方面，交换个体则是一个"唯我论"

---

① ［德］索恩-雷特尔：《脑力劳动与体力劳动：西方历史的认识论》，谢永康、侯振武译，南京大学出版社2015年版，前言第1页。

② ［德］索恩-雷特尔：《脑力劳动与体力劳动：西方历史的认识论》，谢永康、侯振武译，南京大学出版社2015年版，第35页。

③ ［德］索恩-雷特尔：《脑力劳动与体力劳动：西方历史的认识论》，谢永康、侯振武译，南京大学出版社2015年版，第9—10页。

者,一个十足的自私自利者,一个锱铢必较的交换行为者。如此,交换抽象就是实践的唯我论与形式的社会性的统一,是纯粹抽象的"量"与"价值"的统一;是交换中的严格的偶然性与交换形式的必然性的统一。因而,交换抽象正是雷特尔试图沟通马克思与康德的关键概念。

这里,必须注意的是,交换抽象并不是纯粹的活动,而是一种思维形式。正是这种纯粹的形式性,使它具有了某种"悖论性"的特质。它的极端体现就是货币。雷特尔说:"这种形式主义具有'纯粹'抽象的特征,但却具有时空上的现实性。在货币中,这种形式主义获得了一种特别的、物性的格式塔。货币是抽象物,是一个内在于自身的悖论,并且这样一种物在人们对其所是全无所知的情况下造成了社会—综合的结果。虽然如此,货币的意义只有人(而不是动物)才能理解。"①

其次,交换抽象的个体是非经验性的先验主体,但却是一个无意识的先验主体。这也是他与康德先验哲学的不同之处。交换抽象虽然是"现实"的抽象,但这种抽象却是非经验的;虽然它是发生在唯我论的个体之间的交换形式,但由于交换的纯粹形式性特征,所以,交换抽象是先验性的现实抽象。雷特尔说:"可交换的抽象形式是人与人之间的这种唯我论的活动的产物,或者说,是商品占有的私人特征的产物。抽象源自人与人之间的交往关系;它不是产生在单个领域中的,不是产生在一个自为的所有者的统觉领域中的。它是以一种完全脱离经验主义的方式产生的,这种经验主义坚持个体统觉的立场。然而不是个体、而是个体的行为导致了他们的社会性综合。行为导致一种社会化,在这个社会化发生之时,行为对它是一无所知的(nichts wissen)。"②

---

① [德]索恩-雷特尔:《脑力劳动与体力劳动:西方历史的认识论》,谢永康、侯振武译,南京大学出版社2015年版,第35页。
② [德]索恩-雷特尔:《脑力劳动与体力劳动:西方历史的认识论》,谢永康、侯振武译,南京大学出版社2015年版,第35页。

这里的关键是一定要把个体与个体之间的交换行为区分开来。一旦处于交换关系之中,无论个体如何自私和"唯我论",他都难以摆脱交换的社会行为色彩,他就不再是一个进行买卖的现实的经验个体,而是一个具有"先验性"的主体,具有"理智直观"的主体,一个进行"无意识"思维活动的主体。而交换主体的这个能力不是他本人先天的,而是"先验的",这个先验主体的能力虽然是"先天的",但却必须通过后天的经验才能获得和形成。正如康德所指出的:"所以按照时间,我们没有任何知识是先行于经验的,一切知识都是从经验开始的。"①同时,康德又指出:"但尽管我们的一切知识都是以经验开始的,它们却并不因此就都是从经验中发源的。"②

但是,雷特尔并不满足于将交换抽象定位于康德的"知性"范畴,而是要用马克思的政治经济学批判来补充康德的知性范畴。实际上,商品抽象或交换抽象并非完全是雷特尔的发明,马克思在《资本论》第 1 卷中对交换的抽象性及其神秘性作了很多的分析。

在马克思那里,交换的抽象性就是商品交换形式的神秘性,就是马克思问的那句话,即劳动产品一经采取商品形式就具有的谜一般的性质,其原因在于商品交换形式本身。雷特尔认为,马克思到此停滞不前,直接推演出其"剩余价值"这一核心概念,而不再追问商品交换的这种纯粹的"形式"中"居然"拥有某种"思维"形式,即历史认识论的思维方式。换句话说,在商品的交换抽象这一概念上,马克思拘泥于政治经济学的思维方式,而逐渐疏远了康德的知识论模式。而康德知识论仅仅着眼于主体的认知模式,只看到了自然科学的"思维抽象",也即先验主体的先天综合判断能力,而看不到认知主体的"现实抽象",即建立在商品交换活动中的"交换抽象",从而走向了唯心主义的"二元论"。一个是典型的历史唯物主义者,另一个则是著名的德国唯心论者。雷特尔指出,这并不是对康德的苛刻要求,因为康德与英国古典经济学家亚

---

① 〔德〕康德:《纯粹理性批判》,邓晓芒译,杨祖陶校,人民出版社 2017 年版,导言第 1 页。
② 〔德〕康德:《纯粹理性批判》,邓晓芒译,杨祖陶校,人民出版社 2017 年版,导言第 1 页。

当·斯密是同时代的思想家。而且,斯密的《国富论》出版于 1776 年,而康德的《纯粹理性批判》(第 1 版)出版于 1781 年;这两部几乎同时出版的著作都是对资本主义在哲学和政治经济学领域的高度概括。

但可惜的是,康德的《纯粹理性批判》专注于主体的认知能力,并没有顾及政治经济学的批判维度。而雷特尔在《脑力劳动与体力劳动》中的中心任务就是把马克思与康德相嫁接,使马克思的政治经济学具有知识论和历史认识论的维度。他说:"康德是因为没有将对数学化的自然科学理论的分析进一步导向对现实科学,特别是经济学的分析;马克思则相反,他是因为没有将政治经济学批判扩展到自然科学的批判上去。这样,在这两位伟大思想家之间,自然科学与人文科学之间的鸿沟依然保留下来了。而我从时空进程和事实状况中推导出纯粹的思维范畴,就抛弃了这种二元论。在这个基础上,对历史的一种深入的重构就应当是可能的。"①一句话,《脑力劳动与体力劳动》这本看似简短的著作,却隐藏了雷特尔的宏大志向,即他要综合康德和马克思,为马克思的政治经济学和康德的纯粹理性批判寻找一个更坚实的根基,那就是在其视角下的历史唯物主义的起源问题,也即为西方历史的认识论寻找一个坚实的历史唯物主义基础。

如前所述,雷特尔发现了交换抽象中这种近乎直觉的"先验洞见",但这其实已经是综合了"现实抽象"与"思维抽象"的结果。他说:"商品交换的社会结构以交换行为的非经验的抽象性为基础,并指明了其与精确的自然科学方法论的基本概念的抽象性之间显而易见的一致性。因而可以说:交换抽象不是思维,但它却在纯粹知性范畴中拥有思维的形式。"②

如此,在从现实抽象到思维抽象的转化中,交换抽象就填补了马克思与康

① [德]索恩-雷特尔:《脑力劳动与体力劳动:西方历史的认识论》,谢永康、侯振武译,南京大学出版社 2015 年版,第 57 页。
② [德]索恩-雷特尔:《脑力劳动与体力劳动:西方历史的认识论》,谢永康、侯振武译,南京大学出版社 2015 年版,第 53 页。

德之间的鸿沟,实现了二者的嫁接。在这种转化中,与思维抽象有奠基性关联的交换抽象也开始具有了知性的"思维形式"。也就是说,现实的交换抽象虽然是社会性的行为,但在交换抽象中,它也开始兼具"行动与思维"的能力,也即"先验洞见"。一句话,这种先验洞见就是先验主体的无意识,一种高度抽象化了的知性思维。正是在这一点上,齐泽克对雷特尔的交换抽象有一个非常精确的陈述:"在思想达到纯粹的抽象以前,抽象就已经在市场的社会效率中开始运作。……在物理学家能够清晰说明纯粹抽象的、发生在集合空间中的运动概念之前,社会交换行为已经实现了这样的'纯粹'、抽象的运动,它使得在运动中被捕获的客体的具体—感性的属性保持不变:属性的转移。"①

三、主体性源起于货币的历史
生成与剥削者相同一

如上所述,雷特尔已经阐明了商品交换的认识论根源,即基于"先验主体"的交换抽象中的思维形式。然而,这个主体仍然是康德意义上的唯心主义个体,康德的唯心主义的解决方案只能是一种"似是而非"的真理,不是确定的。因此,雷特尔必须继续探讨主体性生成的唯物主义基础。他说:"唯心主义的知识理论,面对着不能阐明精神的综合能力这一丑闻,在这点上拥有其似是而非的真理,即单个主体的社会—综合的效力对于这些单个主体来说还是完全被遮蔽的:这一效力被唯心主义知识理论实体化为'先验主体'。相反,如果我们遵循着现实的社会实践的主导思想,应该能够建立一种唯物主义的知识理论,且它只能是一种历史性的知识理论。"②为此,雷特尔在《巴黎草

---

① [斯洛文尼亚]斯拉沃热·齐泽克:《意识形态的崇高客体》,季广茂译,中央编译出版社2002年版,第23页。

② [德]索恩-雷特尔:《脑力劳动与体力劳动:西方历史的认识论》,谢永康、侯振武译,南京大学出版社2015年版,前言第3页。

案》中开始了他有关先验主体的历史唯物主义基础的探求。

首先,主体性统一于货币同一性、物性的功能特征中。在《巴黎草案》"货币与主体性"一节开篇,他就指出主体性概念"与货币材质的货币功能在经济上的可替换性相关。从术语学上说,这种被当作思维着的存在物而与肉体相分离的'我'被命名为'理论主体'。我们关于其历史起源的解释是,理论主体是从人借助货币而进行的同一化中产生出来的。理论主体是货币的占有者"①。下面就按照货币生成的历史脉络并结合其功能性特征,对以上论述展开深入分析,以揭开遮蔽理论主体性生成的真实起源的神秘面纱。

货币的同一性即货币在其本质上是充当一般等价物的特殊商品。从起源上看,货币的同一性与思维的同一性是一致的。货币是对原初剥削关系中被居有的产品同一性形式的反思,也即在剥削王国之间的商品交换过程中,"此处与彼处的剥削之间的等同"②。阿多诺在《否定的辩证法》中对商品交换所导致的货币同一性也作出了与雷特尔类似的结论,他说:"(商品)交换原则把人类劳动还原为社会平均劳动时间的抽象的一般概念,因而从根本上类似于同一化原则。商品交换是这一原则的社会模式,没有这一原则就不会有任何交换。正是通过交换,不同一的个性和成果成了可通约的和同一的。这一原则的扩展使整个世界成为同一的,成为总体的。"③一句话,从发生学上看,先有商品交换然后才有货币。正因为商品交换的"同一化"原则,才会导致货币的同一性,货币不过是这种同一化原则的代理而已,而主体则又不过是货币同一性的显现。在这一点上,雷特尔与阿多诺是完全一致的,他们或多或少地继承了马克思的历史唯物论的观点。

―――――――――――

① [德]索恩-雷特尔:《脑力劳动与体力劳动:西方历史的认识论》,谢永康、侯振武译,南京大学出版社 2015 年版,第 162 页。

② [德]索恩-雷特尔:《脑力劳动与体力劳动:西方历史的认识论》,谢永康、侯振武译,南京大学出版社 2015 年版,第 163 页。

③ [德]阿多尔诺:《否定的辩证法》,张峰译,重庆出版社 1993 年版,第 143 页。

正如雷特尔所分析的那样,具有不同质料属性的商品因货币的中介而获得了仅有量上差别的同质性。这种同质性背后隐藏的是被剥削的劳动者的一般劳动,货币借助其同一的等价形式,既关涉被剥削的劳动者的劳动产品,又关涉被剥削的劳动者本身,因为被剥削的劳动者的一般劳动使得"对于任何商品和商品类型的生产而言,他本身被认为是可与其他任何被剥削的劳动者相交换的"①。在此,剥削者成为交换主体,而被剥削者成为交换客体,货币的同一性形式特征使其具有了购买、获取一切商品的职能,成了所有商品有效的居有中介。凭借着自身的中介作用,在直接的剥削关系中,"货币与其所购买的某一件商品之比等于居有者的行为与居有客体之比"②。伴随着剥削体系的发展,货币形式作为居有体系的辩证反思形式生成,即在原初的剥削关系中,剥削者借助货币居有奴隶,并无偿居有奴隶的劳动产品,货币变成了剥削的功能性工具。正是在此意义上,货币在其使用过程中要求与其占有者相同一,也即与剥削者相同一,此处的货币体现了古典时代的一种剥削关系。雷特尔指出,"货币占有者仅仅出于货币是什么这一根据而与货币功能相同一,这种同一化是理论主体的源始行动"③,也就是说主体(即货币占有者或剥削阶级)也是出于与货币功能的一致而具有主体性的意义,因而,主体性统一于货币同一性的功能性特征之中。

除以上所论述的同一性特征外,货币也作为物性功能载体成为生产者劳动物化的衡量标准。在对其物性功能载体解读时,雷特尔通过货币与货币占有者的类比对货币的这一特征进行详尽的分析。他首先指出,在物化的居有体系中,"货币占有者同一化为货币的物化的、功能化的居有行为的简单的、

---

① [德]索恩-雷特尔:《脑力劳动与体力劳动:西方历史的认识论》,谢永康、侯振武译,南京大学出版社 2015 年版,第 164 页。
② [德]索恩-雷特尔:《脑力劳动与体力劳动:西方历史的认识论》,谢永康、侯振武译,南京大学出版社 2015 年版,第 165 页。
③ [德]索恩-雷特尔:《脑力劳动与体力劳动:西方历史的认识论》,谢永康、侯振武译,南京大学出版社 2015 年版,第 165 页。

共同的和一般的主体"①,这一表述揭示了货币的物性联结性。而在剥削的居有体系中,被居有的产品是被剥削的劳动者劳动的物化,"是肉体劳动者的劳动的'化身',是奴隶的肉体性,这种肉体性通过劳动而转移到商品之上,并在商品中被物化了"②。正是被剥削的劳动者能劳动的这种特性,才导致了抽象一般人类劳动的转移。因而,货币作为商品价值有效性的标准,恰恰体现了剥削社会中商品的物性特征。接下来,雷特尔以极具思辨的方式将货币功能性特征对应于货币占有者的思维有效性,将货币的质料实在性对应于货币占有者纯粹物质的身体,即"按照货币占有者的思维有效性,他是与所有其他货币占有者相同一的——他:因而也是其他人;但按照他的身体的实存——他:因而不是其他人"③。

由此可见,"同一性是意识的首要形式"④,这种同一性的意识只有占有货币的剥削者才具有,剥削者才是自我反思的主体,因为正如马克思所指出的:"为了使这些物作为商品彼此发生关系,商品监护人必须作为有自己的意志体现在这些物中的人彼此发生关系……他们必须彼此承认对方是私有者。"⑤而被剥削者是作为没有主体性的一种纯粹的客体而存在的,因而,作为主体的货币占有者理所当然地无偿居有作为客体的"被剥削者"劳动的物化形式。在这个意义上,主体便拥有了劳动的理论,而客体,也就是被剥削者,拥有的则是劳动的实践。

沿着货币功能同一化的路径,理论主体的主体性又是如何可能的呢?雷特尔通过对理性的自然知识产生机制的分析,进一步揭示了主体性的本质。

---

① ［德］索恩-雷特尔:《脑力劳动与体力劳动:西方历史的认识论》,谢永康、侯振武译,南京大学出版社 2015 年版,第 166 页。

② ［德］索恩-雷特尔:《脑力劳动与体力劳动:西方历史的认识论》,谢永康、侯振武译,南京大学出版社 2015 年版,第 166 页。

③ ［德］索恩-雷特尔:《脑力劳动与体力劳动:西方历史的认识论》,谢永康、侯振武译,南京大学出版社 2015 年版,第 167 页。

④ ［德］阿多尔诺:《否定的辩证法》,张峰译,重庆出版社 1993 年版,第 145 页。

⑤ 《马克思恩格斯文集》第 5 卷,人民出版社 2009 年版,第 103 页。

他在开篇就指出,理性的自然知识正是凭借剥削者与货币功能的同一化,理论主体将商品生产的社会性中介关联"转译"为逻辑,正是"凭借商品价值的货币形式的产生,变成了商品生产的自我封闭的中介关联,也就是成了单纯通过交换的剥削的封闭的中介关联,那么理性思维的体系关联就是这种物化的反思过的体系关联。"①据此,雷特尔指出了货币的生成对于主体性产生的重要意义。也就是说,正是货币的产生为思维的同一性奠定了现实基础;同时,货币的等价齐一功能构成了虚假的综合,使得理性及其真理概念拜物教化,从而遮蔽了人的存在及主体性的历史起源。实际上,只有通过对货币及其起源的历史性回溯,才能真正揭开主体性的神秘面纱,从而实现对康德的先验认识论历史唯物主义的改造。

其次,源自货币的主体性的奠基性追溯——剥削及其导致的物化综合。按照马克思的观点,货币是商品交换发展到一定阶段的产物。雷特尔也指出货币是商品价值的社会等价物。现在有必要从商品交换价值形式的源起进行主体性的追溯。与马克思不同,在对商品交换问题阐述的过程中,雷特尔并没有将交换价值形式的产生描述为原始交换的连续展开;而是将社会区分为生产、消费两部分,从剥削的角度论述商品交换产生的必然性,以及由商品交换导致的各种物化居有体系及其对主体理性思维的限制作用。

雷特尔从西方历史发展过程中剥削体系历史演进的三种形态——古代世界、古典时期、欧洲中世纪,为我们揭示了剥削对于商品交换的奠基作用。在开始分析三种形态剥削体系相继的历史演进过程之前,他对无剥削的原始共同体进行了概念界定,将个人生产与消费之间关联的同一性作为原始无剥削制度的本质特征。随着剥削的产生,生产与消费不再同一地与人相关联,而是同一地关联于物,即商品,这就是最初的物化。而物化的不同程度则规定了剥削世界的不同形态。

---

① ［德］索恩-雷特尔:《脑力劳动与体力劳动:西方历史的认识论》,谢永康、侯振武译,南京大学出版社 2015 年版,第 170 页。

　　第一种剥削形态是古代世界的剥削。雷特尔指出原始社会末期存在着内在于原始共同体的剥削及外在的种族间的剥削,并将西方商品等价交换及物化居有体系最初的形成归于种族间的剥削掠夺。以此种形式为基础,西方剥削的居有体系进入了古代世界。这种剥削源自直接的征服、掠夺,借此,征服者无偿占有了原住民族的剩余产品,原初的剥削就以这种"直接的统治关系"存在。这种剥削具有如下特征:"统治一方不再生产他们的生活资料,因此仅消费而不生产;被统治一方不再能够消费他们的产品"①;这种全新的按照剥削而形成的阶级性联结构筑了西方文明发展的主线;由这种原初剥削所造成的生产与消费的分离也为商品等价交换奠定了基础。正如雷特尔所指出的,随着统治阶层奢侈品商贸的出现,一种出于统治者需要的交换流通"就在最初的、直接的剥削关系这个稳固而坚实的基础上产生了"②。这样的交换是借助于被剥削的生产者的产品来进行的,而这些产品作为交换客体就是具有价值特征的商品,它们在原初的这种国与国之间的贸易中实现了等价交换,而在这些交换中,正是这些剥削的居有阶级承担着交换主体的职能。同时,雷特尔也指出古代世界王国内部具有价值特征的商品交换的产生也同样是以原初的剥削关系为基础的。这是由于原初被剥削者的劳动所具有的为剥削者生产财富的意义,才凸显了价值这一概念,这就形成了具有价值特征的产品的交换流通。在古代世界,以单方面居有为基础,商品交换局限在国家的对外贸易上。作为最初的商品交换,它为后来进一步发展的商品交换及货币价值形式的形成奠定了基础。

　　第二种剥削形态是古典时期的剥削。剥削者通过对古代世界财富形式的反思,使一种以"对财富及生产财富的方式和技术的居有"③为特征的新的剥

─────────────

　　① 〔德〕索恩-雷特尔:《脑力劳动与体力劳动:西方历史的认识论》,谢永康、侯振武译,南京大学出版社 2015 年版,第 148 页。

　　② 〔德〕索恩-雷特尔:《脑力劳动与体力劳动:西方历史的认识论》,谢永康、侯振武译,南京大学出版社 2015 年版,第 149 页。

　　③ 〔德〕索恩-雷特尔:《脑力劳动与体力劳动:西方历史的认识论》,谢永康、侯振武译,南京大学出版社 2015 年版,第 151 页。

削体系产生了,这一阶段的发展是建立在古代世界业已形成的自然成果的基础上的。在这一阶段,出于对等价交换体系的进一步反思,商品交换范围进一步拓展,以至于"希腊世界是由可以立即交换的商品所构成的,这些产品与其他同样被生产出来的产品处于等价关系之中"①。在这一时期,"财富的增长是如此巨大,它的形式是这样繁多,以致这种财富对人民说来已经变成一种无法控制的力量。'人类的智慧在自己的创造物面前感到迷惘而不知所措了……'"②。伴随着财富的巨大增长,价值的体现形式也处在不断变化之中,马克思对此曾有过精妙的概括:"价值时而采取时而抛弃货币形式和商品形式,同时又在这种变换中一直保存自己和扩大自己;价值作为这一过程的扩张着的主体,首先需要一个独立的形式,把它自身的同一性确定下来。它只有在货币上才具有这种形式。"③也就是说,财富的普遍增加以及等价交换的扩展使得一种纯粹的等价形式——货币应运而生,而伴随着货币产生的则是主体性的生成。正如雷特尔所指出的,货币价值形式的形成遮蔽了剥削这一事实,价值看起来成了从属于商品本身的属性。借助于这一遮蔽,人的思维理性冉冉升起,作为"人"的剥削者的纯粹抽象的思维的形式特征才得以建立。可以说,正是古典时期货币价值形式的形成开启了人类理性之门,预先架构了概念思维抽象的现实根基。

第三种剥削形态即古典时代之后的中世纪城市商品经济。这一时期的商品经济,产品直接由产品生产者占有并进行交换,这样一种表象最大限度地遮蔽了商品交换的原初起源。针对这样一种遮蔽,雷特尔指出这种商品生产"实际上是剥削在西方大范围发展的结果,并且以这种剥削的某种形式为基础"④。

---

① [德]索恩-雷特尔:《脑力劳动与体力劳动:西方历史的认识论》,谢永康、侯振武译,南京大学出版社 2015 年版,第 151 页。

② 《马克思恩格斯全集》第 45 卷,人民出版社 1985 年版,第 397 页。

③ 《马克思恩格斯文集》第 5 卷,人民出版社 2009 年版,第 180 页。

④ [德]索恩-雷特尔:《脑力劳动与体力劳动:西方历史的认识论》,谢永康、侯振武译,南京大学出版社 2015 年版,第 152 页。

对于中世纪城市商品经济的剥削形态,雷特尔给出了如下分析:与古典时代一样,中世纪城市商品经济也是对其前一阶段剥削方式的反思;但不同的是,这一阶段的反思是被剥削者方面的反思。从这个视角出发,就能深刻理解以生产者为交换主体的中世纪商品生产为什么也是奠基在剥削之上的。

雷特尔认为中世纪的商品生产是从奴隶和家奴摆脱封建束缚开始的,是他们"从土地统治解放出来的结果"①。这导致了以生产者所有制为基础的市民私有制——它构成了中世纪城市商品经济的基础。在这一体系下,生产者拥有了出售自己劳动产品的自由。这种劳动产品是具有价值意义的,因此他也就是产品的所有者,并实现了生产与财富所有的统一。雷特尔认为这种现象同样与剥削关联。只不过这种剥削不再是外在的剥削者对产品生产者的剥削,而是生产者的自我剥削,即"他将自己的劳动力训练为技能,因为后者作为生产价值的能力为他服务,并且,他使得剥削成为他的独立性基础"②。

正是在这个意义上,雷特尔认为,"劳动生产者此时才第一次成为'人类'社会,即剥削社会的成员。"③同时,伴随中世纪城市商品经济向早期资本主义剥削的过渡,市民自我剥削者进一步发展成为其他自我剥削者的剥削者。在这一过程中,对于资本主义产生具有决定意义的因素出现了——"剥削以商品交换为根据,并遵守商品交换的法则。"④也就是说,最初的"自我剥削者"此时为了商品交换而成了剥削者,而此时的剥削所遵守的恰恰是非剥削的等

① 〔德〕索恩-雷特尔:《脑力劳动与体力劳动:西方历史的认识论》,谢永康、侯振武译,南京大学出版社 2015 年版,第 153 页。
② 〔德〕索恩-雷特尔:《脑力劳动与体力劳动:西方历史的认识论》,谢永康、侯振武译,南京大学出版社 2015 年版,第 153 页。
③ 〔德〕索恩-雷特尔:《脑力劳动与体力劳动:西方历史的认识论》,谢永康、侯振武译,南京大学出版社 2015 年版,第 153 页。
④ 〔德〕索恩-雷特尔:《脑力劳动与体力劳动:西方历史的认识论》,谢永康、侯振武译,南京大学出版社 2015 年版,第 154 页。

价交换法则即劳动力作为商品在市场上进行交易。这是一个标志性的"颠倒",即等价的商品交换导致剥削,而非雷特尔提出的早期古希腊时期出现的"交换来自剥削"。也就是说,马克思所谓的商品交换导致剥削适用于中世纪后期被剥削者向剥削者的"倒转"或过渡。雷特尔说:

> 在被剥削者向剥削者的转变过程中,商品交换与剥削之间的制约关系发生了倒转,这对于资本主义来说是决定性的。在之前商品生产的所有形式中,商品交换都是以剥削为根据的,并遵守剥削的法则,然而,从这种倒转中产生出来的是,剥削以商品交换为根据,并遵守商品交换的法则。①

在这一过程中,剥削者不再依赖对奴隶的压榨和残酷剥削,而是借助货币资本职能组织生产。货币占有者(资本家)在借助由商品交换所构建的货币等价体系的情况下实现了与货币职能的同一,并真正出现了脑力劳动与体力劳动的彻底分离。这也是雷特尔《脑力劳动与体力劳动》一书的要义之所在。他说:"随着商品形式及其物性的充分实现(也即货币体系),它的对立面,即物质实践,同时被人化了;随着剥削者一方的理论主体性的完成,被剥削阶级变成了实践主体。"②

也就是说,由于被剥削者向剥削者的"倒转",这些人成了新的货币占有者,也即新的剥削者。他们借助于货币资本进行商品的"等价交换",组织生产,建立销售市场,扩大销售网络,形成巨大资本生产—销售网络,通过商品的等价交换最终获得超额剩余价值,并成为巨大的货币占有者,其体现为新的"理论主体性"。而被剥削一方不再是古希腊时期的奴隶阶层,而是转变为工人阶级。他们虽然仍是体力劳动者,是从事物质实践的活动者,但他们不再是

---

① [德]索恩-雷特尔:《脑力劳动与体力劳动:西方历史的认识论》,谢永康、侯振武译,南京大学出版社 2015 年版,第 154 页。

② [德]索恩-雷特尔:《脑力劳动与体力劳动:西方历史的认识论》,谢永康、侯振武译,南京大学出版社 2015 年版,第 154 页。

奴隶般的"物",而变成了新的"实践主体"。因此,相对于古希腊的奴隶制社会,中世纪末期的这一"倒转"意味着巨大的历史进步。黑格尔意义上的"主—奴"关系逐渐转变为资本主义商品经济的"雇佣—被雇佣"的关系。虽然这一"雇佣—被雇佣"关系仍是不平等的,属于依附性的关系,但却标志着巨大的历史进步。从此被剥削阶级可以自由地支配自己的身体和劳动力,并可以自由地进入市场进行买卖。由于工人阶级只拥有自己的劳动力,只能将其作为商品而进行等价交换,是劳动力的出卖者,所以他们只能是"实践主体",而非理论主体,因为他们不是货币的掌控者,不拥有资本。所以,雷特尔认为,商品交换的这一新趋势,必然导致两大新阶级的出现:新资产阶级与工人阶级或无产阶级。由于新资本家的出现,商品的等价交换取代了原来的将奴隶作为商品进行交换的剥削方式,并代之以新的剥削形式,此时,剥削与商品交换之间的关系也同样发生了"倒转":不再是古希腊时期所谓的商品交换来自剥削,相反是商品交换导致了剥削。雷特尔认为,只有从这一时期开始,马克思《资本论》中有关剥削来自商品交换的理论才是正确的,符合近代历史的发展规律。

至此,我们追溯了货币生成的历史起源以及由其奠基的理论主体性的生成;而源起剥削的物化居有体系的社会综合则进一步规制了主体性的思维形式,为理性知识的产生提供了现实历史依据。

下面试从物化角度谈一下社会综合与历史唯物主义的关联。

在《脑力劳动与体力劳动》中,雷特尔从商品交换出发,引申出交换抽象,并在此基础上对物(包括物性和物化)这一概念进行了解读,并得出如下结论:物化(物)源于剥削。具体而言,物化始于原初的居有关系,它来自剥削;为什么呢? 这就需要对物化的起源进行历史发生学的考察。在原始社会中,个人的生产与消费没有分离,是与原始的"同一性"结合在一起的。但是由于剥削,即剥削的暴力,打破了这种同一性。剥削者无偿占有被剥削者的剩余产品,由此出现了最初的物。对于这个最初的物,雷特尔指出:"劳动产品不是作为商品,而是作为直接的、单方面居有的对象,才是原始的物"①,正是这种物将原本被剥削所打破的原始的"同一性",即由人的同一性联结起来的生产与消费,重新关联起来。"历史上首次同一地存在的物——这个例子基本上得到理解了——指的是贮藏于法老国库之中的埃及臣民的产品。居有对象的物性的同一性不是这样的:被占有的、由被剥削者所生产的产品,同时就是由剥削者所消费的使用客体。它是作为物,通过居有,被同一地从生产者让渡到消费者那里"②。雷特尔旨在说明,剥削者无偿占有被剥削者的产品,由此导致了原始"同一性"的解体,从而也就导致了生产与消费之间的关联不再发生在人的同一性之中,而是转变为关联在这些被居有的物的同一性中。从人的同一性到物的同一性的转化标志着物化的形成,所以雷特尔指出:"物化是人的生产权与消费权之间同一性分裂的结果,这种分裂是由于剥削而发生的"③。也就是说,物化起源于剥削,因为剥削造成生产与消费之间关系的断裂。由于物化对主体的规制作用,居有物的剥削者便成为交换主体,而被剥削者则成为交换客体。这正是物化最初的含义。这种由物的同一性重新连接起来的方式慢慢演变为货币作为中介的商品交换,并按照一种等价尺度进行。在此过程中,货币充当商品交换的中介,并由此获得了物的同一性。货币作为价值等价物之所以可以充当所有商品交换的中介,是因为货币按照其本质来说是物性的"一","理论主体是从人借助货币而进行的同一化中产生出来的,理论主体是货币的占有者。"④因为交换抽象产生了纯粹的量的形式即价值。价值虽然可以在所有物之间形成一种同一性,但由于价值是一个实体概念,是

① [德]索恩-雷特尔:《脑力劳动与体力劳动:西方历史的认识论》,谢永康、侯振武译,南京大学出版社 2015 年版,第 155 页。
② [德]索恩-雷特尔:《脑力劳动与体力劳动:西方历史的认识论》,谢永康、侯振武译,南京大学出版社 2015 年版,第 155 页。
③ [德]索恩-雷特尔:《脑力劳动与体力劳动:西方历史的认识论》,谢永康、侯振武译,南京大学出版社 2015 年版,第 156 页。
④ [德]索恩-雷特尔:《脑力劳动与体力劳动:西方历史的认识论》,谢永康、侯振武译,南京大学出版社 2015 年版,第 57 页。

人们的预设,所以它不能在现实中进行等价交换。货币作为物化之物充当其物性载体,可以随意穿梭在商品交换之中。如此,作为价值等价物的货币,自发地形成了一个可以将全部商品聚集起来的流通网络,交换抽象借用其物质载体货币的同一功能,在人们无意识的情况下将商品的价值形式同一化或齐一化了。① 它齐一了不同商品之间的差异性,齐一了整个世界,连接了生产与消费、生产者与消费者。这就是雷特尔所谓的"社会综合"。社会综合是交换抽象格式塔的体现,是交换抽象的无意识的形式化,是物化或齐一性之集合。雷特尔将其表述为"第二自然",并指出:"第二自然被理解为一种纯粹社会化的、抽象的和功能的实在性,从而与第一自然或者原始的自然——我们和处在同一个地球上的动物都存在于其中——相对立。只有在第二自然作为货币这个表达形式中,我们之中的某种属人的东西才在历史中获得了其对象的、个别的和客观—现实的表现"②。也就是说,社会综合是一个与第一自然也即纯粹的自然界相对立的第二自然,它通过货币获得了其完全属人的、纯粹社会化的、抽象的和功能的实在性。雷特尔指出这个纯粹社会化的社会综合是康德先天综合的历史唯物主义基础。因为"在历史上,作为定在与物的形式特征的同一性最初是从剥削关系中产生出来的。所有理论知识无论从逻辑的意义上还是从发生的意义上都要回溯到建构性的综合,这种综合是由剥削造成的物化和物性的社会化"③。也就是说,康德的先天综合所谓的知识在逻辑上的先天性是不成立的,所有理论知识的产生都要回溯到社会综合中,而社会综合是被物化了的社会,是由人们无意识的行为造成的,正是由于处在这样一种拜

---

① 此处参考:"真正造成这种齐一化的动因是他们之外自发生成的一种客观构序力量,这就是作为商品交换现实抽象结晶的价值等价物——货币。"见张一兵:《发现索恩-雷特尔:先天观念综合发生的隐秘社会历史机制》,北京师范大学出版社2018年版,第264页。

② [德]索恩-雷特尔:《脑力劳动与体力劳动:西方历史的认识论》,谢永康、侯振武译,南京大学出版社2015年版,第46页。

③ [德]索恩-雷特尔:《脑力劳动与体力劳动:西方历史的认识论》,谢永康、侯振武译,南京大学出版社2015年版,第160页。

物教幻象中,处在一个先验的社会之中,意识才会被异化,先验的社会形式即社会综合决定了康德先天综合的非历史性,社会综合是先天综合现实的历史唯物主义基础,规制着康德先天观念综合的形成。雷特尔以此证明了康德先天综合是不成立的,违背了历史唯物主义的客观性,并提出,"如果说有综合,那么只有一种实际可证实的综合,它只能是出于人类的创造,是使得所有概念知识和科学成为可能的综合——它就是人通过剥削而进行的阶级性的社会化。"①雷特尔的这一研究,从微观层面上证明了马克思历史唯物主义的核心观点,即社会存在决定社会意识,同时把马克思的政治经济学与康德的自然科学联系起来,并将马克思的政治经济学奠基在康德的自然科学之上,为康德的唯心主义先验论找到了一个坚实的历史唯物主义基础,证明了康德先天观念认识论是有历史基础而非先天存在的,使得马克思的历史唯物主义根基更加扎实。

---

① [德]索恩-雷特尔:《脑力劳动与体力劳动:西方历史的认识论》,谢永康、侯振武译,南京大学出版社 2015 年版,第 160 页。

第十三章　商品拜物教研究的新维度

对于商品拜物教现象,精神分析理论也没有熟视无睹,置之不理。众所周知,拉康在研究精神分析的过程中吸取了马克思有关资本和商品拜物教的研究,其精神分析的核心概念"剩余快感"就来自马克思《资本论》中的"剩余价值"。这里无意探求拉康精神分析理论与马克思诸概念的关系,而是试图专注于齐泽克运用拉康的精神分析理论来分析商品拜物教现象。齐泽克在《意识形态的崇高客体》的第一部分提出了商品交换形式的"无意识"。这种无意识的商品交换形式支配着资本主义社会人们的日常生活,并渗透到人们的日常意识之中。它不仅构成资本主义社会日常运行的逻辑,而且也构成了资本主义社会存在的逻辑。正因如此,准确地理解齐泽克有关商品拜物教的分析极为重要。下面就展开齐泽克有关商品拜物教的精神维度的分析。

一、商品拜物教中的无意识

商品拜物教与无意识的关系构成了齐泽克在《意识形态的崇高客体》中的一个重点。在该书的开始部分,齐泽克就花费不小的篇幅来谈起商品拜物教中所蕴含的无意识,进而发掘商品拜物教与精神分析的"症候"概念之间的内在关联。

资本主义社会中的商品交换隐藏着使用价值与交换价值的矛盾。商品作为一种特殊的物品,它具有某种最基本的属性:可交换性。商品的这种可交换性使得商品逐渐脱离商品的使用价值而转向其一般的交换价值,进而导致商品拜物教现象的产生。这种可交换价值构成商品拜物教产生的根源。马克思在《资本论》中详细分析了商品拜物教的产生及其根源。齐泽克对此并不陌生,但它关心的是商品拜物教中所蕴含的商品交换行为的"矛盾",也即商品价值的理性意识与商品交换行为中的无意识之间的矛盾。齐泽克认为,支配人们日常交换行为的并不是马克思在《资本论》中所论证的价值规律,即某种商品的价格是根据其中所包含的必要劳动时间所决定的劳动价值,而是商品交换中蕴含的无意识形式,这种无意识的形式是如此之深,以至于它竟深入人们的骨髓,内化于人们的日常交换行为中,人们在生活中对之已经习以为常,视而不见,充耳不闻。那么,现在的问题是:人们在商品社会中为什么会拜伏在商品面前,对它顶礼膜拜呢?

齐泽克认为,这源于主体的某种误认。要说明这个问题,还必须联系马克思有关商品拜物教的论述。一方面,马克思在早期的《1844 年经济学哲学手稿》以及在后来的《资本论》中,都指出了商品社会中的"拜物教"现象及其虚幻特征,即商品拜物教的产生是作为主体的人匍匐在自己的创造物面前,对它顶礼膜拜,然而却浑然不知;另一方面,由于马克思哲学强烈的无产阶级特征及其革命性,即它是为无产阶级争取自己的解放而提出的革命理论,所以马克思自然就得出这样的结论,即作为革命主体的无产阶级必然能克服自己在商品拜物教面前的"异化"状态,完成无产阶级的历史使命,实现自己的解放和全人类的解放。

对马克思主义的这一基本观点,齐泽克并不完全赞成。齐泽克从拉康的精神分析的视野出发指出,任何主体,包括作为革命主体的无产阶级本身,同样也难以摆脱商品拜物教的虚假幻象。其主要原因是商品拜物教产生的根源是某种难以消除的症候性的误认,这一误认构成了商品社会中的主体的根本特征。在这一问题上,齐泽克将拉康的精神分析学说与马克思主义的意识形态批判理论结合在一起,以拉康的"症候"概念为核心,构建了其意识形态的大众文化批判理论。那么,齐泽克究竟是如何结合症候概念来分析商品拜物教这一概念的呢?

从精神分析和存在论的视角看,症候是一种"有",是一种凸显的现象;然而,它又是一种不为主体自身所觉察的"有"或现象。症候是拉康从弗洛伊德的精神分析理论那里借来的概念,但拉康又对之作了改造。从语词的角度分析,症候是一个医学上的用语,症候是某一个个体或有机体出现的不协调、不一致的现象,如当一个人感冒生病时,会出现头疼、发热、流鼻涕、打喷嚏等症状,这些现象就习惯地被称为症候。然而,精神分析学意义的症候虽然借自于医学,但并不完全等同于一般病理学意义上的症候概念。就医学病理学而言,一个人出现发烧、头痛等症候,可能是患感冒的前提表现,但也可以是其他病症的表现,病人虽然并不知道自己所患何病,但病人是完全能感知到自己的症候的。然而,对精神分析学而言,症候虽然构成了主体的典型特征,甚至它就是主体本身,但病人对此症候却浑然不知。在拉康的精神分析理论中,一位神经症患者对自己的症候通常是一无所知的,这就像商品社会中个体身陷拜物教之中而浑然不知,甚至自得其乐一样。主体对自己的症候浑然不知的状态就构成了主体本身的一致性、完美性和协调性。主体身处自身的症候中,并享受着自己的症候,与自己的症候融为一体。一旦主体意识到自身的症候现象,那么,症候就不成为其症候,就自动消解了。但这并不意味着症候的消失,因为一种症候的消解意味着另一种症候的降临。换句话说,症候与主体是永远相生相伴、不可分离的。拉康认为,没有主体的症候与没有症候的主体都是不可想象的。症候的彻底消失也就意味着主体的死亡。因此,症候构成了主体的难以察觉的显性特征。商品拜物教如此,作为对社会存在的某种虚假认知的意识形态也是如此。齐泽克将症候的这一特征概括为:症候"形式的一致性暗含了主体对其的'无知';只有在主体没有掌握这种逻辑之前,主体才能'享受其症候',否则,它阐释上的成功之日,就是其解体之时"①。

　　齐泽克对症候的理解源于拉康,而拉康的症候概念不仅来自弗洛伊德,而且也吸收了马克思有关商品拜物教的分析。拉康曾说过,马克思发明了症候。由此可见,拉康非常看重马克思有关商品拜物教和剩余价值概念的分析。他在其讲习班上曾指出,马克思剩余价值概念的确为症候概念的提出铺平了道路。那么,齐泽克又是如何将商品拜物教与拉康的精神分析结合起来的呢?

　　有关商品拜物教的分析,齐泽克将马克思从内容到形式的这一转换类比于弗洛伊德对梦的解析,即从对梦的内容的解析转向梦本身形式的分析。齐泽克说:"马克思的阐释程序和弗洛伊德的阐释程序,更确切地说,马克思对商品的分析和弗洛伊德对梦的解析,二者之间存在着基本的同宗同源关系。在这两种情形下,关键在于避免对假定隐藏在形式后面的'内容'的完全崇拜性迷恋:通过分析要揭穿的'秘密'不是被形式(商品的形式、梦的形式)隐藏起来的内容,而是这种形式自身的'秘密'。"②

　　齐泽克进一步解释说,在弗洛伊德有关梦的解析中,"从隐梦向显梦的转换过程值得我们特别注意,因为它是我们所知道的精神材料由一种表达方式向另一种表达方式转变的首要事实,是从一种我们能够立即理解的表达方式向一种我们需要通过努力和指导才能理解的方式的转换,虽然这种转换过程也必须被认为是我们的心理活动功能之一。"③这里,弗洛伊德所说的从隐梦到显梦可分为三种类型:第一类是那些具有意义而且同时可以理解的梦;第二类是虽然自身是连贯的而且具有某种明显的意义,但却同时令人迷惑不解的梦;第三类是既没有意义又不可理解的梦。我们所做的梦大多数都属于第三种。那么,这种既没有意义且又不可理解的梦是否归属于弗洛伊德精神分析研究的内容呢? 弗洛伊德的回答是肯定的。因为对这种不可理解的梦的解析

---

　　① Slavoj Žižek, *The Sublime Object of Ideology*, London and New York: Verso, 1989, p.21.

　　② Slavoj Žižek, *The Sublime Object of Ideology*, London and New York: Verso, 1989, p.15.

　　③ [奥]西格蒙德·弗洛伊德:《释梦》,车文博主编,长春出版社2004年版,第392页。

构成了精神分析的主要任务。弗洛伊德认为,"在本质上,梦不过是思维的一种特殊形式,只是在睡眠状态的条件下才有可能发生。正是梦的工作创造了思维的这种形式,做梦过程的实质就是梦的工作——即对它的独特性质的解释。"①这样,弗洛伊德就将梦主体的思维形式联系了起来,不管主体所做的梦究竟属于哪一种,通过做梦本身体现了主体的思维形式及其特质。这就是精神分析耗神费力地去释梦的缘由。当然,无论怎样的分析,释梦都离不开梦文本本身,即梦的作品,否则就没有梦的形式,即主体的形式了。这里,弗洛伊德所说的思维形式具有怎样的特征呢? 通过精神分析理论的诸多概念,如凝缩、移情、重复和压抑的分析,弗洛伊德试图指出,"我们既已经建立起压抑概念,并揭示了梦的伪装与被压抑的精神材料之间的关系,因此能够就通过梦的分析而得出的基本发现作出一般的说明。"②这一说明就是,"梦的内容是愿望满足的表现,而它的模糊性是因稽查作用造成的被压抑材料的改变。"③这就是梦的功能或运行机制,或曰形式。更进一步,弗洛伊德有关梦的这一功能或运行机制直接指向了性欲望。他说:"任何接受稽查作用是梦的伪装的主要原因这一观点的人,都不会对释梦的一个结果表示吃惊,即成人的梦通过分析,大多可以追溯到性欲愿望。"④

　　至此,弗洛伊德的精神分析工作所揭示的是脱离了具体内容的梦的运行机制的分析。这一分析是分两个步骤进行的:第一步是把梦作为一个有意义的文本,而不是作为一个杂乱无章的东西来对待。只有这样,才能对梦进行解析。第二步是在对梦的文本进行分析时,不是纠缠于梦文本之后所隐藏的深层意义,而是通过对那些看似杂乱无章的梦文本的解析,发觉其中梦的运行机制及其特征,即梦是受到稽查之后一种受到压抑的表现形式,这一形式直接或

①　[奥]西格蒙德·弗洛伊德:《释梦》,车文博主编,长春出版社 2004 年版,第 318 页。
②　[奥]西格蒙德·弗洛伊德:《释梦》,车文博主编,长春出版社 2004 年版,第 408 页。
③　[奥]西格蒙德·弗洛伊德:《释梦》,车文博主编,长春出版社 2004 年版,第 410 页。
④　[奥]西格蒙德·弗洛伊德:《释梦》,车文博主编,长春出版社 2004 年版,第 413 页。

间接地通向做梦者的性欲望。如此,精神分析就将做梦与主体的思维方式,与主体所遭受的压抑,最终与主体的性欲望等关联了起来。尽管弗洛伊德因其生物主义的"泛性论"而"臭名昭著",但精神分析仍被世人公认为人文科学领域内的"哥白尼革命"。

　　齐泽克认为,弗洛伊德的梦的解析如此,同样,马克思有关商品交换形式的分析也是如此。资本主义的最普通的商品,看上去极其简单而平凡,然则并不一般,并且具有神秘特性。这种神秘性既不是来源于商品的使用价值,也不是来源于商品的交换价值,而是归因于商品的形式,即它可交换的形式本身。任何一件物品,只要其进入交换领域,该物品就会脱离其具体的使用功能,进入其形式或符号的阶段。物品脱离其具体的使用价值或具体的内容进入交换形式的这个过程,正是《资本论》分析的主要内容,也是其提出商品拜物教和剩余价值学说的源泉。马克思在分析商品交换时,也是通过两个步骤来发现商品交换形式的秘密的。第一步是针对某件商品的价值,马克思发现了该商品价值并不是随意的和偶然性的,而是受制于其中所蕴含的社会劳动,而社会劳动又取决于社会劳动时间,也就是说,商品价值是受劳动时间所决定的。这是政治经济学的基本常识,任何对《资本论》熟悉的人都知道马克思的这一结论。但这仅仅是第一步,因为古典的政治经济学家,如李嘉图等也发现了商品背后所隐藏的社会劳动时间,他们也发现了纷繁复杂的表面的价格背后的秘密,即价格受制于价值,而价值又是由劳动时间所决定的。正如恩格斯《在马克思墓前的讲话》中所说的那样:马克思最伟大的发现并不是发现了社会劳动时间,而是将社会劳动时间区分为社会必要劳动时间与剩余劳动时间,而剩余价值则来源于剩余劳动时间。但这一点并不能否认马克思对商品交换形式的秘密的探究,因为整部《资本论》都是围绕着资本主义社会的基本细胞——商品而展开的。换句话说,19世纪的马克思也敏锐地发现了资本主义社会中最为普通的商品及其交换背后隐藏着诸多的秘密,这就涉及马克思商品分析的第二个方面,也即第二步。

二、商品拜物教中的抽象形式与实用理性

马克思对商品分析的第二步是看到了商品形式背后存在着某种"超感觉"的形式,也即商品交换的神秘形式。这种谜一般的形式就是某种貌似于"客观存在"的"无意识"的形式。如果将这种无意识的形式具体化,那么,它就体现为商品拜物教。因为正是拜物教,正是人们对交换中的商品的无意识的崇拜,才使得人们得以采取"无意识"的形式进行商品交换。如果按照商品价值受制于劳动时间的分析,那么,现实社会中从事商品交换的人们将是一个纯粹的经济"理性人",人们工于算计商品的价格或价值,以及商品交换中的盈亏,等等,这种经济"理性"根本不可能导致拜物教的产生。因此,当我们谈论商品交换形式的"秘密"和"拜物教"时,显然是不同于经济"理性"的意义而言的。对此,齐泽克指出,马克思对商品形式所作的精彩分析,是对商品形式的无意识进行了分析。这种分析为研究一切"拜物教式的倒置"提供了基体。① 也就是说,马克思对商品形式所作的无意识分析,成为研究一切拜物教、物化现象、意识形态的模本。马克思指出,生产者同总劳动的社会关系被当作生产者之外的物与物之间的社会关系,经由这样的转换,劳动产品成了商品,商品则成为凌驾于人之上的神秘存在。马克思所谓的"可感觉而又超感觉的物",其实已经触及了凌驾于物品具体内容之上的商品交换形式,也即齐泽克所谓的交换形式的神秘性特质。这是马克思不同于古典政治经济学家的地方。

这里,必须注意从具体的功能或内容进入交换领域的过程中所发生的一个抽象过程,这一过程不同于第一个抽象,即商品价值受制于社会劳动时间的规定。这是商品进入流通领域之后所发生的第二次抽象,它是在悄无声息的

---

① ［斯洛文尼亚］斯拉沃热・齐泽克:《意识形态的崇高客体》,季广茂译,中央编译出版社2002 年版,第 22 页。

"超感觉"基础上完成的"拜物教"的转换。"超感觉"一词恰好意味着第二次抽象的神秘性和先验特性。正是在第二次的抽象过程中,马克思敏锐地发现了商品进入流通领域所发生的这一转换。可以说,马克思的这一发现是伟大的,但囿于19世纪资本主义商品经济发展的水平及其现实,马克思并没有对此进行深入研究。他虽然提出了商品流通中存在的拜物教现象,但这一现象的运作机制如何,马克思并没有给出详细而明确的答案。马克思在《资本论》中并没有回答物品进入流通领域中转换为符号所引发的符号价值问题,特别是货币作为一个特殊的符号而引发的价值问题。对此,齐泽克也表示完全认可。他说:

> 在这里,我们接触到马克思尚未解决的一个问题,即货币的物质属性问题:货币不是由经验的、物质的材料制成的,而是由崇高的物质制成的,是由其他"不可毁灭和不可改变的"、能够超越物理客体腐坏的形式制成的。……这种躯体之内的躯体的非物质的肉体性,为我们提高了崇高客体的精确定义,也正是在这个意义上,精神分析理论的货币观才是可以接受的——假定并没有忘记,这个崇高客体的假象性的存在是如何地依赖象征秩序(symbolic order):不可毁灭的、免于毁损和毁坏的'躯体之内的躯体',总是由某种程度的象征权威的保证来支撑的。①

这里,齐泽克提到作为特殊符号的货币的两个特征:其一是货币的崇高特征,其二是这一崇高客体的存在是建立在象征秩序的基础上,是由象征秩序来保证的。换句话说,如果没有象征秩序的确保,货币的崇高特性,即其"不可毁灭和不可改变""能够超越物理客体腐坏的形式制成"将荡然无存。作为特殊符号的货币如此,那么,商品交换中的符号是否也具有如此的特性呢?

对此的回答是肯定的。如果说金钱拜物教是由于金钱或货币具有的特殊

---

① [斯洛文尼亚]斯拉沃热·齐泽克:《意识形态的崇高客体》,季广茂译,中央编译出版社2002年版,第25页。

的地位,那么商品拜物教的产生也缘于商品所具有的特殊地位。有关消费社会
中的符号价值及其属性问题,法国学者鲍德里亚在其《符号政治经济学批判》中
对之进行了深入而详细的研究。我们不在此详述,只就齐泽克提到的另一位德
国学者雷特尔有关商品形式的分析,来看一下其中所蕴含的商品无意识。

　　雷特尔认为商品交换中包含了双重的抽象:其一是来自商品的可变品性
的抽象,它发生在商品交换的行为中;其二是来自商品具体的、经验的、感性
的、特殊的品行。在商品交换行为中,商品被化约为抽象的实体,不论它的特
殊本性及其“使用价值”如何,该实体与它交换的商品都具有“同等价值”。①
从发生学的角度看,雷特尔指出,针对着某一单个主体而言,商品的这种双重
抽象并不是后天的,而是先天的。也就是说,在主体形成其意识之前,商品交
换的形式的抽象性或神秘性就存在了。它不仅独立于或先于主体,而且也先
于自然科学知识。这并非说商品交换形式是某种独立于意识的“客观存在”,
而是说,相对于人类所获得的科学知识,商品交换是更为基本、先验的形式抽
象活动,是经验之前的某种更根本的本体性的形式活动,它构成了科学认知和
其他人类学说的基础。雷特尔在此要表达的是,在商品的交换过程中存在着
一种真正的抽象,这种抽象的发生是针对商品交换中的主体而言的。也就是
说,在商品交换活动中存在着某种悖论:参与纷繁复杂的商品交换的主体表面
上看完全是一个理性的主体,然而,在实际的交换活动中,他们奉行的是一种
实用的唯我主义的策略,每个交换者都是从自己的目的出发来参与商品交换,
并完成交换行为的。也就是说,在现实的商品交换中,根本不存在“利他主
义”的交换行为。如果说有,那么,这种利他主义的交换行为也是偶然性的,
并不具有任何的代表性和普遍性。然而,在每个参与者实际的交换行为背后
却存在着某种不为参与者所知的“真正抽象”,它是某种比理性主体更为基本
的“抽象”。这一“真正的抽象”活动中似乎具有某种本体论的地位,也即它预

---

① ［斯洛文尼亚］斯拉沃热·齐泽克:《意识形态的崇高客体》,季广茂译,中央编译出版社
2002 年版,第 23 页。

设了某种先验的本体论。那么,这种本体具有怎样的特性呢?

首先,这种本体假定不是那种经济理性的假定,不是亚当·斯密所说的暗中操控着自由市场经济活动的那只"看不见的手"。他在《国民财富的性质与原因的研究》(简称《国富论》)中提出了一个著名的命题,简称"看不见的手",是一个隐喻,它用来指经济活动中自由经济市场的自动的调节性能力或力量。顾名思义,"看不见的手"显然独立于个体的经济活动之外,并可以"自由地调节"市场的经济行为,所以,"看不见的手"的调节功能在于它能产生良好的社会秩序。斯密将这只"看不见的手"描述为一种自然的、神秘的看不见的"客观力量",也就是客观的经济规律。与斯密所谓"看不见的手"相类似,雷特尔有关商品交换中的"真正抽象"也是看不见的,躲在商品交往的背后,甚至可以说它处于思想达到纯粹的抽象以前;然而它却并不是某种"客观存在",不是某种客观规律,它并不独立于商品交换者的意志和行为,而是与主体的思想和行为密切相关。但又不能将这种神秘的交换形式等同于交换者个人的行为及其意志。这是它与斯密那只"看不见的手"的根本差异。

其次,这种本体假定是建立在商品交换中"先验主体"的基础之上的。之所以这样说,乃是由于必须在康德先验哲学的基础上来理解先验主体与商品交换中的"真正抽象"之间的关系。换句话说,商品交换中的"真正抽象"是建立在"先验主体"的基础之上。如果没有先验主体的存在,也就谈不上交换中的"真正抽象"了,更谈不到"真正抽象"的存在了。这是理解商品交换中所发生的"真正抽象"的关键所在。雷特尔说:"用康德的话来说,'自我—意识的先验统一'本身是对某种交换抽象成分的智识反思,是所有之中最基本的抽象,是由货币整体(unity)和社会综合所支配的商品可交换性的形式。我把康德的'先验主体'界定为货币资本功能的拜物教概念。"①

对于商品交换形式与康德先验哲学之间微妙而复杂的关系,雷特尔并非

---

① Alfred Sohn-Rethel, *Intellectual and Manual Labor*, London and Basingstoke: The Macmillan Press LTD, 1978, p.77.

一蹴而就的。他曾经谈到,这个问题曾令他劳神费时。"由于集中思考,几近癫狂,所以,我忽然彻悟到,在商品结构的最核心处,有可能发现'先验主体'(transcendental subject)。"①这里还有一个小插曲。雷特尔在其《脑力劳动与体力劳动》一书的前言中说道,当他提出商品交往中蕴含着某种先验主体的时候,有些人认为他是个疯子,要么是得了神经病,当然,并没有人告诉他这一点。正是这一思考,使他发现在商品交换中有可能发现一个先验主体。因为"商品形式预先包含解剖结构,即康德的先验主体的构架,也即先验范畴网络,它构成了'客观'科学知识的先天(priori)框架"②。我们知道,在纯粹理性批判中的感性和知性部分,康德主要探讨的是认知主体的能动结构。在康德的先验哲学中,先验形式和先验范畴是主动的部分,它们构成了先验主体的基本框架;而感性材料则是被动的部分,它们构成了先验主体统摄的内容。所以康德先验主体强调的是主体的某种先天结构,即先天的时空结构和知识的先验范畴形式。推而广之,当雷特尔说商品形式预先包含了康德的先验主体的构架时,我们就知道其所意蕴的含义了。在此,雷特尔无非想强调如下几个方面:(1)在人们的日常商品交换形式中,由于潜在的形式结构的"先天性",即类似于康德所谓的主体先天的时空结构和范畴,所以,主体是主动的、积极的,而商品或物品本身则是被动的;主体的主动性构成了"商品拜物教"的基础。但是,这种"主动性"却是某种特殊的主动,它不是康德意义上的理性主体,但却具有某种"先天"的能力,某种越过具体的商品本身,直接进入交换形式的"先天性"。(2)这种先天性体现在商品交换中的抽象,主体会越过商品的使用功能及其具体特性而专注于交换形式本身,即交换中的商品似乎具有某种神秘的魅力或神秘特性,它似乎游离于其具体的物理特性和物质性的用途之

---

① Alfred Sohn-Rethel, *Intellectual and Manual Labor*, London and Basingstoke: The Macmillan Press LTD, 1978, p.preface: xiii.

② [斯洛文尼亚]斯拉沃热·齐泽克:《意识形态的崇高客体》,季广茂译,中央编译出版社2002年版,第22页。

外,它既没有诞生,也不会有死亡,它会永久存在下去。主体对商品所拥有的这种"神秘"感觉,就是雷特尔所谓的主体的"真正的抽象",也即先验主体的架构。(3)商品交换形式的这种"神秘"之感,既不具有亚当·斯密所谓"看不见的手"那样的客观特征,也不是唯心主义的纯粹主体感觉,而是一种类似于康德的"先验主体"所能把握的神秘形式构架。但这种神秘构架又不为主体所知,就像先天的时空形式或因果范畴不为康德的主体所意识到,但其却无时不在与之打交道,用之以整合感性材料一样;同样,在商品交换中发生的这种"真正抽象",商品交换的参与者对之并没有明确的意识,它介于"无形与有形"之间:如果说它"无形",那么,它在现实社会中就体现为商品拜物教或货币拜物教;如果说它"有形",那么,它其实又是某种难以把握的"神秘"的形式。换句话说,商品拜物教仅仅是它的呈现的一种外在表现形式。在诸多时候,它隐遁于那种看不见的神秘无形之中。概而言之,它又与主体须臾不离,形影相随,但却不为主体所感知。从解剖学和发生学的角度分析,它构成了先验主体的一部分,所以它不为主体所知。那么,它究竟是什么呢?运用拉康精神分析的术语,它就是包含在商品交换活动中的"多余"或"剩余"之物,一种看不见、摸不着的"剩余"形式。

最后,这种本体假定具有一种"无意识"的特征,即它是"商品交换中的无意识"。这种"真正的抽象"是一种无意识的假定(postulate),是一种无意识的本体设定。齐泽克认为,这种无意识的本体假定与上述弗洛伊德所谓的梦的无意识活动具有完全类似的关系。这种无意识不是发生在具体的商品交换活动中,而是隐藏于商品交换活动的形式中,或者说,它就是交往形式本身。它构成了不同于商品交往活动的另一番场景。因此"无意识的本体地位是持续于'另一场景'的意指链,这是令人吃惊的:'真正抽象'是先验主体的无意识,是客观—普遍的科学知识的支撑物"[①]。那么,这种无意识是如何形成的呢?

----

① [斯洛文尼亚]斯拉沃热·齐泽克:《意识形态的崇高客体》,季广茂译,中央编译出版社2002年版,第22页。

答案是,它建立在被化约为抽象实体的商品与作为总体的商品的有用性之间的张力的基础上。具体而言,它具有如下特性:

其一,商品是一种被化约为抽象的实体,这种实体的极端体现就是货币,或货币拜物教。按照黑格尔有关实体的规定及其特性,实体本身就是那种具有共相和抽象属性的东西。通常人们所谓"视金钱如粪土",以及"有钱能使鬼推磨"等谚语,都是商品被视为实体的体现形式。具体而言,商品被化约为抽象的实体来源于马克思的《资本论》。《资本论》虽然是以分析资本的产生及其运行规律为目的,但从逻辑角度看,资本并不能构成马克思《资本论》论证的起点,因为资本本身也是需要论证和说明的。只有商品才构成了资本主义社会中最抽象的东西,它构成了资本主义的细胞。马克思在《资本论》第1卷一开头就写道:"资本主义生产方式占统治地位的社会的财富,表现为'庞大的商品堆积',单个的商品表现为这种财富的元素形式。因此,我们的研究就从分析商品开始。"①这里,"财富的元素形式"就是"抽象"形式的代名词而已,它具体体现为商品的二重性,即商品的使用价值与交换价值。我们看一下马克思是如何论述商品的抽象特征的。马克思说:"最初一看,商品好像是一种简单而平凡的东西。对商品的分析表明,它却是一种很古怪的东西,充满形而上学的微妙和神学的怪诞。就商品是使用价值来说,不论从它靠自己的属性来满足人的需要这个角度来考察,或者从它作为人类劳动的产品才具有这些属性这个角度来考察,它都没有什么神秘的地方。很明显,人通过自己的活动按照对自己有用的方式来改变自然物质的形态。"②

马克思以木头制成桌子为例,制作桌子的木头依然还会是原来的木头,然而,一旦它被人加工成为桌子,虽然它还是一个普通的可以感觉的物,"但是桌子一旦作为商品出现,就转化为一个可感觉而又超感觉的物。它不仅用它的脚贴在地上,而且在对其他一切商品的关系上用头倒立着,从它的木脑袋里

① 《马克思恩格斯文集》第5卷,人民出版社2009年版,第47页。

② 《马克思恩格斯文集》第5卷,人民出版社2009年版,第88页。

生出比它自动跳舞还奇怪得多的狂想。""可见,商品的神秘性质不是来源于商品的使用价值。这种神秘性质也不是来源于价值规定的内容。"①那么,这种神秘性究竟来自哪里呢? 马克思认为来自商品形式本身:"人类劳动的等同性,取得了劳动产品的等同的价值对象性这种物的形式;用劳动的持续时间来计量的人类劳动力的耗费,取得了劳动产品的价值量的形式;最后,生产者的劳动的那些社会规定借以实现的生产者关系,取得了劳动产品的社会关系的形式。""可见,商品形式的奥秘不过在于:商品形式在人们面前把人们本身劳动的社会性质反映成劳动产品本身的物的性质,反映成这些物的天然的社会属性,从而把生产者与总劳动的社会关系反映成存在于生产者之外的物与物之间的社会关系。由于这种转换,劳动产品成了商品,成了可感觉而又超感觉的物或社会的物……。相反,商品形式和它借以得到表现的劳动产品的价值关系,是同劳动产品的物理性质以及由此产生的物的关系完全无关的。这只是人们自己的一定的社会关系,但它在人们面前采取了物与物的关系的虚幻形式。因此,要找一个比喻,我们就得逃到宗教世界的幻境中去。在那里,人脑的产物表现为赋有生命的、彼此发生关系并同人发生关系的独立存在的东西。在商品世界里,人手的产物也是这样。我把这叫做拜物教。劳动产品一旦作为商品来生产,就带上拜物教性质,因此拜物教是同商品生产分不开的。""商品世界的这种拜物教性质,像以上分析已经表明的,是来源于生产商品的劳动所特有的社会性质。"②

在上述这段我们非常熟悉的话中,至少可以得出如下结论:(1)劳动产品一旦变为商品,就具有神秘的形式;其神秘性就表现为它变"成了可感觉而又超感觉的物或社会的物"。(2)这种神秘形式源于其中所包含的社会劳动,也即劳动价值,这也就是我们经常提到的马克思有关劳动价值论的思想。(3)在商品社会中,这种劳动价值只能通过商品交换的形式才能实现,即只能通过

---

① 《马克思恩格斯文集》第 5 卷,人民出版社 2009 年版,第 88 页。
② 《马克思恩格斯文集》第 5 卷,人民出版社 2009 年版,第 89—90 页。

"物"的形式,也即商品交换的形式来实现,因此,人与社会之间的关系,即与"总劳动的社会关系",就转换为物与物之间的社会关系。(4)物与物之间的关系是一种"虚幻形式",它以"拜物教"的形式出现。这种关系类似于人与宗教信仰的关系。这里,马克思明确地把拜物教的特性归因于商品生产的劳动的特性,也即劳动的价值,只不过,它在商品交换中,采取了颠倒的形式,即以拜物教的形式运行。这就是商品的抽象性和实体特征。

其二,商品形式的无意识。至此,人们自然会问,雷特尔有关商品形式抽象性的论述,比马克思有关商品拜物教的描述有何高明之处呢? 要回答这个问题,还得看他是如何描述的。雷特尔说:"谈到交换的抽象性,我们必须小心翼翼,不要把这个概念运用到交换行为者的意识之中。人们认为,交换行为者关注的是他们所看到的商品的用途,其实他们所关注的仅仅是他们的想象。真正抽象的是交换行为,而且仅仅是交换行为。"[1]

雷特尔在此强调的是,交换的抽象性与商品交换的参与者本人并不相关,这些人当然关注商品的用途,但其实他们被他们的想象所控制,而意识不到他们的交换行为本身。就如去自由市场或去商店购买一件衣服,购买者所关注的无非衣服的价格,以及它是否适合自己及其穿戴的效果如何。除此之外,他们并不关注。所以,"当交换行为发生时,交换行为的抽象性并不为人注意,因为交换行为的发生仅仅是由于行为者的意识被交易所占据,此时他们关注的是与物的用途相关的事物的经验表象。人们可能会说,他们行动的抽象性是参与者自己认识不到的,因为他们的意识就是那样运作的。如果人们意识到了抽象性的存在,他们的交换行为就会终止,抽象本身也会无从谈起。"[2]因此,人们只关注买卖本身,关注经验层面的用途、价格、好坏、是否物有所值,等

---

[1]　Alfred Sohn-Rethel, *Intellectual and Manual Labor*, London and Basingstoke: The Macmillan Press LTD, 1978, p.26.

[2]　Alfred Sohn-Rethel, *Intellectual and Manual Labor*, London and Basingstoke: The Macmillan Press LTD, 1978, p.27.

等,每个参与者都是典型的实用唯我主义者。至于这一买卖本身背后的抽象意义,其是否具有更多社会意义,等等,根本不在他们的考虑之列。所以,商品交换中的行为与思维是分离的,他们的行为本身带有社会性,而他们个人的想法完全是利己主义的行为。

至此可以说,虽然马克思也强调商品社会中商品形式的抽象性,强调商品是"可感觉而又超感觉的物或社会的物",但马克思最终是将商品交换的神秘形式归因于社会劳动,也即劳动价值;劳动价值论,既是马克思政治经济学理论的精华,也是雷特尔不同意马克思的关键之点。因为对价值,特别是对劳动的价值的肯定与否,构成了马克思与其之后的西方马克思主义学者和其他西方经济学家的分水岭。众所周知,法国学者鲍德里亚正是以反对马克思主义的劳动价值论而闻名的。他在其著名的《符号政治经济学批判》中提出了"符号价值"而与马克思的"劳动价值"相对立;不仅如此,他在随后的《生产之镜》和《象征交换与死亡》中,进一步强化了其反劳动价值论的立场。同样,在这一点上,归属于法兰克福学派的雷特尔也不完全认可马克思的劳动价值论,转而强调马克思提到但并没有完全发挥的商品交往的"神秘形式"。雷特尔并没有停滞于马克思有关劳动价值的分析,而是看到了商品作为实体的特性,即商品交换拥有一种形式上的虚空特征。那么,这种虚空的特性是如何形成的呢? 或者说,商品为什么在交换中可以被化约为"抽象的实体"? 雷特尔指出了抽象发生的具体环节,即在商品交换行为中发生了抽象,当"真正抽象"发生时,出现了人们的思维与行为的分离,行为是社会性的,即具有社会意义和价值,而思维是个体的,自私自利。这一点很重要,正是思维与行为的分离,正因为思维的自私自利性,才有可能使个体匍匐在商品面前,才有可能形成拜物教。雷特尔在此点上既与马克思类似,又有差异。他说:"为了论证我的观点,必须确立如下三点:(1)任何商品交换都是抽象之源泉;(2)这一抽象包含了对概念思维的认知性能至为重要的形式成分;(3)交换中运作的真正的抽象导致了某种理念的抽象(ideal abstraction),它构成了希腊哲学和现代哲学的基础。"①

也就是说,在商品交换中,人们的思维始终处于悖论之中:一方面,交换行为本身告知参与者,可以不理会商品的具体用途和性能,仅仅关注其是否能够被"交换"就足够了,这是商品被化约为实体的根源,也是人们最终追求作为形式的货币的根源;另一方面,参与者本人真切地感受到,他们之所以参与交换行为,是因为他们离不开该"商品",它不但能满足他们的日常需要,而且拥有巨大的威力和魔力。如此,就出现了交换行为参与者在其交换行为与思维之间的分离,交换行为本身的形式抽象性与参与者思维的非抽象性奇怪地结合在了一起。雷特尔说道:"当交换把用途从人的行为中排除出去时,它却并没有将它从人的思想中赶出去。交换参与者的思维不得不被促使其实施交换的目的所占据。因此,当交换行为应当从用途中抽象出来这一点是必须的时,另一点,即思维却无需抽象也是必须的。交换行为本身是抽象的。结果,参与者交换行为的抽象性就规避了人们进行交换的思想。在交换中,行为是社会性的,观念则是私人性的。因此在交换中,人们的思维与行为是分离的,所走的道路也不同。"②

这就是说,交换中人们自私的思维与交换行为的分离是导致商品拜物教产生的根本原因。正由于人们的自私性和利己性,人们拼命地购买商品,追求金钱,崇尚商品消费或奢侈消费,被商品和金钱牵着鼻子走,人们根本意识不到自己早已是商品拜物教的奴隶了。这是导致商品拜物教产生的根本原因。这一点就像宗教崇拜中人们拜倒在自己所创造的"神"的面前,对它顶礼膜拜,然而却浑然不知一样。这就是商品交换形式的无意识。这种无意识形式恰如弗洛伊德有关梦的无意识结构和功能一样。雷特尔的贡献在于以康德的

① Alfred Sohn-Rethel, *Intellectual and Manual Labor*, London and Basingstoke: The Macmillan Press LTD, 1978, p.28.

② Alfred Sohn-Rethel, *Intellectual and Manual Labor*, London and Basingstoke: The Macmillan Press LTD, 1978, pp.28-29.

先验主体范畴来重新诠释商品交换中的无意识现象。宛如康德的先验主体对自身所拥有的时空结构形式、因果和必然性等范畴浑然不知而进行思维判断那样,商品交换的无意识恰好构成了先验主体的框架,也即雷特尔所说的,康德的先验主体就体现为货币资本功能的拜物教概念。这就是商品交换中"真正抽象"的意义所在。雷特尔的研究从另一方面证实了商品交换与人的无意识的密切关系。

三、重新发掘马克思商品拜物教 理论的当代价值

如果说在商品交换中出现了抽象形式与主体的实用理性的分离,那么同样,在人们的日常生活中,指导人们行动的理性与现实生活中的无意识不也恰好构成了某种难以弥合的张力,并成为精神分析所研究的对象吗? 至此,症候概念就成为齐泽克用以分析商品拜物教的核心概念。症候是拉康后期思想中的一个重要概念,限于篇幅,在此不能详述。齐泽克正是在此基础上将商品拜物教与拉康的症候概念关联了起来。他说症候是这样一个概念,"它的一致性暗示了对主体的非知的一种构成;主体可以'享受他的症候。'"[1]具体到商品交换中,人们在商品交换中的行为折射了主体的非知状态,主体不仅难以摆脱这种非知的结构,而且也乐于享受其所呈现出来的症候,即拜物教。

与人们所熟知的如下观点,即资本主义的生产关系是通过物与物的关系折射了人与人之间的关系不同,齐泽克认为,商品拜物教恰好彰显了资本主义社会中主体的某种症候性误认:"商品拜物教的基本特色并不包括著名的以物代人('人与人之间的关系表现为物与物之间的关系的形式');相反,它包括了这样的误认,即它涉及结构化网络与其成分之间的关系:真正的结构效

---

① Slavoj Žižek, *The Sublime Object of Ideology*, London and New York: Verso, 1989, p.21.

果,即各种构成成分之间的关系网络的效果,表现为某一成分的直接特性,就好像这个特性也属于在与其他成分关系之外的某一成分。"①

齐泽克的这段话非常晦涩,它是在一种更广的意义上来谈论拜物教及其在主体身上折射出来的特征。如果仅仅停留于通常所谓的资本主义社会商品拜物教的特征之上,仅仅认为拜物教是通过物与物的关系反映了其背后的人与人的关系,那么,这一认识并没有什么特别之处,也难以完全理解齐泽克上述论述。齐泽克旨在说明,商品拜物教其实涉及了结构化网络或关系范畴,与该网络或关系之外的某个成分之间的特殊关系。只有聚焦于关系网络之外的某个成分的直接特性,才有可能真正理解商品拜物教。而这个关系网络之外的某个成分,恰好是个"多余"或"剩余"之物,它既处于商品交换的形式之中,又处于商品交换这个关系网络之外。正是这种"剩余",才导致人们对资本主义社会的最普通的商品顶礼膜拜,并形成了拜物教。当然,拜物教呈现为各种各样的形式,绝不仅限于商品拜物教。只不过在资本主义社会中它典型地呈现为商品形式的拜物教而已。

这样说,并非竭力推崇拉康和齐泽克,否认马克思有关商品拜物教的现代意义。其实,齐泽克的论述正是建立在马克思《资本论》中有关商品交换的"神秘性"或"可替代性"的特征之上。正如拉康强调他是在马克思剩余价值基础之上提出了剩余快感这一精神分析的核心概念一样,齐泽克也指认了马克思在《资本论》中对症候的分析。众所周知,马克思在《资本论》中指出,在商品交换中,例如说商品 A 求助于商品 B 来表现自己的价值。这样商品 B 就成了 A 的等价物。这就如同是商品 A 的表象一样,商品 B 一方面认同 A,另一方面也是它的对立物。这里,B 实际上已成为商品 A 的症候。那么,这里的问题是,作为 A 的等价物的 B,为什么实际上就已成为 A 的症候呢?这个问题也是理解商品拜物教的关键。在此,齐泽克巧妙地将"成为等价性"引申至

---

① Slavoj Žižek, *The Sublime Object of Ideology*, London and New York: Verso, 1989, pp.23—24.

A 与 B 的关系之外的某物,如此就会出现某种"拜物教式的误认"。具体到 A 与 B 的关系而言,虽然表面上 B 与 A 的这种等价关系只有放在二者的关系中才能理解,可事实上,B 身上所有的"成为 A 的等价物"的特性似乎已经成为 B 独自所有,与 A 没什么关系。这样,B 就成为一种神秘的物了。而人们如果误认了这种逻辑,以为 B 身上具有某种神秘的特性,具有某种"神秘性和超越性"的东西,那么,商品拜物教就产生了。商品拜物教就成为资本主义社会中人与人的形式的平等关系之中"拱出"的某种症候性的"误认"。

至此可以说,马克思的商品拜物教研究不仅成为观察资本主义社会人性颠倒的一面镜子,而且也构成了研究现代社会不可或缺的思维方式。拜物教不仅折射了商品社会中人的异化,而且它本身就是商品交换之神秘性的"拱出物"。推而广之,我们要问的是,除了商品交换领域存在着拜物教的现象,凡是其他脱离了具体内容的抽象交换形式中是否也存在着类似的"拜物教"现象呢? 现代宗教的复兴是否预示着"拜神"运动的重新降临,现代政治权力的运作及其愈益形式化的运作,是否也预示着拜物教在"政治领域"的症候显现呢? 全球化运动及其愈益普遍的形式化是否也会形成某种类型的"拜物教"现象吗? 还有那些我们尚未企及的未知领域。所有这些都在昭示我们,应该以某种新的视野来重新发掘马克思拜物教理论的当代价值。

第十四章　商品拜物教中的
辩证法意蕴

　　商品拜物教是马克思在《资本论》第 1 卷中研究的一个重要问题,表面上,马克思似乎不过是想透过对资本主义社会最简单的物——商品的分析,并通过对商品拜物教现象的描述,以揭示剩余价值的来源和资本主义剥削的本质,进而证明资本主义必然灭亡和社会主义必然胜利的科学结论。然而,100 多年来,人们看到,马克思对商品拜物教的研究及其意义远非止于此,一个众所周知的看法是,在《资本论》中通过对商品的分析和商品拜物教现象的描述,马克思揭示了资本主义商品社会存在于商品之中的个别与一般、抽象与具体之间的辩证关系。这一看法当然是正确的。然而,不可否认的是,这样的说法仍过于抽象、笼统和简单。因而,如何更深入地理解马克思《资本论》中有关商品拜物教的哲学意义,特别是其中所蕴含的辩证法意蕴,下面就此作一简单探讨。

一、作为物的双重意义上的拜物教

　　众所周知,马克思论述的商品拜物教的"对象"其实是资本主义社会最为普通的"物"。然而,这个最为普通的"物"却是一种"悖论"或矛盾的混合物。

它既最为常见、平凡,以致人们对它熟视无睹,甚至会加以鄙弃;然而,正是这个最平凡之物,有时候却变成了一个崇高伟大的形象,人们匍匐在其脚下,对它顶礼膜拜。在资本主义社会,这一现象表现得更为明显。马克思曾借用莎士比亚在《雅典的泰门》中的语句来讥讽资本主义社会人们对金钱和资本的顶礼膜拜:"金子! 黄黄的、发光的、宝贵的金子! 不,天神们啊,我不是无聊的拜金客。……这东西,只这一点点儿,就可以使黑的变成白的,丑的变成美的;错的变成对的,卑贱变成尊贵,老人变成少年,懦夫变成勇士。"①换句话说,在《资本论》中,马克思是在双重意义上分析商品拜物教这一典型的社会现象的,即拜物教将"世俗与崇高"融于一身,有时候它表现得俗不可耐,满身铜臭味,遭到人们的鄙弃;与此同时,它又炙手可热,人们对之趋之若鹜。其中的缘由则是由商品的特征所决定的,即马克思所谓的商品的使用价值和价值的特征。在《资本论》一开始,马克思就首先指出了商品具体的"物"的特性的一面。他说:"商品首先是一个外界的对象,一个靠自己的属性来满足人的某种需要的物。"②马克思在此所指的就是商品的有用性或商品的使用价值,这也就是作为某种特殊的物的"世俗性"的一面。然而,作为拜物教的具体化的"商品"绝不仅仅限于满足于人们的需求和欲望,它还具有另一个众所周知的特性,即交换价值或价值本身。正是商品的交换价值本身使其不同于一般之物,并被赋予了"崇高"地位。那么,商品的价值本身如何被赋予这一神秘的"崇高"地位呢?

马克思是按照如下逻辑来破解商品的神秘性的。按照马克思的分析逻辑,《资本论》其实已揭示了商品拜物教的秘密在于将人与人的社会关系变成了物与物的交换形式,即商品的秘密存在于最为普通的商品交换形式中,而商品交换形式的背后则是人类的抽象劳动。这里,马克思的分析逻辑是非常严密的:商品具有价值和使用价值;使用价值对应于具体劳动,价值对应于抽象

---

① 《马克思恩格斯全集》第3卷,人民出版社2002年版,第360页。
② 《马克思恩格斯文集》第5卷,人民出版社2009年版,第47页。

劳动。而劳动或劳动价值则又取决于劳动时间。这就是马克思劳动价值论产生的缘由。毫无疑问,按照马克思《资本论》的逻辑,商品拜物教无非是一种颠倒了的社会关系。可以说,马克思的这一分析揭示了商品拜物教产生的本质及其缘由,是相当精辟和深刻的。但问题是,人们为什么对商品拜物教这一颠倒了的社会形式视而不见、充耳不闻呢?其中必有某种隐秘的机制决定或支配了人们的大脑。对此,马克思也看到了这一点,并给出了详细的解释和回答:即商品交换形式的神秘性。

关于商品交换的神秘性,马克思想进一步说明的是,由于商品的交换形式,人们只关注商品交换的表面现象及其使用价值而忽视了商品背后所蕴含的劳动,从而将人与人的关系颠倒为物与物的关系。马克思的分析逻辑是按照层层递进、抽丝剥茧的方式而展开的。马克思是从价值分析进入价值背后的劳动分析,进而阐释拜物教的颠倒逻辑。马克思在此使用了两对范畴:使用价值和价值;具体劳动和抽象劳动。实际上,探讨价值背后的根基——劳动,并非马克思的首创,重农学派的亚当·斯密和李嘉图早就看到了商品价值中凝结着人的劳动。马克思的独特之处在于注意到了商品交换的形式特征,从而在此基础上提出了抽象劳动这一范畴,即透过现实的具体劳动看到了凝结在商品中的社会平均劳动,也即抽象劳动。抽象劳动范畴的提出是马克思劳动价值论的核心。正是基于抽象劳动范畴,马克思才得以提出与劳动相对应的社会必要劳动时间和剩余劳动时间,进而得出剩余价值来源于资本家对工人剩余劳动时间的剥夺和占有,这就是马克思剩余价值规律的来源及其本质。因此,强调形式,特别商品交换的形式及其作用,是马克思不同于重农学派的关键,也是马克思商品拜物教理论的独特魅力之所在。"可见,商品的神秘性质不是来源于商品的使用价值。这种神秘性质也不是来源于价值规定的内容。"①换言之,商品交换的抽象形式是商品这个特殊之"物"得以集卑俗与崇

---

① 《马克思恩格斯文集》第5卷,人民出版社2009年版,第88页。

高于一身的关键,这正是马克思拜物教理论的核心之所在,也是其与现代精神
分析理论的相通之处。

二、建基于实体维度上的商品拜物教

　　商品交换的形式的神秘性特征使拜物教具有某种形而上学的玄妙和秘
密。那么,如何看待商品拜物教这种形而上学的神秘性呢?

　　我们知道,商品交换中的形式构成了商品拜物教神秘性的缘由,由此,商
品拜物教具有了某种准宗教的形式和意义。当然,在严格的意义上,商品拜物
教并不是一种真正的宗教,它所崇拜的对象也不是如基督教、佛教或伊斯兰教
那样的具有某种观念性的"神",而是处于交换中的"商品"。另一方面,在准
宗教的意义上,商品拜物教则又是围绕着商品崇拜的一种"泛神论"。因为人
一旦形成拜物教的观念,尽管具体的商品形态可以变换,但人对之的崇拜却是
不变的,而且根深蒂固。因此,与一般宗教具有严格的礼仪、规则、教义、寺庙
场所等不同,商品拜物教把崇拜的对象体现为某种具体的"物"(ding)。当
然,这个物并不是一般的自然之物,而是某种特殊之物。那么,这种可交换的
最为普通的"物"具有什么特征呢? 在此,借用法兰克福学派的学者雷特尔的
话来说,这个特殊的"物"——商品,其实是一种准宗教意义上的先验之物。
这里简单地作一点哲学史的追溯。

　　从近代黑格尔有关精神的外化的观点看,毫无疑问,马克思的商品拜物教
明显地受到了黑格尔唯心主义辩证法的影响。按照黑格尔的唯心主义的逻辑
学,一切现实之物都不过是绝对精神的演化,进而外化为自然和社会现实。循
此思路,马克思所谓的拜物教的"物"首先是一个异化之物,即用黑格尔的话
来说,是人之精神的某种外化。事实上,在这一点上,马克思的确深受黑格尔
辩证法的影响,赋予了拜物教之"物"以人之精神的外化的特征,拜物教的
"物"与人的精神或观念须臾不可分离,否则,也就无所谓"拜物教"了。因为

根据拜物教一词的"fetishism"的语义学解释,"fetishism"其实就"物神",是将物神圣化了。所以,这个物并不局限于某个具体的物,它可以采取各种各样的形态,既可以是贝壳,也可以是商品,更可以是金银等贵金属的货币,等等。但无论该物具有何种形态,必须有某个具体之物来充当人的思维和精神的"外化"的载体。从这一点看,说马克思的拜物教吸收了黑格尔的辩证法的要素,一点也不为过。马克思说:"我公开承认我是这位大思想家的学生,并且在关于价值理论的一章中,有些地方我甚至卖弄起黑格尔特有的表达方式。辩证法在黑格尔手中神秘化了,但这决没有妨碍他第一个全面地有意识地叙述了辩证法的一般运动形式。在他那里,辩证法是倒立着的。必须把它倒过来,以便发现神秘外壳中的合理内核。"①当然,必须看到马克思在《资本论》中谈拜物教时,明显摈弃了黑格尔的思辨唯心主义的影子。

所以,从黑格尔的辩证法看,拜物教之物首先而且必然是一个"异化"之物,即它是由人创造出来,并反过来支配人们的东西。人一旦将其创造出来,则很快就会忘记其属性,并甘愿匍匐在其脚下,并任其驱使。由此可见,马克思的拜物教之"物"与西方马克思主义的创始人卢卡奇提出的"物化"(reification)概念颇有类似之处。众所周知,卢卡奇写作《历史与阶级意识》一书时,并没有看到马克思的《1844年经济学哲学手稿》一书,也不了解青年马克思有关异化的论述。但卢卡奇对马克思的《资本论》还是非常熟悉的。从《资本论》第1卷中有关拜物教之"物"的论述到卢卡奇所谓的"物化",其实是有着某种必然性。"物化"之物并不是一个纯粹的自然之物,而是能勾起人们欲望,并使人沉醉其中,丧失革命意志和斗争精神的"物"或商品。而卢卡奇最为忧虑的恰恰就是惧怕无产阶级会被这种"玩物丧志"的东西所腐蚀,沉醉于温柔乡之中,一蹶不振,将无产阶级革命的使命抛到九霄云外去了。而其《历史与阶级意识》一书的任务就是力图启发无产阶级的阶级"意识",并克服这

---

① 《马克思恩格斯文集》第5卷,人民出版社2009年版,第二版跋第22页。

种"物化"的侵蚀和困扰,从而继续完成无产阶级革命的事业。所以,说卢卡奇是一个黑格尔式主义者,并不完全准确;事实上,卢卡奇的"物化"和"阶级意识"不过是其对马克思《资本论》第1卷中有关商品拜物教的深刻把握和发展而已。但无论如何,马克思的商品拜物教是对资本主义社会商品这种"俗物"的"物神化"的高度概括和提炼。如果说黑格尔的唯心主义的"异化之物"是一种精神层面上的"无中生有",卢卡奇的"物化"更侧重于"物质化"层面上的批判,那么,马克思的拜物教之"物"则兼具了上述两者特质的高度抽象和凝练。商品拜物教的"物"既是具体的,但又是某种被"神化"的物,即它带有黑格尔的"无中生有"的异化之物的含义和特征,同时又是现实的。如果没有前者,则拜物教之"物"将无以为继,如果没有后者,则拜物教之"物"将不再神秘,也不可能变成"物神"和"崇高"之对象。表面上看,它是某种悖论性的,但在拜物教中,它却完美地体现并结合在拜物教的"物"之中。

另一方面,马克思的拜物教除了受到黑格尔异化思想的影响之外,还受到了费尔巴哈对宗教批判的影响。众所周知,费尔巴哈是一个唯物主义者,一个黑格尔思辨哲学的反叛者,但费尔巴哈同时也受到了黑格尔精神哲学和异化概念的影响。构成费尔巴哈宗教批判的核心是他的宗教异化观。费尔巴哈将黑格尔的异化理论运用于他对宗教,特别是基督教的批判。在《基督教的本质》中,他透过宗教现象的分析,精辟地指出了宗教不过是人本质的扭曲的表现形式。"我认为宗教之真理或本质,就在于它将一种彻头彻尾属人的关系理解和肯定为属神的关系。……由此可见,神学就是人本学。"①换句话说,在费尔巴哈看来,神不过是人的本质的异化的结果,是人将自己的观念外化、神圣化、人格化的一种超自然存在。因此,人神之间,人与上帝之间的关系,无非一种颠倒的人与其类本质之间的关系而已。所以,"人的绝对本质,上帝,其实就是他自己的本质。所以,对象所加于他的威力,其实就是他自己的本质的

---

① [德]费尔巴哈:《基督教的本质》,荣震华译,商务印书馆1984年版,序言第17—18页。

威力"①。基督教的上帝不过是人的本质的异化,是人的"类本质"全部异化的结果。费尔巴哈说:"宗教——至少是基督教——,就是人对自身的关系,或者,说得更确切一些,就是人对自己的本质的关系,不过他是把自己的本质当作一个另外的本质来对待的。属神的本质不是别的,正就是属人的本质,或者,说得更好一些,正就是人的本质,而这个本质,突破了个体的、现实的、属肉体的人的局限,被对象化为一个另外的、不同于它的、独自的本质,并作为这样的本质而受到仰望和敬拜。因而,属神的本质之一切规定,都是属人的本质之规定。"②

　　这里的问题是,既然费尔巴哈说宗教就是"人对自身的关系",那么,为什么人会将宗教,也即自己的本质,当作一个另外的本质来对待呢? 而且,这个本质突破了个体的人的局限,"被对象化为一个另外的、不同于它的、独自的本质",并因而"受到仰望和敬拜"呢? 费尔巴哈认为其中的缘由在于个体的人不同于类本质的人。他说:"宗教根源于人跟动物的本质区别:动物没有宗教。……但是,究竟什么是人跟动物的本质区别呢? 对这个问题的最简单、最一般、最通俗的回答是:意识。只是,这里所说的意识是在严格意义上的。"③接着费尔巴哈解释说,他所谓的意识不是黑格尔意义上的意识,而是人性意义上,即作为人的类本质的意识。"人自己意识到的人的本质究竟是什么呢,或者,在人里面形成类、即形成本来的人性的东西究竟是什么呢? 就是理性、意志、心。一个完善的人,必定具备思维力、意志力和心力。"④至此,我们看到,费尔巴哈对宗教的分析是建立在普遍的人性和类本质的基础上。在此,费尔巴哈其实也涉及个人的人与类本质的人之间的辩证关系。这一分析与马克思的拜物教已经极为接近和类似了。

①　[德]费尔巴哈:《基督教的本质》,荣震华译,商务印书馆1984年版,第34页。
②　[德]费尔巴哈:《基督教的本质》,荣震华译,商务印书馆1984年版,第44页。
③　[德]费尔巴哈:《基督教的本质》,荣震华译,商务印书馆1984年版,第29页。
④　[德]费尔巴哈:《基督教的本质》,荣震华译,商务印书馆1984年版,第30—31页。

　　综上所述，马克思商品拜物教的分析当然不同于黑格尔，也不同于费尔巴哈。马克思拜物教批判的真正目的是为了揭示资本家剥削工人的秘密。但就辩证的方法论而言，商品拜物教的秘密其实就在于具体与一般之间的辩证关系。马克思说："从抽象上升到具体的方法，只是思维用来掌握具体、把它当做一个精神上的具体再现出来的方式。但决不是具体本身的产生过程。"①换句话说，就具体与抽象这一辩证的关系论，马克思与黑格尔的异化论和费尔巴哈对宗教的分析有异曲同工之处，并无什么大的差异。费尔巴哈曾说道："人的异于动物的本质，不仅是宗教的基础，而且也是宗教的对象。可是，宗教是对无限的东西的意识；就是说，宗教是，而且也只能是人对自己的本质（不是有限的、有止境的，而是无限的本质）的意识。"②费尔巴哈在此的话语几乎也适用于马克思对拜物教的分析。唯一的差异在于，马克思商品拜物教批判的立足点不在于抽象的人性或人的类本质的分析，而是为了发现剩余价值规律。为此，马克思不得不去探讨商品交换中的一般价值范畴和具体劳动背后的抽象劳动范畴。如此，马克思的商品拜物教批判已经将价值范畴和抽象劳动范畴变成了实体化的范畴，这里的实体化主要是在黑格尔"实体即主体"的辩证意义上谈论的。所以，我们看到，商品交换的形式及其神秘性特征不仅构成了马克思剩余价值理论的要素，而且也构成了马克思商品拜物教批判的关键。正是在此意义上，马克思才把商品拜物教称为一种"有社会效力的，因而是客观的思维形式"③。换句话说，也只有在此意义上，才能充分理解马克思商品拜物教中抽象与一般的辩证法意蕴。

---

① 《马克思恩格斯文集》第 8 卷，人民出版社 2009 年版，第 25 页。
② ［德］费尔巴哈：《基督教的本质》，荣震华译，商务印书馆 1984 年版，第 30 页。
③ 《马克思恩格斯文集》第 5 卷，人民出版社 2009 年版，第 93 页。

第十五章　精神分析的欲望逻辑与拜物教的资本逻辑

资本既是一个令人艳羡的美女,也是一只吃人魔兽。虽然对资本的这一看法或许还有争论,但资本是一个悖论性存在则是无疑的。一方面,如果没有资本,资本主义社会就失去其存在基础;另一方面,资本所到之处,一切都成了它的奴仆,受到人们诅咒。所以,资本主义生产关系产生至今的几百年来,人们往往压抑不住愤怒抨击资本的蛮横和霸道。马克思的鸿篇巨制《资本论》对资本及其运行规律作了深入细致的分析。当代西方左翼学者齐泽克从另一种视角,即现代精神分析的视角对当代资本,特别是金融资本的运行及其特征作了独特的批判和分析,有利于加深理解马克思和加深理解当代资本主义的历史命运。下面拟结合马克思有关虚拟资本的论述,就齐泽克对当代资本主义命运的精神分析批判作一简扼述评,以期丰富对当代资本主义的认识。

一、《资本论》对虚拟资本的分析

20世纪的资本主义,特别是以美国为首的现代资本主义,在某种程度上可以说是建立在虚拟经济基础上的。有经济学家形象地指出,如果第三次世界大战在美国本土发生并摧毁其大部分地区,但只要华尔街能继续开张运营,美国就能很快从战争废墟中迅速起飞,因为华尔街是全球虚拟资本的最大集散地和美国经济复苏的造血机,可谓美国经济"不沉的航空母舰"。在21世纪初的今天,对现代资本主义中虚拟资本的任何低估都会犯下致命错误。2008年,华尔街的次贷危机引发了全球范围的金融经济危机。但美国又一次验证了自己的"幸运",其中虚拟资本则发挥了关键性作用。美国这次经济危机肇始于次贷危机,也即虚拟资本和信用的无节制泛滥和肆虐,同时又受益于美国虚拟经济对全球资本的强大吸附能力。解释这个看似矛盾的现象,是科学认识当代资本主义及其历史命运的一个关键。因此,亦有必要首先回溯马克思对于虚拟资本与信用制度的相关分析。

马克思、恩格斯很早就注意到虚拟资本在资本主义经济运行中的重要作用。恩格斯在《英国工人阶级的状况》中就曾使用"虚拟资本"一词。① 马克思则在1853年已使用该词。② 他在《资本论》第3卷第5编对虚拟资本进行了集中深入的分析,其中,《资本论》第3卷第25章的标题即为"信用和虚拟资本"。所谓虚拟资本,是指独立于实体的资本运动之外、以有价证券的形式存在、并能给持有者按期带来一定收入的资本,如股票、汇票、债券、不动产抵押单,等等。如马克思所言,"这种资本是交易所投机的对象,而且事实上不过是对部分年税的某种权利的买卖"③,其买卖投入和涨跌往往与实体经济中的资本运行并无关联,因而是一种"幻想的虚拟的资本"。根据马克思的虚拟资本理论,虚拟资本与信用制度密切关联,它是信用制度和货币资本化的产物。没有信用,虚拟资本不可能存在;反过来,虚拟资本又是信用发展至一定阶段的基础介质。马克思在《信用和虚拟资本》中指出:"真正的信用货币不是以货币流通(不管是金属货币还是国家纸币)为基础,而是以票据流通为基

① 《马克思恩格斯全集》第2卷,人民出版社1957年版,第368页。
② 《马克思恩格斯全集》第9卷,人民出版社1961年版,第336页。
③ 《马克思恩格斯全集》第35卷,人民出版社2013年版,第117页。

础。"①当然,世界经济发展到 21 世纪的今天,特别是电子计算机和互联网的普及,信用当然已不仅仅是汇票等票据流通信用,而是拥有诸多新形式,包括我们日常所使用的信用卡等,表明由于商业和银行信用的普及并深入人们日常生活,虚拟资本在人们日常生活中扮演的作用更加突出。在马克思那里,虚拟资本还被分为广义和狭义两种:狭义的虚拟资本一般指的是专门用于债券和股票的有价证券;广义的虚拟资本则是包括银行借贷信用,如期票、汇票、存款货币、名义存款准备金、投机票据及各种有价证券(股票和债券等)等资本的总和。不过,《资本论》主要是从狭义视角来论述的。

马克思的虚拟资本理论在其资本主义危机理论中占有重要位置。马克思说:"信用制度固有的二重性质是:一方面,把资本主义生产的动力——用剥削他人劳动的办法来发财致富——发展成为最纯粹最巨大的赌博欺诈制度,并且使剥削社会财富的少数人的人数越来越减少;另一方面,造成转到一种新生产方式的过渡形式。正是这种二重性质,使信用的主要宣扬者,从约翰·罗到伊萨克·贝列拉,都具有这样一种有趣的混合性质:既是骗子又是预言家。"②正是这种二重性质,它必然一方面加剧资本主义社会资本私人占有与社会化大生产的基本矛盾,即加剧危机爆发和危害程度;另一方面又必然为新生产方式的到来准备条件。2008 年的全球性金融经济危机再次印证了马克思的分析。无论华尔街这批金融投机家们如何长袖善舞,发明出种类繁多的债券名称,如次级债券,并借助于电脑互联网技术销售到世界各国,但由于其本质上仍是以资本主义制度的无信用为基础的,是一种"最纯粹最巨大的赌博欺诈制度",所以,它最终仍引发了金融领域内的多米诺骨牌坍塌效应。

但与此同时,必须看到,2008 年爆发的全球性金融经济危机具有不同于以往的特征,要求我们必须从新的视角重新研究和反思当代资本主义。马克

---

① 《资本论》第 3 卷,人民出版社 2004 年版,第 451 页。
② 《资本论》第 3 卷,人民出版社 2004 年版,第 500 页。

思当年的分析着重于从客观规律的角度揭示虚拟资本运行的内在矛盾及其后果,尚未展开从经济主体主观心理视角的相关分析。事实上,正如马克思早就指出的,"历史不过是追求着自己目的的人的活动而已"①。经济主体的心理活动是能够对经济运行产生重大影响的;更重要的是,现代资本主义似乎总能显示出其强大的危机修复能力,如何结合资本主义的现代发展理解马克思关于资本主义社会必然灭亡的结论? 这些都在一定程度上凸显出齐泽克的意义。他从另一视角,即从精神分析视野对现代资本主义命运进行了独特思考,并将虚拟资本与当代资本主义命运关联起来,可以引发我们对当代资本主义及其新特征的新思考。

二、虚拟资本与虚空的主体

从现代精神分析的视野来看,当代资本主义社会的虚拟资本是一种兼具双重特性的特殊信用资本。一方面,它是一种信用资本,具有某种实物难以取代的特性和独特价值。它在发行之初就已经意味着它必须在未来兑现其票面价值及其利息收入,而且必须有相对稳定可靠的经济担保。尤其是国债,更是以国家资产和国家信誉而受到担保的金边债券。但另一方面,这一特殊的信用其实是建立在一种"虚无"(void)和"匮乏"(lack)的基础上。形象地说,单就股票和债券本身而言,一旦其与实体或实物脱钩,那么,它不过是一张废纸,本身不具备任何价值。或者用马克思的话来说:"不管这种交易反复进行多少次,国债的资本仍然是纯粹的虚拟资本;一旦债券不能卖出,这个资本的假象就会消失。"②虽然虚拟资本的这种特性在现代经济学中已是常识,然而问题恰恰是,一旦虚拟资本进入实际经济运行中,人们很快即会忘记虚拟资本的这一特征,并陷入虚拟资本的疯狂游戏之中。正因如此,虚拟资本才具有马克

---

① 《马克思恩格斯全集》第 2 卷,人民出版社 1957 年版,第 118—119 页。
② 《资本论》第 3 卷,人民出版社 2004 年版,第 527 页。

思早在 100 多年前《资本论》中论及信用的两个特征:它是"最纯粹最巨大的赌博欺诈制度",同时又是"一种新生产方式的过渡形式"。这一现象到底在经济主体身上是如何发生的呢? 齐泽克的现代精神分析正好提供了一个新的思路。当然,齐泽克的相关思想往往又渊源于拉康。

首先,马克思指出所谓的信用是"最纯粹最巨大的赌博欺诈制度"。必须承认,当今资本主义世界的信用体系及其形式已经高度发达了,它的生存和发展已经摆脱了 19 世纪马克思在他那个时代所论及的以生产为基础的生产、分配、交换、消费的单向循环方式,而是采取了以透支未来的刺激性消费方式来生存的资本主义制度。在此,消费,特别是以信用来刺激的消费在人们的日常生活中占据着越来越重要的地位。新的历史背景导致虚拟资本和信用所扮演的角色与当代资本主义的命运休戚相关。但无论如何,资本主义社会的信用体系及其形式仍难以逃脱其欺诈赌博的特性。问题是,从精神分析的角度看,建立在实物价值基础上的信用体系为何变成了一种欺诈性的赌博呢?

众所周知,精神分析学家拉康提出了一个著名的幻象公式($\$\Diamond a$)。根据这一公式,现实社会中作为主体的人($\$$)与对象 a 的关系不能被简单地理解为传统哲学所谓的主体与客体之间的二元关系。换句话说,面对着繁纷复杂、眼花缭乱的商品世界,不是主体决定客体,也不是客体决定主体,更不是主体与客体之间的相互决定,而是必须加入一个无意识维度,也即拉康的"实在界"或对象 a 的世界。齐泽克则借用拉康的话清晰地阐述了对象 a 与主体之间的关系。他说:"正是实在界对每一符号化的剩余,在对象—欲望的成因(object-cause of desire)中发挥作用。"[1]这里,对象 a 就是主体($\$$)的幻象对象或欲望对象。主体表面上看似清醒、理智,知道自己的追求目标或欲望目标,但实际上却处于某种无意识之中并受制于无意识的对象 a。这一欲望对象具有自身独特性,它表面上看似一个对象或客体,但其本质上却是一个虚无

----

① 　[斯洛文尼亚]斯拉沃热·齐泽克:《意识形态的崇高客体》,季广茂译,中央编译出版社 2002 年版,引论第 4 页。

或匮乏。对象 a 的这一特性尤其适合于当代资本主义社会的金融资本和信用资本。具体而言,只要资本主义社会存在着信用消费体系,那么,处于这个体系的主体就必然服从拉康的幻象公式的运作。换言之,处于资本主义信用消费体系中的消费主体($)都是一个拥有无限欲望的消费个体。无论是股票市场、债券市场,抑或是在巨大投机性的期货市场,虚无(对象 a)替代物(股票、债券、期货衍生品,等等)就是一个悖论性存在物:它既是一张废纸,同时又具有巨大的价值,凭借着它,借助于资本主义的交易制度,人们可以由此衍生出无穷利润。正因如此,这个拉康的对象 a 的替代物就具有某种神秘的特性,人们对之趋之若鹜,视若神物。于是,导致在虚拟资本的交易制度下,不是主体采取理智的方式把信用交易控制在适当的范围内,而是相反,人们拼命地用这些衍生品种进行以小博大的杠杆交易,从而造成金融市场的剧烈动荡和波动,信用交易就变成了巨大的风险赌博,进而在国家层面演变成巨大的金融危机。不仅如此,一旦危机来临,资本主义国家为了尽快避免危机,消除人们的恐慌心理,它就借助于资本主义的"国家信用",大肆印制钞票,超发货币,发行国债和各种债券,这进一步加剧了危机。如此,在上述两种意义上,马克思说资本主义制度的信用是最大的赌博,一点都不为过。这样,齐泽克对拉康的幻象公式的运用和解释,也就形成了从信用体系到赌博欺诈制度内在机制的精神分析阐释。这样看来,2007 年的美国次贷危机爆发,以及由此导致的2008 年国际金融经济危机就不足为怪了。

其次,从虚拟资本及其信用——特别是资本的国家信用——作为"一种新生产方式"的角度来看。如前所述,马克思认为,以虚拟资本为基础介质的信用制度又是"一种新生产方式的过渡形式"。但要看到,马克思说虚拟资本和信用是"一种新的生产方式",还是立足于当时的"生产方式"基础上的。然而 20 世纪资本主义的发展表明,虚拟资本及其信用正如脱缰之野马,渗透于资本主义社会的各个领域,推动了社会发展模式创新,也就是以虚拟资本投入,以国家信用做担保,拉动经济增长的"虚假"的繁荣模式。因此,现代资本的虚拟特征及其信用已不仅是"一种新生产方式的过渡形式",而且它本身就是"一种新的生产方式"(只不过是非"社会形态"意义上的"生产方式"),一种建立在国家信用的基础上,以超前信用消费的方式来推动这个社会运行的社会模式。我们应该看到,如果仅仅针对消费个体和企业,这种超前消费还不至于那么可怕;然而,如果它以虚拟资本和资本主义国家信用的方式出现,那么它对社会发展带来的好处和坏处都不可小觑。从好的方面看,它直接推进了资本主义社会从以生产为主导的社会转变为以信用消费和透支为主导的社会模式,极大地催生了社会财富,激发起人们的消费欲望,进而在欲望驱使下明显提高社会生产力。从坏的方面看,一旦信用消费的某个环节出现问题,它也会形成多米诺骨牌效应,进而造成整个社会的危机。用齐泽克的话来说,对未来社会的透支势必成为整个社会发展和繁荣的前提,现代资本主义社会的发展和繁荣都是建立在沙滩的基础之上。因此,从社会生产和消费平衡的角度看,资本主义社会就仍然是一个"危机四伏"的社会,特别是伴随着经济全球化的发展,任何一国的危机都可能随时引爆全球性的经济危机。华尔街这些投行和投机家们亦可以轻而易举地将他们"发明"的次级债和垃圾债向全世界销售。这也就最终打通了由虚拟资本和信用制度作为"最纯粹最巨大的赌博欺诈制度"到金融经济危机(及全球性金融经济危机)的现实通道。在见证了2007年美国次贷危机发展为2008年国际金融经济危机的历程后,不能不说,马克思的分析仍是深刻的,齐泽克从精神分析角度的诠释也是颇有道理的。

三、"透支"的命运与垂死的资本主义

众所周知,马克思和恩格斯在《共产党宣言》中宣告了资本主义的必然灭亡和社会主义的必然胜利,并号召全世界无产者联合起来。在《资本论》中,马克思从最为基础的商品开始,运用科学抽象的辩证思维方法,系统论证了剩

余价值的产生和资本主义社会基本矛盾的客观存在,进而得出资本主义必然灭亡的结论。尽管当代资本主义已发生重大变化,虚拟资本在经济运行中的地位显著提高,但只是改变了经济危机的表现形式。然而,另一个现象是,从马克思的《资本论》面世至今,资本主义社会又似乎仍然"垂而不朽""死而不僵"。每次资本主义经济危机来临之后看似极其严重,难以治愈,但经过一段时间的修复和缓和,它又会进入发展和繁荣时期,显示出其极强的修复危机能力。如 20 世纪 70 年代因中东石油危机导致的全球资本主义的萧条,很快就为 20 世纪八九十年代的新技术革命,特别是电脑和互联网的数字技术革命所弥补,并在资本主义世界显露出一幅复苏繁荣的经济景观。如上所述,华尔街发达的虚拟经济又恰恰使美国率先显现跨越 2008 年国际金融经济危机阴霾的先兆。如何解释这个看似矛盾的现象?难道马克思预言的资本主义必然灭亡的结论错了?齐泽克对当代资本主义的现代精神分析又是如何阐释这一看似矛盾的现象呢?

齐泽克将精神分析和马克思的观点结合起来,分析了 20 世纪中后期的当代资本主义经济危机。他指出,并不是马克思在剩余价值学说基础上提出的资本主义必然灭亡的结论错了,而是由于 20 世纪的现代资本主义体制在克服经济危机和繁荣发展上产生了不同于以往的新方式和新特征,这些新特征极大地延缓了资本主义灭亡的时间,拉长了资本主义走向垂死的进程。其中,虚拟资本和资本主义的信用扩张就是一种透支未来的死亡驱动力。众所周知,在 100 多年前马克思生活的时代,虚拟资本和信用在经济生活中并不占据主导地位。100 多年后的今天,特别是在全球化背景下,资本形式已经发生了重大变化,虚拟资本和信用的各种形式充斥着全世界每个角落。在此情形下,当然必须结合虚拟资本和信用来谈论资本主义的命运才更具说服力。具体而言,它表现在当代资本主义通过虚拟资本和信用制度将经济危机的爆发一再延缓或推迟,并向未来转嫁,从而延缓了资本主义危机的总爆发和最后的崩溃。这是对资本主义必然灭亡的补充和独具一格的诠释。另外,100 多年来,西方各国资产阶级政府亦采取了各种方法来规避或缓和资本主义基本矛盾，也有助于延缓资本主义的寿命。这就给人们一个印象，当代资本主义似乎像一只"不死鸟"，垂而不死，腐而不朽。从这个角度来说，马克思确实低估了当今资本主义修复危机、克服危机的能力。

对此，齐泽克娴熟地运用现代精神分析理论来阐释这一独特的现象。他认为，当代资本主义应对经济危机的爆发及其解决危机的措施，在表面上似乎可以找出各种各样的解释，但其中一个关键离不开现代精神分析的无意识理论，即拉康对"母亲欲望（the desire of the mother）和父之名（Name-of-the-Father）"的分析，这一分析可表示如下①：

$$\frac{父之名}{母亲欲望}$$

拉康用它来分析女性在发现自己不拥有菲勒斯（phallus）②时所产生的恐惧及欲望，即母亲的欲望，也即母亲希望自己拥有一个菲勒斯，即父之名。当然，必须承认，与弗洛伊德一样，拉康的理论也是建立在菲勒斯，即男性优越论的基础上的，这也是其遭受诟病和批评的原因所在。在此不过多涉及这一点，只谈一下齐泽克是如何用上式来分析当代资本主义的情形的。

在上式中，其中的关键是对"父之名"的理解。拉康认为，一方面，女性因不具有"菲勒斯"而产生了某种莫名的恐惧，她进而将这一恐惧转换为"母亲的欲望"，即期望拥有"父之名"（"大他者"）；另一方面，作为"大他者"的"父之名"其实具有虚空的特征，所谓"父之名"其实就是"父之冥"，也即虚无和空无之意，它指向了某个虚空的"X"，并为未来可能的虚拟的意义打开了空间。当代资本主义社会，特别是资本主义的财政金融体制亦复如此。一旦发生危机，其所面临的情形就犹如女性不拥有男性的"菲勒斯"一样，陷入某种因匮

---

①　Slavoj Žižek, *Tarring with the Negative*, Durham: Duke University Press, 1993, p.42.

②　"菲勒斯"一词是弗洛伊德和拉康都使用的一个概念，指的是男性生殖器。但拉康在使用该词时，已将该词的内涵和外延扩展至"欲望一般"或"欲望总体"这一含义。

乏而导致的莫名恐慌情形中。此时,恐慌者的最大的愿望就是渴望摆脱危机,恢复经济,也就相当于母亲最大的欲望是拥有"菲勒斯"。然而,当作为"父之名"的"大他者"取代"菲勒斯"的位置后,其中的关键就在于作为"大他者""父之名"的虚拟性特征,即"父之名"变成了一个空洞的、虚拟的实体或符号。正因为"父之名"的虚空性,所以就必须对之加以填补,或必须有相应的替代物。在母亲的欲望里,孩子就成了填补"父之名"虚空性的替代物。而就当代资本主义而言,一旦资本主义社会爆发了经济危机,原来表面上看似天衣无缝的资本主义体制及其信用(如债券体系、股票市场和实业部分,等等)就像多米诺骨牌一样,顷刻间陷入了崩塌的恐慌之中(这同样也是 2007 年美国次贷危机引发的全球动荡所表现出来的)。此时,貌似稳固而强大的资本主义制度和市场一下子打开了一道裂缝,变成了一个有待填充的"虚空"。资本主义由于经济危机的爆发而导致的极度的恐慌心理,就像一个母亲突然发现自己未拥有"菲勒斯"而陷入恐慌的情形一样。从心理分析的角度看,唯一的补救措施就是赶快填补因为危机而形成的这一"虚空"。那么,此时的资产阶级政府有什么样的方法来填补这一虚空呢?

经历了 20 世纪 30 年代的世界经济大萧条之后,当代资本主义吸取了经济危机爆发和凯恩斯主义的扩张性财政货币政策的效果、经验和教训。他们感到,填补经济危机引发的"虚空"的最佳方式就是采取扩张性财政政策和货币政策,大量印制钞票、发行债券来堵塞漏洞,以避免危机的进一步爆发和蔓延。因此,不管印制钞票可能对未来所导致的危害有多大,未来的通货膨胀的势头有多猛,印制钞票,发行国债,迅速填补眼前的"虚空"成了资本主义摆脱眼前危机的救命稻草和唯一选择。但是,必须看到的是,这种只顾摆脱当前经济困境而透支未来的货币政策其实是将危机后置,是在饮鸩止渴。但由于危机的爆发,人们已根本无暇顾及未来。众所周知,对未来的透支必须在未来的某一天加以偿还——"结账",以达到新的预算平衡,否则将会导致灾难性的后果。然而,问题的关键是当代资本主义不考虑、也不愿意面对这一虚拟未来的可怕场景,而仅仅满足于应付当前的危机与虚假的复兴和繁荣。齐泽克指出,其实主张扩张性财政货币政策的凯恩斯(Keynes)也并非没有看到其中的危害,但凯恩斯认为,那些从事经济活动的政治家们自有他们的手腕,他们竭力延长这一虚拟的游戏,并将最后结账的时刻无限地延后,当然,前提是这个账目要做得合乎"规范",不露马脚。正是在这一意义上,实际上凯恩斯也承认资本主义是"虚拟的"制度,它是通过纯粹的虚拟账目平衡来维持自身的,即它从不清理它自己带来的欠账。① 令人吃惊的是,当2007年美国爆发次贷危机,进而于2008年演变为国际金融经济危机的时候,西方各国政府仍然只能纷纷重拾凯恩斯主义。这与20世纪30年代何其相似!

与凯恩斯主义者不同,马克思认为,这笔向未来的虚拟透支的账是迟早要还的。马克思之所以认为资本主义必然爆发经济危机,资本主义必然灭亡,正是基于宏观上的预算平衡的"结账"或"算总账"。从这一点出发,马克思认为资本主义的灭亡与社会主义的胜利将是必然的。因此,从宏观的"结账"论出发,并不能否定马克思对资本主义必然灭亡的科学论断。而齐泽克的精神分析理论恰恰印证的是,不能仅仅因看到当代资本主义"垂而不死""腐而不朽",就轻率地得出"马克思主义对当代资本主义的预言失灵了"的结论。这其实是一个假象,一个仍迷惑着大众的社会现象。用齐泽克引用拉康的话来说:"现实象征秩序中相关债务严格地类似于资本主义的债务:其意义本身从来就不是'真正的',这一债务总是超前的,是'向未来透支的';它是建立在对虚拟未来的描述基础上的。"②这一观点恰好是对马克思有关资本主义必然灭亡的结论的补充性解释和说明。其深刻意义在于:它从另一个视角说明,资本主义一再地爆发危机,但又似乎像一只"不死鸟"一样不断地浴火重生,这其实不过是一个令人迷惑的假象罢了。

综上所述,基于马克思和精神分析理论的综合分析,可以得出两点结论:

① Slavoj Žižek,*Tarring with the Negative*,Durham:Duke University Press,1993,p.42.

② Slavoj Žižek,*Tarring with the Negative*,Durham:Duke University Press,1993,p.42.

其一,马克思有关资本主义必然灭亡的结论是建立在宏观的科学分析的基础上的,并没有过时和失效;其二,现代资本的虚拟特征及相伴随的信用资本扩张,以及资本主义国家推行的扩张性财政货币政策,使得资本主义的危机大大延后了。2008年以来的全球金融经济危机表明,发达资本主义国家对未来的"透支"在全球化的今天不但没有缩减,反而显得变本加厉。正由于此,我们应该对当代资本主义有一个更加清晰的认识和了解。而齐泽克在拉康精神分析基础上对当代资本主义的批判,是我们在研究当代资本主义及其特征时不能不加以关注的。

第十六章　财产权、主体与正义

　　财产权与正义之间存在着内在的关联。虽然作为一种高度抽象概念的正义与多种因素关联,但其与财产权之间的关系却是最为密切的。因为自人类摆脱原始社会进入阶级社会后,就始终离不开财产的个人之间的占有、分配及其相伴随的公平和正义等合理性问题,这也就是分配正义问题产生的缘由。到了 20 世纪,这一问题显得尤为突出。以罗尔斯为代表的自由主义与以桑德尔、麦金泰尔为代表的社群主义之间的争论,无不表明了分配正义的复杂性。伴随着 21 世纪以来马克思主义在全球范围内的传播及其影响的增长,财产权(公有制与私有制)与正义问题仍是这两大阵营都难以规避的现实问题。马克思毕生奋斗的目标即废除私有制,也即消灭私有财产权,实现其共产主义的蓝图。然而,历史的发展表明,马克思的设想并非一蹴而就的。在通往共产主义的道路上,仍然绕不开"财产权"和"正义"这两个核心问题。无论财产的私有还是公有,都不过是对财富的分配形式罢了,因此,财产权问题与财富问题密切相关。换句话说,财富的特性必然与财富的分配形式密切相关,进而与正义问题相关。纵观历史,在财产权与正义的关系上,人类付出了巨大的代价,才认识到这一问题的复杂性。鉴于此,接下来试图借助于黑格尔"实体即主体"的哲学命题,从精神分析视野来分析一下财富的特性及其与财产权的辩证关系,以透视现代社会正义的本质及其实现的可能性,以有助于正义问题的研究和深化。

一、作为主体的实体与财富概念

"实体"(substance)是黑格尔提出的一个重要哲学范畴。在《精神现象学》中,黑格尔提出了"实体即主体"的著名命题。在黑格尔看来,实体不是经验性的,而是形式和本质。实体范畴源于古希腊哲学,它表示的是万事万物的本源究竟是什么的问题。在柏拉图那里,实体是"理念"(idea)。亚里士多德在其《形而上学》中明确宣称"形式是第一实体";实体不是我们经验世界的实存对象,不是现实生活中的经验对象,而是"形式"或"本质"。到了斯宾诺莎那里,实体概念得到了进一步发展和完善。斯宾诺莎认为上帝就是实体。他说:"神,我理解为绝对无限的存在,亦即具有无限'多'属性的实体,其中每一属性各表示永恒无限的本质。"①实体是自因,是"在自身内并通过自身而被认识的东西。换言之,形成实体的概念,可以无须借助于他物的概念"②。它不服从因果律。同样地,斯宾诺莎还将实体规定为自然。

黑格尔的实体观点直接吸收了斯宾诺莎实体是自因的规定,但抛弃了斯宾诺莎将实体具体化为神和自然的做法,并在此基础上提出"实体即主体"的命题。首先,黑格尔认为,实体是能动的自我展开过程,是自在的与自为的统一体。实体通过主体而得以展开。如果没有主体,也就无所谓"实体"。他说:"活的实体,只当它是建立自身的运动时,或者说,只当它是自身转化与其自己之间的中介时,它才真正是个现实的存在,或换个说法也一样,它这个存在才真正是主体。实体作为主体是纯粹的简单的否定性,唯其如此,它是单一的东西的分裂为二的过程或树立对立面的双重化过程,而这种过程则又是这种漠不相干的区别及其对立的否定。所以唯有这种正在重建其自身的同一性

---

① [荷]《斯宾诺莎文集》第4卷,贺麟译,商务印书馆2014年版,第1—2页。
② [荷]《斯宾诺莎文集》第4卷,贺麟译,商务印书馆2014年版,第1页。

或在他物中的自身反映,才是绝对的真理"①。这里,黑格尔在此所谓的实体的"活"的特性指的就是实体的自我否定的特征,而否定性则构成了黑格尔哲学的本质,当然也构成为实体的核心。实体正是通过自身否定自己,或以自身为中介而显现为主体。因此,活的能动的特征构成了实体成为主体的基本条件。其次,黑格尔的实体即本质、必然性和绝对的代名词。在《小逻辑》中的现实的第一阶段,黑格尔谈到了实体关系。黑格尔说:"必然的事物,在其直接形式下,就是实体性与偶然性的关系。这种关系的绝对自身同一性,就是实体本身,而实体,作为必然性,乃是对这种内在性形式的否定,它因而设定其自身为现实性,但它又是对这种外在事物的否定。在这否定的过程里,现实的事物作为直接性的,只是一种偶然性的东西,而偶然性的东西使通过它的这种单纯的可能性过渡到一个别的现实性。"②这里,黑格尔指出了实体是本质,而本质则是必然的,所以实体是必然性的代名词。但实体在其自身的否定性过程中,必然要遭遇到现实性,而现实则是偶然性的。但是作为一种绝对的必然性,实体必然要扬弃现实的偶然性,走向自身的绝对的同一性。所以,黑格尔接着说:"因此,实体就是各个偶性的全体,它启示,在各个偶性中,作为它们的绝对否定性(这就是说,作为绝对力量),并同时作为全部内容的丰富性。……实体性乃是绝对的形式活动。"③所以,这里的"绝对""形式"皆是本质和必然性的代名词而已。黑格尔在这里谈到了实体的必然性及其与偶然性的关系,以及主动实体与被动实体的关系,等等。最后,矛盾或悖论构成了实体的核心特征。正如斯宾诺莎将上帝规定为实体一样,黑格尔也认为上帝就是实体。但二者对上帝或实体的看法明显不同。斯宾诺莎的上帝是"大全",是绝对的"一";但与此同时,上帝又缺乏具体的规定性,上帝是实体,是自己

---

① [德]黑格尔:《精神现象学》(上卷),贺麟、王玖兴译,商务印书馆1979年版,第12—13页。
② [德]黑格尔:《小逻辑》,贺麟译,商务印书馆1980年版,第314页。
③ [德]黑格尔:《小逻辑》,贺麟译,商务印书馆1980年版,第314—315页。

规定自己。所以,也可以说斯宾诺莎的上帝是"空的"。用黑格尔的话来说,斯宾诺莎的上帝是一个"黑暗无边的深渊"。黑格尔说,斯宾诺莎的实体"只是直接地被认作一普遍的否定力量,就好像只是一黑暗的无边的深渊,将一切有规定性的内容皆彻底加以吞噬,使之成为空无,而从它自身产生出来的,没有一个是有积极自身持存性的事物"①。因为在黑格尔看来,"凡是没有规定的东西没有任何一种特性,因为没有什么东西能被断定为它的属性,因此,无规定的东西便是完全空虚的。事实上,它就是无,是纯粹的空虚。斯宾诺莎的实体就是这种无规定的空虚。"②当然,斯宾诺莎并没有说上帝是没有规定的,而是说上帝仅仅是实体,而实体是自因,是自己规定自己。即便如此,斯宾诺莎的上帝仍然是空的。因为无论斯宾诺莎如何强调上帝的存在和全能,人们仍怀疑它是无神论或泛神论的。但黑格尔却认为,说斯宾诺莎的体系是无神论或泛神论是没有根据的,是没有诊断出斯宾诺莎哲学体系的真正问题的原因。黑格尔认为,斯宾诺莎的问题在于过分强调了实体的形式方面,而忽略了实体的内在否定性及其辩证运动。黑格尔指出,在斯宾诺莎那里,"上帝诚然是必然性,或者我们也可以说,上帝是绝对的实质,但他同时又是绝对的人格。认上帝为绝对的人格一点,就是斯宾诺莎所未达到的。"③换句话说,像斯宾诺莎那样,仅仅强调上帝是实体,是绝对的,是远远不够的,上帝一方面是全能的,另一方面则又是人格化的,是有限的。这才是黑格尔的真正意思。也就是说,作为实体的上帝一方面是绝对的,另一方面则又是相对的。斯宾诺莎的错误在于他只看到了上帝的绝对性,而没有看到上帝的相对性,也即人格化的方面。所以"斯宾诺莎的哲学所缺少的,就是西方世界里的个体性的原则"④,也就是说,斯宾诺莎的实体或上帝只有共相,而没有殊相,只有形式,而没有内

---

① 〔德〕黑格尔:《小逻辑》,贺麟译,商务印书馆 1980 年版,第 317 页。
② 〔英〕司退斯:《黑格尔哲学》,宋祖良等译,中国社会科学出版社 1989 年版,第 30 页。
③ 〔德〕黑格尔:《小逻辑》,贺麟译,商务印书馆 1980 年版,第 315 页。
④ 〔德〕黑格尔:《小逻辑》,贺麟译,商务印书馆 1980 年版,第 316 页。

容。因此,斯宾诺莎"体系的内容的缺点在于并未认识到形式内在于内容里,而只是以主观的外在的形式去规定内容。他的实体只是直观的洞见,未先行经过辩证的中介过程。所以他的实体只是直接地被认作一普遍的否定力量,就好像只是一黑暗的无边的深渊,将一切有规定性的内容皆彻底加以吞噬,使之成为空无,而从它自身产生出来的,没有一个是有积极自身持存性的事物"①。至此,通过比较斯宾诺莎的实体与黑格尔的实体观的差异,可以得出,斯宾诺莎的实体是绝对的"一"或"黑暗的无边的深渊",而不是矛盾的、悖论性或辩证的;对此,齐泽克的概括可能更为恰当,他说:"黑格尔的著名观点是,人们不仅应该将绝对视为实体,而且应该将其视为主体,这让人想起某种不可信的'绝对主体'概念:一个创造宇宙并守护我们命运的超级主体。然而,在黑格尔看来,主体的核心也代表着有限性、割裂性、否定性的缺口,这就是为什么上帝只有通过道成肉身才能成为主体的原因:上帝早已不是他自己了——在道成肉身之前,是一个统治宇宙的超级主体。……黑格尔的主体是一个调节一切多样性的总体的、无限的太一(One)。"②齐泽克在此谈到的"绝对主体(上帝)"是不可信的,意即它并非绝对的、完美的"太一",而是有限的、不完美的或有裂缝的。总之,黑格尔的实体是矛盾的、辩证的,是一与多、内容与形式、共相与殊相、普遍性与特殊性的统一体。一句话,在黑格尔这里,上帝即基督,基督即上帝;用哲学的话语就是:实体即主体,主体也即实体。

　　上面绕了一个大弯,不厌其烦地论述黑格尔的实体概念及其特征,其目的在于说明,黑格尔的"财富即自我"也具有类似的特征。在黑格尔这里,财富类似于一个实体性的概念。财富虽然就是那么一小片的金属,但它却具有内在的否定性。如同实体即主体一样,现实社会中的财富与作为主体的自我之间呈现为一种普遍与特殊之间的辩证关系,也即"财富即自我"。

---

① ［德］黑格尔:《小逻辑》,贺麟译,商务印书馆 1980 年版,第 317 页。

② Slavoj Žižek, *Less than Nothing*, London and New York: Verso, 2012, pp.285-286.

二、财富的辩证法及其普遍性的悖论

黑格尔在《精神现象学》中从"实体即主体"这一命题引申出了三个颇具社会现实性的命题："精神就是头盖骨"、"朕即国家"和"财富即自我"。在此结合精神分析理论简单分析一下"财富即自我"这一命题的辩证含义。

先看一下黑格尔所说的"自我"和"财富"这两个概念。就财富（wealth）本身而言,财富可分为自然的和人为创造的。但无论对财富如何划分,与实体、国家等概念的规定一样,财富本身只能通过自身的中介,通过自我否定性,从而走向自己的对立面。这里,作为精神分析学者的齐泽克从精神分析的视野对黑格尔的"财富即自我"这一命题作了新的诠释。也就是说,齐泽克是将拉康匮乏的、短缺的和欲望的主体（自我）作为其分析黑格尔命题的出发点,由此展开对财富与自我之间辩证关系的分析。

首先,财富只能通过自我来实现自身,正是在这一意义上才可以说财富即自我。对财富这一特征的论述,齐泽克追溯到了黑格尔那里。黑格尔在《精神现象学》的"精神"这一章中,在探讨"自身异化了的精神:教化"时论述了财富与自我的关系。众所周知,黑格尔将精神划分为主观精神、客观精神和绝对精神。当黑格尔在谈论自我与财富的关系时是在精神异化的意义上来谈论的。在整个《精神现象学》中,作为主体的自我经历了意识、自我意识,以及理性化及其外化或异化的过程,然后重新回到真正的自我,即绝对精神意义下的自我。因此,从自我的历史现象学发展历程看,作为自我的主体的确经历了同样的历史现象过程。所以,无论从哪个角度看,黑格尔的自我或主体都是不确定的、发展变化的,自我由一个纯粹的不确定性发展变化到丰满壮大的过程。在"自身异化了的精神"这一章中,黑格尔从其辩证发展和转化的角度,明确地将自我的特性定位在被异化的虚空特定位置之上。这一点黑格尔与精神分析的观点非常类似。黑格尔说:"自我只于它作为经过了扬弃的自我时才意

识到自己是现实的。因此,自我并不是它自己的意识和对象的统一体;对自我
来说,对象毋宁只是它的否定物。……通过作为灵魂的自我,于是实体就在它
的一切环节中发展和形成为这样:对立的一方赋予另一方以生命,每个对立面
都通过自己的异化使其对方取得持续存在,并且反过来也同样从对方的异化
中获得自己的持续存在。"①黑格尔是在讨论善与恶,也即国家权力与财富的
时候谈到了自我及其现实性特征的。而自我的现实性必须是建立在自我的扬
弃上,即纯粹精神的自我是一个空洞的自我,并不是一个真正的自我,它必须
经历非我,即遭到自己的对立面才可能发展和壮大自己。显然,黑格尔有关自
我及其自身的扬弃的论述吸收了费希特的自我—非我—自我与非我的统一的
论述,只不过,费希特的非我变成了自我与对象之间的相互否定罢了。在黑格
尔看来,自我的扬弃必然涉及外在对象,在这一过程中,自我与对象之间是相
互否定、相互依赖而存在,对象毋宁只是自我的否定物,然而,对立的一方,
即对象却赋予了另一方,即自我以生命,这样,每一方都通过自己异化使得
对方获得持续性的存在。这就是异化在自我形成中的积极作用。这个论述
与拉康所谓的"大他者是能指的宝库"具有异曲同工之效,限于篇幅,不能
在此展开。

其次,财富是善(恶)、是实体,它具有一种普遍性的本质。在人们通常看
来,财富不过是某种外化的形式,是金钱或货币,是"一小片金属"。既如此,
那么,作为日常使用的货币的财富可否具有普遍性的本质呢? 在《精神现象
学》中,黑格尔认为,"财富毋宁就是国家权力"②。因此,黑格尔是将国家权
力、财富与善、恶联系起来论述的。换句话说,财富与正义开始发生了关联。

黑格尔指出,善和恶与自我意识的判断相关。"善即是它与客观实在的
同一,恶即是它与客观实在的不同一。……善与恶的真实性的标准,不在于客
观本质本身究竟直接是同一的东西还是不同一的东西,……而在于精神究竟

①　[德]黑格尔:《精神现象学》(下卷),贺麟、王玖兴译,商务印书馆1979年版,第50页。
②　[德]黑格尔:《精神现象学》(下卷),贺麟、王玖兴译,商务印书馆1979年版,第69页。

对它们保有什么样的关系,即,在于它们跟精神究竟是同一还是不同一。"①按照这一规定,从自在的角度看,国家权力的存在有其合法性的基础,是善的东西,但另一方面,从自我的角度看,国家权力对自我构成了一种压迫性的东西,作为一种压迫性本质,国家权力是坏的东西,是恶,因为国家权力是与个体性完全不同一的东西。就财富而言,财富也同样如此,它也具有两方面的属性。黑格尔说:"无论权力和财富的现实本质,或者它们的规定概念善与恶,或者,善的意识和恶的意识、高贵意识与卑贱意识,统统没有真理性;毋宁是,所有这些环节都互相颠倒,每一环节都是它自己的对方。——普遍的权力,它由于通过个体性原则取得了自己的精神性,它就是实体,而它虽是实体,当它接受自己所具有的自我(主体)时,它是只把这个自我(主体)当作它的空名字看待的,而且它虽是现实的权力,却毋宁是毫无力量的、必须自我牺牲的本质。……同样,属于这些本质的思想,善的思想和恶的思想,他都在这个运动中颠倒了,被规定为好的成了坏的,被规定为坏的成了好的。"②

这里,黑格尔明确地指出,当权力和财富与主体发生关系时,它把主体视为"空名"。反过来,作为"空名"的、欲望的主体必然都渴望着成为一个意识形态的自我,一个拥有权力和财富的主体。因而,在自我与权力和财富的关系上,权力和财富在此成了实体,它只有通过"个体性原则"才能获得自己的精神性。就像拉康的幻象公式($\$ \diamondsuit a$)一样,表面上每一个体都在追逐着财富和权力,但实际上,财富和权力却构成了作为自我的主体的欲望—原因。因此,无论权力和财富的善或恶,其关系都是相互颠倒的;它遵从拉康有关主体的欲望辩证法的运作机制。撇开权力不论,仅就财富而言,如果说一方面它具有恶的属性,那么,另一方面它就成了善的东西。这就是财富的辩证法。黑格尔说:"财富是好的东西、善;它提供普遍的享受,它牺牲自己,它使一切人都能

---

① [德]黑格尔:《精神现象学》(下卷),贺麟、王玖兴译,商务印书馆1979年版,第54—55页。

② [德]黑格尔:《精神现象学》(下卷),贺麟、王玖兴译,商务印书馆1979年版,第74页。

意识他们的自我。它自在地即是普遍的善行,如果说在某种情况下它并未实现某一件善举,并未满足每一个需要,那么这只是一种偶然,无损于它的本质;它的普遍的必然的本质在于:将自己分配给一切个人,做一个千手的施予者。"①显然,黑格尔在此认为财富是善的,是一个"千手的施予者",财富具有普遍性。如果说财富是善,具有普遍必然性的本质,那么,它就必须以自身为中介,通过否定自身来达到普遍性与特殊性的辩证统一。因此,财富即自我就成为财富普遍性的自我否定的逻辑结果。

最后,财富不是资本,具有一种悖论性的特征。这一点与黑格尔对财富的规定有关。换句话说,财富虽然是那一小片金属,财富即主体,但由于财富的普遍性本质,所以财富不是财产权,更不是资本。因为资本必须建立在产权清晰的基础上。这一点在日常生活中人们对之极容易发生混淆。所以,齐泽克指出,不能将黑格尔意义上的财富与人们日常生活中的财富观等同,不能将财富或金钱简单地等同于恶,也不能将财富简单地等同于马克思《资本论》中的资本,因为财富并不是被拿来作为投资和再生产,并创造剩余价值的,所以财富不具有资本的属性。财富除了具有普遍性的本质之外,它还具有辩证的特性。以财富的消费为例。黑格尔指出,财富的消费表面看上去是一种耗费和个人享受,但它实质上并非完全纯粹的个人行为,而是带有某种普遍性的精神性的行为,即它能"促使一切人都得到享受"。黑格尔说:"财富虽然是被动的或虚无的东西,但它也同样是普遍的精神的本质,它既因一切人的行动和劳动而不断地形成,又因一切人的享受或消费而重新消失。在财富的享受中,……它直接地是普遍的。每个个人诚然都会以为在享受财富时其行为是自私自利的;因为正是财富中的人会意识到自己是自为的,并从而认为财富不是精神性的东西。然而即使只从外表上看,也就一望而知,一个人自己享受时,他也在促使一切人都得到享受,……因此,一个人的自为的存在本来即是普遍的,自

———————————

① ［德］黑格尔:《精神现象学》(下卷),贺麟、王玖兴译,商务印书馆 1979 年版,第55—56页。

私自利只不过是一种想象的东西。"①对于这一点,齐泽克深为赞同。也就是说,对财富的消费,看似纯粹的个人享受行为,但却具有某种普遍性的特征,并走向了反面。劳动创造了财富,消费则使得财富消失。然而,在看似自私性的消费行为中,在这种"自为的"个人享受中,消费本身就是另类的生产,或者说,在某种程度上,消费就是生产力。这大概就是黑格尔意义上的财富辩证法的精髓吧。

三、从财富到财产权:主体的生成及其异化

综上所述,无论就财富的普遍性本质而言,还是就财富的悖论性特征而论,其中的关键性环节在于实现从财富到财产权的转换,也即完成财富与作为主体的自我的关联。在黑格尔看来,财富是实体,由于财富的内在的否定性特征,所以,财富必然通过主体实现财产权这个最终环节。这个过程恰好也就是财富的辩证运动过程。那么,财富是如何与自我相关联呢? 笼统地讲,可以说,财富消费活动中体现了人与人之间的关系,因而,在黑格尔看来,财富即自我;而在精神分析看来,由于自我的虚空、匮乏和欲望性特征,自我即财富。也就是说,那个虚空的自我主体,除了对财富拥有之外,其实是一无所有。这就是财富的辩证法。我们先看黑格尔是如何论述的。

在《精神现象学》中,黑格尔说:"财富所体现的精神,本来是无本质的自为存在,是被抛弃了、被分配给人的东西;但通过它之被分配给人,现在变成了自在存在;由于它已完成了自我牺牲的使命,它就扬弃了它那只为自己享受的个别性;而既然它的个别性已被扬弃,它就是普遍性或本质。——它所分配出去的,它所给予别人的,乃是它的自为存在。但当它把自己给予出去的时候它并不是作为一种无自我的自然,一种随便把自己牺牲了的生活条件,而是作为

----

① [德]黑格尔:《精神现象学》(下卷),贺麟、王玖兴译,商务印书馆 1979 年版,第 53 页。

一种具有自我意识的、为自己而保持自己的本质,它不是被那接受它的意识视为自在的消逝物的那种无机的元素权力,而是一种高居于自我(或个人)之上的权力;高居于自我之上的权力,一方面知道自己是独立而有意志的,同时又知道它所施予出去的乃是属于别人的自我。——财富于是使享受它的主顾也从它这里得到被抛弃之感;不过在这里出现的不是激怒叛逆心理,而是傲慢放肆态度。……人格是处于它这偶发性的势力支配之下的。财富以为自己给人一顿饱餐就赢得了一个异己的自我,从而就使这个异己的自我的最内在的本质虚心下气俯首帖耳,于是产生出傲慢放肆的态度。"①黑格尔如此冗长的论述无非是说明,在财富与自我的关系中,非生命特质的财富一旦与主体发生关联,那么它就开始拥有了自身的自我意识,它是独立的,有意志的,"傲慢的",它高居于自我之上,因而,它在姿态上是傲慢放肆的;它甚至将人格处于它控制之下。

其实,财富向主体的这种转换就是财产权的确定和所有。在此,原来与财富并不相关的主体一旦拥有了财富,即具有了财产权,主体本身即刻发生了向对立面的转换,即异化。对于资产阶级社会中个人财富的转换及其所导致的人间悲喜剧,从莎士比亚的《威尼斯商人》和巴尔扎克的《欧也妮·葛朗台》中,我们领略了太多的财富占有的悲喜剧。同样,我们仍不能忽略的是,财富一旦转换到共有者,即国家或管理者手里,也会发生辩证的变化。对财富的占有和垄断不仅局限于个体,而且也包括国家。因此,可以说,财富向财产权的转移、过渡或转换过程,即财富向主体的转换过程,也即正义的产生和形成过程。

财富向主体的转换就是黑格尔所谓的"财富即自我"。这一实体向主体的转换不仅体现为财富的傲慢,而且也体现在与之相关的语言上。黑格尔认为,由于财富高高在上,它又是如此的傲慢放肆,因此,人们在对待财富时不得

---

① [德]黑格尔:《精神现象学》(下卷),贺麟、王玖兴译,商务印书馆1979年版,第71—72页。

不卑躬屈膝,对它俯首帖耳,因此,这就使得财富在形成自己的语言时也是献媚和阿谀的语言。黑格尔说:"自我意识现在在对待财富时也有它自己的语言,而且更进一步,它在对待财富的时候是由它的激怒出来发言。但使得财富意识到它的本质性并从而使自己制服财富的那种语言,也同样是阿谀的语言,不过,那是不高贵的阿谀语言;……但是阿谀的语言,像前面提到过的那样,还是一种带有片面性的精神的语言。"①因此,语言在从财富到自我的过渡和转换中发挥着重要的作用。总之,由于财富能够提供普遍的享受,由于它牺牲自己,并使一切人都能意识他们的自我,由于财富自在地即是普遍的善行,所以,财富所拥有的高高在上的地位,以及它对人格的控制,必然造成人们对它的顶礼膜拜和阿谀逢迎。人们如果想拥有财富,想控制或"制服"财富,它就必须对之阿谀逢迎,用阿谀的语言来制服它。如此,作为普遍性本质的财富就发生了转换,它即从"不声不响的服务的英雄主义变成了阿谀的英雄主义"②。对于这个阿谀的英雄主义的情形,齐泽克是这样说的。他指出,从默默服务的英雄主义转变为阿谀的英雄主义的关键在于语言开口说话了。语言一旦开口说话,就必然导致异化,这是由语言的特有形式所决定的。黑格尔是这样描述的:"财富所直接面临的是这样一种最内心的空虚,它感觉在这个无底深渊中一切依据一切实体都消逝得荡然无存,它看到在这个无底深渊中所唯一仅有的只是一种卑鄙下流的事物,一种嬉笑怒骂的游戏,一种随心所欲的发作。它的精神只落得是完全无本质的意见,是精神丧失后遗留下来的躯壳。"③

那么,这个精神丧失后留下的躯壳是什么呢?它就是自我。这就是财富向自我的转换。至少在齐泽克看来,黑格尔是持这样的观点的。齐泽克认为,在财富面前,主体或自我只能通过阿谀的语言,用财富来充实自己的匮乏或短缺。这一点与主体只能通过意识形态的"崇高对象"来填补其自身的空洞或

①　[德]黑格尔:《精神现象学》(下卷),贺麟、王玖兴译,商务印书馆1979年版,第72页。
②　[德]黑格尔:《精神现象学》(下卷),贺麟、王玖兴译,商务印书馆1979年版,第65页。
③　[德]黑格尔:《精神现象学》(下卷),贺麟、王玖兴译,商务印书馆1979年版,第72页。

匮乏极其类似。齐泽克说:"那些被'掏空'的主体,能从哪里找到他的客观关联物? 黑格尔的回答是:从财富中,从金钱中,而这些都是用阿谀换来的。'财富就是自我'这一命题就是在这一层面上重复了'精神是块骨骼'这一命题:在这两种情况下,我们都在处理这样一个命题,它初看上去是荒谬不堪的,因为它把两个互不相容的术语连接在了一起;在这两种情形中,我们遇到了有关过渡的同一逻辑结构:主体,完全迷失在语言的媒介(姿势和苦脸的语言、阿谀的语言)之中,最后在非语言客体的惰性(头盖骨、金钱)中,找到了他的客观对应物。"①换句话说,如果说在黑格尔那里财富即自我,那么,在精神分析看来,在商品社会中,作为"被掏空"的主体,那个匮乏的欲望自我唯有从财富和金钱的拥有中才能找到自身。正是在这个意义上,也可以说,自我即财富。如果说财富即自我体现了财富的普遍性本质及其辩证法,那么,自我即财富则表征了一个虚空的欲望主体成为一个意识形态主体,也即被商品拜物教所支配的过程。财富即自我与自我即财富不过是一枚硬币的两面的不同显现而已。

四、正义:一种不可能的可能性

如上所述,正像国家、精神、自我是实体概念一样,正义也是一个实体性概念。作为一个实体概念,正义就是一个悖论性的存在,一个具有无限丰富性内涵的有限概念,因而它就是一种不可能的可能性。换句话说,从概念和逻辑的视野看,作为实体的正义的存在是无异议的。这里的正义是一个普遍性的、完满的、公正的化身或代名词。因而,正义是生活于现实中的人们的长期心理积淀、预设和期待。然而,由于正义概念的实体性特征,正义必然否定自身而与社会现实相结合,从而呈现出纷繁复杂的特征,因而从社会的现实性层面看,

---

① [斯洛文尼亚]斯拉沃热·齐泽克:《意识形态的崇高客体》,季广茂译,中央编译出版社2002年版,第290页。

那种绝对公正而普遍性的正义在现实社会中却难觅踪影。换句话说，在现实社会中，找不到那种绝对而抽象的正义。必须承认，在基于现代社会司法规则和道德规范之上的现代商品社会中，由于财产权的完全拥有与彻底废除都是不可能的，所以，那种完全的、绝对的普遍正义是不可能的。对正义的这一看法不仅符合黑格尔和精神分析有关"实体即主体"的规定，也完全契合于马克思主义辩证法。因为在阶级社会中，正义是与阶级利益紧密相关的。离开了阶级而谈论抽象的正义，无异于画饼充饥。正是在这一意义上，齐泽克将正义视为一种不可能的可能性。马克思虽没有明确的正义观论述，但马克思在《1844 年经济学哲学手稿》中还是敏锐地觉察到了财富和财产问题所导致的异化问题，觉察到了财产权、所有权与社会正义之间的复杂关系。马克思在此辩证地分析了阶级社会中因为财富和财产而导致的社会异化。马克思在《资本论》中更直接谈到了商品拜物教问题，并指出在未来的共产主义社会，只有消灭了商品，才能消除商品拜物教，进而步入共产主义社会。马克思在有关"财产权和正义"问题上的革命性意义在于，马克思既看到了财产权问题上的阶级属性及其存在的阶段性和合理性，但又不仅仅停留于此，而是主张扬弃财产权问题上的"私有制"的阶级属性，并代之以未来共产主义社会财富的社会拥有的更高级的社会形式。

第十七章　从解放逻辑到拜物教逻辑

在《意识形态的崇高客体》中,齐泽克正是通过商品拜物教的研究来揭示资本主义社会的症候,进而将这个症候与意识形态勾连起来,以深入探讨现代意识形态的症候及其崇高特征。不仅如此,齐泽克对商品拜物教的研究还与黑格尔的主奴关系有关。众所周知,主奴关系论构成了黑格尔《精神现象学》的一大特征,正是通过对主奴关系的辩证论述,黑格尔借助于对劳动及其在主奴关系中的作用,阐发了主奴关系的辩证转化和奴隶追求解放的合理性。可以说,主奴关系论构成了黑格尔《精神现象学》一书最革命的论题。然而,在《意识形态的崇高客体》中,齐泽克通过对商品拜物教的论述,从另一个视角,即精神分析的视角切入黑格尔的主奴关系,并对主奴关系作了新的阐发。

一、商品拜物教及其症候分析

在《意识形态的崇高客体》中,齐泽克是在对马克思商品拜物教的论述中涉及黑格尔的主奴关系的。在此,齐泽克运用了精神分析的一个核心概念"症候"(symptom)来分析马克思商品拜物教中所蕴含的人与物之间的那种颠倒的辩证关系。而这种关系又被齐泽克引申到了黑格尔所谓的主奴关系上。

其中的关键还是商品交换中所蕴含的那种"无意识"交换行为。商品交换的这一神秘形式本身既是商品交换的症候现象,同时又蕴含了某种无意识的"神秘性"。对此,先看一下齐泽克是如何谈论马克思的商品拜物教及其神秘特性的。齐泽克说:"在商品交换的社会有效性与对该效果的意识之间的关系中存在着一个致命的悖论,即(再次用雷特尔的精确论点而言)'对现实的非—知(non-knowledge)正是本质的一部分':交换过程的社会有效性就是这样一种社会现实,它只有在这样的前提下才是可能的:参与其中的个体并没有意识到它的特有逻辑;也就是说,它是这样的一种现实,它的本体一致性暗示出参与者的非—知——如果我们'知道得太多',洞悉了社会现实的运作机制,这一现实就会自行消解。"①雷特尔在其《脑力劳动与体力劳动》中探讨了商品交换的神秘性及其特征。他说,正是这一思考,使他发现在商品交换中有可能发现一个先验主体。因为"商品形式预先包含解剖结构,即康德的先验主体的构架,也即先验范畴网络,它构成了'客观'科学知识的先天(priori)框架"②。

雷特尔对商品交换中蕴含着先验主体的论述给齐泽克以极大的启发。齐泽克正是在雷特尔对商品交换形式研究的基础上,运用精神分析的症候概念来分析商品拜物教的。换句话说,雷特尔有关商品交换形式中的主体是某种类似于康德的先验主体的观点与商品交换中的无意识的设定极其类似。这里,为了进一步厘清雷特尔和齐泽克的观点,不得不先提一下马克思有关商品拜物教的论述。马克思在《资本论》第1卷第1章"商品的拜物教性质及其秘密"中指出,商品拜物教就是用物与物的虚幻形式取代了人与人之间的社会关系。也就是说,商品拜物教其实是将人的关系以物的形式颠倒地呈现。然而,在齐泽克看来,这种颠倒的呈现正是建立在商品无意识的基础之上。在精

---

① Slavoj Žižek, *The Sublime Object of Ideology*, London and New York: Verso, 1989, pp.20-21.
② [斯洛文尼亚]斯拉沃热·齐泽克:《意识形态的崇高客体》,季广茂译,中央编译出版社2002年版,第22页。

神分析看来,作为精神分析核心概念的"无意识"是与另一个重要概念"症候"密切相关的。换句话说,必须通过症候才能得以窥视"无意识"。同样,面对商品交换中所蕴含的神秘特性,齐泽克也是通过"症候"概念的分析来通达其目标。正是基于商品无意识的论述,齐泽克给出了症候的定义:他说症候是这样的一个概念,"它的一致性暗示了对主体的非知的一种构成;主体可以'享受他的症候',只要症候的逻辑能逃避于他——它在阐释上的成功之日,恰恰是它的解体之时"①。

这是一个非常简洁的定义,但它包含了症候的如下基本特征:(1)症候本身显现为某种一致性、协调性或非矛盾性。当然,这种一致性或协调性是针对着身处于其中的主体而言的;然而,对于主体之外的其他人而言,症候的表现恰好相反。换句话说,对于另一个主体而言,症候则显现为不一致、矛盾或冲突的现象。(2)正因为症候的"一致性"特征,所以,在症候与主体的关系上,主体不但意识不到自己的症候,他反而身陷其中而不能自拔,并乐于享受症候。这也是拉康有关症候的一句名言"享受你的症候"所蕴含的意义。(3)症候本身是可以被阐释的,这一点是症候与幻象的区别。幻象不能被阐释,而症候可以被阐释。也就是说,主体虽乐于享受症候,但主体也偶有发现"症候"之时,如"口误"或"失言",等等,此时的主体一旦发现某种症候,他就会试图予以解释或掩饰。然而,症候一旦被成功阐释,那么,它的"一致性"或"神秘性"就被破解了,也就没有什么神秘性可言了。这就是齐泽克所谓的"它在阐释上的成功之日,恰恰是它的解体之时"的意义。

依据齐泽克上述有关症候的特征,来看一下他是如何分析商品拜物教及其所呈现出来的症候特征。在齐泽克看来,商品交换及其产生的商品拜物教彰显了资本主义社会中主体的某种症候性误认。齐泽克说:"商品拜物教的基本特色并不包括著名的以物代人('人与人之间的关系表现为物与物之间

---

① Slavoj Žižek, *The Sublime Object of Ideology*, London and New York: Verso, 1989, p.21.

的关系的形式’）；相反，它包括了这样的误认，即它涉及结构化网络与其成分之间的关系：真正的结构效果，即各种构成成分之间的关系网络的效果，表现为某一成分的直接特性，就好像这个特性也属于在与其他成分关系之外的某一成分。"①齐泽克这段话其实并不是太好理解。它其实是在一种更广的意义上来谈论拜物教及其在主体身上折射出来的特征。因此，如果仅仅停留于资本主义社会商品拜物教的特征之上，仅仅认为拜物教是通过物与物的关系反映了背后人与人的关系，那么，这一认识似乎已经成为常识，并没有什么特别之处，也难以完全理解齐泽克上述论述。齐泽克旨在说明，商品拜物教其实涉及了结构化网络或关系范畴，与该网络或关系之外的某个成分之间的特殊关系。只有聚焦于关系网络之外的某个成分的直接特性，才有可能真正理解商品拜物教。那么，齐泽克是如何通过关系网络来论证拜物教所体现出的这一症候呢？对此，齐泽克直接回答道：这一症候就体现在"误认"上，因为误认"涉及结构化网络与其成分之间的关系"，它具体表现为"某一成分的直接特性"。这里，齐泽克的话还是有点费解。它其实想表达的是在结构化网络与成分之间的关系中显现出来的真实效果是"某一成分的直接特性"。这里的关键是对"某一成分的直接特性"的理解。齐泽克认为，某一成分并不仅仅体现在商品拜物教或货币拜物教上，而是"这样的误认可以发生在'人与人之间的关系'中，也可以发生在'物与物之间的关系'中"②。

注意，齐泽克在此点出拜物教发生的两个领域，即"人与人之间的关系"和"物与物之间的关系"这两个不同领域。至此，齐泽克的论述终于与黑格尔的主奴关系发生了对接。为了进一步说明这两种关系，齐泽克不得不求助于马克思在《资本论》中有关拜物教的论述来阐明此问题。他指出，这两种形式的拜物教分别为前资本主义的拜物教与资本主义商品社会的拜物教。齐泽克

---

① Slavoj Žižek, *The Sublime Object of Ideology*, London and New York: Verso, 1989, pp.23-24.

② ［斯洛文尼亚］斯拉沃热·齐泽克：《意识形态的崇高客体》，季广茂译，中央编译出版社2002年版，第32页。

说:"因此我们这里所拥有的是两种拜物教模式的类似物,问题的核心在于确立这两个类似物之间的精确关系……因而这两种拜物教形式是互不兼容的:在商品拜物教占统治地位的社会中,'人与人之间的关系'完全是非拜物教化的;而在拜物教寄身于'人与人之间的关系'的社会中,即在前资本主义社会中,商品拜物教还没有取得进展。"①但不管呈现为何种形式,拜物教是实实在在存在的,仅仅是其形式的不同,或所在的领域不同。

在资本主义社会,拜物教就表现为商品的拜物教,而在前资本主义社会,则表现为人与人关系上的"拜物教",这就是齐泽克所谓的"各种构成成分之间的关系网络的效果,表现为某一成分的直接特性"的含义。就前资本主义社会而言,人与人关系的"拜物教"典型地体现为黑格尔在《精神现象学》中论述的主奴关系。众所周知,主奴辩证关系的论述是黑格尔《精神现象学》中最具革命性的部分。主奴关系的转化是围绕着自我意识的形成而展开的。综观《精神现象学》有关主奴关系的论述,黑格尔的目的是为了克服不正常的主奴关系,以确立真正平等的互主体性。因此,主奴关系的克服及其转化就成为黑格尔的主要目标。黑格尔在《精神现象学》中论述主奴关系时认为,主人(lordship)之所以为主人,是因为奴隶(bondage)不但在肉体上是跪着的,而且在精神上也是跪着的,或者说,是因为奴隶没有黑格尔所谓的"自我意识"。奴隶之所以没有自我意识,并非因为奴隶的智力愚钝,而是由于"误认",即他认为他天生就是奴隶。也就是说,奴隶生下来就是为服务主人而生存的。一旦奴隶从劳动中产生出"自我意识",就会彻底颠覆原来的主—奴关系。然而,如何打破这一"误认"的结构,劳动能否成为打破这一"误认"的结构的关键,就构成了齐泽克与黑格尔的差异。为此,齐泽克不得不运用马克思的话来详细地说明人与人关系的拜物教。

①　[斯洛文尼亚]斯拉沃热·齐泽克:《意识形态的崇高客体》,季广茂译,中央编译出版社2002年版,第34—35页。

二、主奴关系的解放逻辑与商品
拜物教的倒置逻辑

　　黑格尔主奴关系的论述与马克思有关无产阶级的解放逻辑在逻辑上是一致的。马克思为了论证无产阶级解放的必然性而穷其毕生精力来研究资本主义社会及其运动规律，它集中体现于马克思的《资本论》巨著中。这里，先看一下马克思《资本论》中与主奴关系相关的论述。马克思曾在《资本论》第1卷中论及国王与臣民的关系。马克思说："这种反思规定是十分奇特的。例如，这个人所以是国王，只因为其他人作为臣民同他发生关系。反过来，他们所以认为自己是臣民，是因为他是国王。"①显然，马克思的论述是在继承黑格尔主奴关系论的基础上而展开的，是从国王与臣民之间的辩证关系及其相关转化的视角来论述的。如果单单局限于马克思这段论述，似乎看不出精神分析症候的影子，也看不出在国王与臣民的关系上如何出现"拜物教的误认"。然而，齐泽克将拉康的精神分析巧妙地运用于马克思有关"人与人关系"的拜物教的分析。其分析的关键是要跳出国王与臣民之间的从属关系的论述，进而将这个关系网络中的某个成分的特性独立出来，使之独立于该结构系统。而这个独特的成分就是"误认"。基于马克思的论述，齐泽克说道，在国王与臣民的关系网络中也存在着一个"拜物教式的误认……臣民之所以认为他们是臣民，要给予国王以皇家待遇，是因为国王之所以是国王，处于他和他的臣民之间的关系之外"②。换句话说，在国王与臣民的关系之外，例外地多出了一个"误认性"的成分，即"一个天生就是国王"的存在。这个存在既是臣民的一种"误认"，同时也是他们意识不到的某个成分，这个成分就体现为"某一成

---

　　① 《马克思恩格斯文集》第5卷，人民出版社2009年版，第72页。
　　② ［斯洛文尼亚］斯拉沃热·齐泽克：《意识形态的崇高客体》，季广茂译，中央编译出版社2002年版，第34页。

分的直接特性,就好像这个特性也属于在与其他成分关系之外的某一成分"①。这就是症候,它是国王与臣民关系之间某个成分的独特特性,即"拜物教"的体现。不过这不是商品拜物教,而是人与人之间关系的拜物教。它既是国王与臣民之间的"症候"体现,也是黑格尔所谓的"主奴关系"的体现。这是齐泽克所谓的"第一种形式的"拜物教。在这种拜物教中,物与物的关系寄居于人与人的关系之中。显然,这是一种不同于商品社会的人的关系的"拜物教",是前资本主义社会中存在的拜物教形式。

　　然而,与第一种形式的拜物教不同,在资本主义社会,还存在着另类的拜物教。它不是显现为人与人之间的拜物教化,而是通过"物"与"物"呈现出来。对此,齐泽克说:"在资本主义社会里,人与人之间的关系还绝没有'拜物教化';我们在这里所拥有的是'自由'人与'自由'人之间的关系,他们追逐恰如其分的自我利益……他们之间的关系已经摆脱了臣民对主人的崇拜色彩,也放弃了主人对臣民的保护和关心功能;……他们的行为完全取决于他们的自我利益;每个人都是地地道道的功利主义者。"②既然如此,即两个自由人之间除了利益的相争之外,还存在着什么共同性呢? 答案是:"他只对占有某物(商品)感兴趣,因为只有商品才能满足他的要求"③。这样,如同前资本主义社会的国王与臣民的关系之外例外地出现了一个"误认"的成分,即"天生的国王"一样,同样,在资本主义社会中,在一个主体与另一个主体的平等关系之间,也例外地拱出了一个"误认性"的成分,即"商品"及其神秘性,也即雷特尔所谓的商品交往的神秘性的形式。它是一种"倒置"的逻辑,一种通过物与物的关系间接地透视人的关系的逻辑。如此,"随着'人与人之间的关系'的

---

①　Slavoj Žižek, *The Sublime Object of Ideology*, London and New York: Verso, 1989, p.24.

②　[斯洛文尼亚]斯拉沃热·齐泽克:《意识形态的崇高客体》,季广茂译,中央编译出版社2002年版,第35页。

③　[斯洛文尼亚]斯拉沃热·齐泽克:《意识形态的崇高客体》,季广茂译,中央编译出版社2002年版,第35页。

非拜物教化的退却,'物与物之间的关系'中拜物教——商品拜物教开始登场,后者是对前者的补偿。拜物教的位置已经从主体间的关系转移到了物与物之间的关系上:至关重要的社会关系,即生产关系,不再直接以统治和奴役(如主人与其奴隶等)的人际关系的形式表现出来;他们进行了自我伪装,用马克思的精确概括说,就是'伪装于物与物之间、劳动产品与劳动产品之间的社会关系的外形之下'"①。所以,根据两种不同形式的拜物教的分析,完全可以说,资本主义商品社会中的商品拜物教虽然是另一形式的异化,但相较于前资本主义社会中存在的"人与人之间关系"的拜物教,它无异是一种巨大的进步,因为它终结了统治与奴役的直接的人际关系,代之以商品拜物教的"伪装"形式。

那么,这种商品拜物教的倒置逻辑的"伪装"形式是如何体现的呢?齐泽克借助于马克思在《资本论》中商品拜物教的直接论述来说明。马克思在《资本论》中已经指出,在商品交换中,商品 A 求助于商品 B 来表现自己的价值,这样商品 B 就成了 A 的等价物。而关于等价交换,马克思是这样论述的:在商品交换中,商品 A 只有求助于商品 B,才能表现自己的价值,因而商品 B 就成了它的等价物:在价值关系中,"通过价值关系,商品 B 的自然形式成了商品 A 的价值形式,或者说,商品 B 的物体成了反映商品 A 的价值的镜子。"②这里马克思关键的一句话是"商品 B 的物体成了反映商品 A 的价值的镜子",换句话说,在商品交往中,人们更看重的是商品的价值或本质,并误认为商品的价值或本质就内在于商品本身。当然,作为一种特殊商品的货币,即那个取代了 B 的地位的货币更是如此,更具有某种迷人的魅力。"有钱能使鬼推磨"就是货币的神秘功能的体现。然而,现实中的人们却忽略了交往形式本身,无论是商品交换还是货币的共同交换功能。实际上,货币本身并不具有任何价

① [斯洛文尼亚]斯拉沃热·齐泽克:《意识形态的崇高客体》,季广茂译,中央编译出版社 2002 年版,第 35 页。
② 《马克思恩格斯文集》第 5 卷,人民出版社 2009 年版,第 67 页。

值,它的价值是商品生产者之间的关系网络结构出来的效果,但人们却误以为货币本身具有这种价值,并与该社会关系网络一点也没有关系。商品拜物教的本质特征就在于此。对此,马克思曾说:"在某种意义上,人很像商品。因为人来到世间,既没有带着镜子,也不像费希特派的哲学家那样,说什么我就是我,所以人起初是以别人来反映自己的。名叫彼得的人把自己当做人,只是由于他把名叫保罗的人看做是和自己相同的。因此,对彼得说来,这整个保罗就以他保罗的肉体成为人这个物种的表现形式。"①

马克思在此想说明的是,正如人们在商品领域的误认一样,在对人的价值问题上,人们也会发生误认,如近代哲学有关人是主体和人的主体性的论述,都是某种本质主义的体现。然而,正如马克思所言,那个名叫彼得的人,其价值及其本质并不取决于他自己,而是取决于那个名叫保罗的人及其整个物种。如此,人的本质也只能在社会关系,特别是在各种社会关系之中才能得以确立,诸如主体所从属的经济关系、政治关系、宗教关系和阶级关系,等等。马克思的这一论述与拉康对主体的规定,即主体是虚空的规定极为相似。然而,在现实的商品交换中,在资本主义的现实社会中,或者说在主体与主体的关系中,人们只能求助于外在性的商品价值或"金钱"来提升人本身的价值。而商品价值或货币价值在此是资本主义社会中人与人的平等关系中"拱出"的某种症候性的"误认"。人们对此习以为常,浑然不觉。

当然,从另一方面看,人或主体为什么会发生这种误认呢?正如雷特尔所言,这与人的先天主体特性有关。如果脱离了先天性的主体及其超越性的能力,那么,这种"误认"就不可能产生了。所以,秉承着雷特尔的观点,齐泽克也认可商品形式的"真正抽象"已经以一种"先验范畴"的网络形式存在于社会中了。商品 A 之所以能等同于商品 B,就在于二者抽象的交换关系已经以一种无意识的形式运作于市场中了。这种无意识外在于交换者的思想形式之

---

① 《马克思恩格斯文集》第 5 卷,人民出版社 2009 年版,第 67 页。

外,却决定着交换者的思想。在现代社会中,这种先于和外在于交换者的神秘形式具体体现为某种"符号秩序",并在现代金融中占统治地位。于是,货币在商品社会中就具有了某种"神秘"的特性,它属于"不朽的"和"崇高"的,它可以永远存在,即使它已经残破或破损,甚至丢失,都无损其"崇高"的特性。如此,齐泽克就从商品拜物教的论述进入了有关意识形态的无意识及其崇高特性的论述。

总的来说,从黑格尔《精神现象学》中的主奴关系论到齐泽克建立在"症候"基础上的主奴关系的新解释,其中既折射了黑格尔的精神哲学与齐泽克的不一致,又反映了二者之间的密切关系。众所周知,齐泽克钟情于用拉康的精神分析方法对黑格尔的辩证法进行重新阐释。但是,他并不遵循黑格尔从偶然性到必然性基础上的思辨逻辑,而是运用精神分析的理论演绎出了另类版本的黑格尔式的辩证法,从上述主奴关系的论述中,即可窥其端倪。在黑格尔的主奴关系论述中,我们看到的是一幅奴隶追求其自身解放的乐观主义的画卷,马克思不但继承黑格尔的主奴关系论,而且将之运用于无产阶级推翻资产阶级统治,建立共产主义的理论中。虽然马克思在《资本论》中谈到了商品拜物教,但毫无疑问,在马克思那里,作为无产阶级先锋队的工人阶级不但能够解放自己,而且他们还能够摆脱这一拜物教的颠倒逻辑及其束缚。其主要原因在于,马克思的最终理想是致力于共产主义的宏伟目标,在那里,将不再有商品,也不存在异化,没有卢卡奇所谓的"物化",更谈不上法兰克福学派所担忧的"技术异化"状态下无产阶级革命意识丧失的问题。因为在马克思看来,商品交换这一资本主义的现象终将在未来的共产主义社会得到消灭,如此也就不存在商品拜物教的颠倒逻辑及其异化现象了。而齐泽克有关商品拜物教的症候分析昭示我们,只要还存在着商品交换,作为主体的我们就不得不陷于商品拜物教的这一颠倒逻辑中,并对之毫无察觉。退一步讲,即使我们有所察觉,我们对商品拜物教的这一颠倒逻辑也无能为力。显然,与黑格尔相比,这是一幅令人沮丧的悲观路径。正如人们难以摆脱精神分析的幻象结构一样,人们同样也难以摆脱商品拜物教的颠倒逻辑,并不断地显现出意识形态的症候。这既是齐泽克不同于黑格尔主奴关系论的差异之处,也是其拜物教逻辑分析的闪光之点,但同时也是他受限于无意识结构分析的悲观论调的症结之所在。对此,我们不得不加以反思和重视。因此,如何摆脱商品拜物教的颠倒逻辑,并走向以人的自由为基础的解放逻辑则构成现代主体所面临的难题。而在齐泽克看来,主体要想摆脱商品拜物教的幻象结构,唯一的选择只能是"穿越幻象、认同症候"。至于主体如何"穿越幻象、认同症候",则是一个更为复杂的问题。

参考文献

一、中文

1.《马克思恩格斯选集》第 1、2 卷,人民出版社 2012 年版。

2.《马克思恩格斯文集》第 1、2、5、7、8 卷,人民出版社 2009 年版。

3.《马克思恩格斯全集》第 1 卷,人民出版社 1995 年版。

4.《马克思恩格斯全集》第 2 卷,人民出版社 1957 年版。

5.《马克思恩格斯全集》第 3 卷,人民出版社 2002 年版。

6.《马克思恩格斯全集》第 9 卷,人民出版社 1961 年版。

7.《马克思恩格斯全集》第 30 卷,人民出版社 1995 年版。

8.《马克思恩格斯全集》第 31 卷,人民出版社 1998 年版。

9.《马克思恩格斯全集》第 35 卷,人民出版社 2013 年版。

10.《马克思恩格斯全集》第 44 卷,人民出版社 2001 年版。

11.《马克思恩格斯全集》第 45 卷,人民出版社 1985 年版。

12.《资本论》第 3 卷,人民出版社 2004 年版。

13.[古希腊]柏拉图:《理想国》,顾寿观译,岳麓书社 2010 年版。

14.[德]康德:《实践理性批判》,邓晓芒译,杨祖陶校,人民出版社 2003 年版。

15.[德]康德:《纯粹理性批判》,邓晓芒译,杨祖陶校,人民出版社 2017 年版。

16.[德]康德:《三大批判合集》(上),邓晓芒译,人民出版社 2009 年版。

17.[德]黑格尔:《小逻辑》,贺麟译,商务印书馆 1980 年版。

18.[德]黑格尔:《精神现象学》(上卷),贺麟、王玖兴译,商务印书馆 1979 年版。

19.[德]黑格尔:《精神现象学》(下卷),贺麟、王玖兴译,商务印书馆 1979 年版。

20.［德］黑格尔：《精神现象学》，先刚译，人民出版社 2013 年版。

21.［德］黑格尔：《哲学史讲演录》，贺麟等译，上海人民出版社 2013 年版。

22.［德］黑格尔：《法哲学原理》，范扬、张企泰，商务印书馆 2007 年版。

23.［德］路德维希·费尔巴哈：《基督教的本质》，荣震华译，商务印书馆 1984 年版。

24.［荷］《斯宾诺莎文集》第 4 卷，贺麟译，商务印书馆 2014 年版。

25.［瑞士］费尔迪南·德·索绪尔：《普通语言学教程》，高名凯译，商务印书馆 2001 年版。

26.［德］尼采：《疯狂的意义》，周国平译，陕西师范大学出版社 2002 年版。

27.［英］司退斯：《黑格尔哲学》，宋祖良等译，中国社会科学出版社 1989 年版。

28.［法］弗朗索瓦·多斯：《从结构到解构》，季广茂译，中央编译出版社 2004 年版。

29.［匈］卢卡奇：《历史与阶级意识》，杜章智等译，商务印书馆 2021 年版。

30.［德］恩斯特·布洛赫：《希望的原理》，梦海译，上海译文出版社 2012 年版。

31.［德］马克斯·霍克海默、西奥多·阿道尔诺：《启蒙辩证法》，渠敬东、曹卫东译，上海人民出版社 2006 年版。

32.［美］赫伯特·马尔库塞：《单向度的人：发达工业社会意识形态研究》，刘继译，上海译文出版社 2006 年版。

33.［法］亨利·列斐伏尔：《日常生活批判》（第二卷），叶齐茂、倪晓辉译，社会科学文献出版社 2018 年版。

34.［奥］西格蒙德·弗洛伊德：《释梦》，车文博主编，长春出版社 2010 年版。

35.［德］阿多尔诺：《否定的辩证法》，张峰译，重庆出版社 1993 年版。

36.［法］《拉康选集》，褚孝泉译，华东师范大学出版社 2019 年版。

37.［英］达瑞安·里德、朱迪·格罗夫斯：《拉康》，黄然译，文化艺术出版社 2003 年版。

38.［英］提摩太·贝维斯：《犬儒主义与后现代性》，胡继华译，上海人民出版社 2008 年版。

39.［法］路易·阿尔都塞：《读〈资本论〉》，李其庆等译，中央编译出版社 2008 年版。

40.［法］路易·阿尔都塞：《保卫马克思》，顾良译，商务印书馆 2016 年版。

41.［法］路易·阿尔都塞：《论再生产》，吴子枫译，西北大学出版社 2019 年版。

42.［法］让·鲍德里亚：《物体系》，林志明译，上海人民出版社 2001 年版。

43.［法］让·鲍德里亚:《消费社会》,刘成富、全志钢译,南京大学出版社 2001 年版。

44.［法］让·鲍德里亚:《符号政治经济学批判》,夏莹译,南京大学出版社 2009 年版。

45.［法］让·鲍德里亚:《生产之镜》,仰海峰译,中央编译出版社 2005 年版。

46.［法］让·鲍德里亚:《象征交换与死亡》,车槿山译,译林出版社 2006 年版。

47.［英］特里·伊格尔顿:《瓦尔特·本雅明,或走向革命批评》,郭国良等译,译林出版社 2005 年版。

48.［英］特里·伊格尔顿:《历史中的政治、哲学、爱欲》,马海良译,中国社会科学出版社 1999 年版。

49.［德］尤尔根·哈贝马斯:《作为"意识形态"的技术与科学》,李黎、郭官义译,学林出版社 1999 年版。

50.［德］尤尔根·哈贝马斯:《交往行为理论(第一卷):行为合理性和社会合理化》,曹卫东译,上海人民出版社 2004 年版。

51.［德］尤尔根·哈贝马斯:《重建历史唯物主义》,郭官义译,社会科学文献出版社 2000 年版。

52.［德］阿克塞尔·霍耐特:《物化:承认理论探析》,罗名珍译,华东师范大学出版社 2018 年版。

53.［斯洛文尼亚］斯拉沃热·齐泽克:《实在界的面庞》,季广茂译,中央编译出版社 2004 年版。

54.［斯洛文尼亚］斯拉沃热·齐泽克:《意识形态的崇高客体》,季广茂译,中央编译出版社 2002 年版。

55.［斯洛文尼亚］斯拉沃热·齐泽克:《快感大转移——妇女和因果性六论》,胡大平等译,江苏人民出版社 2004 年版。

56.［斯洛文尼亚］斯拉沃热·齐泽克:《与齐泽克对话》,孙晓坤译,江苏人民出版社 2005 年版。

57.［斯洛文尼亚］斯拉沃热·齐泽克等:《图绘意识形态》,方杰等译,南京大学出版社 2006 年版。

58.［斯洛文尼亚］斯拉沃热·齐泽克:《敏感的主体》,应奇等译,江苏人民出版社 2006 年版。

59.［斯洛文尼亚］斯拉沃热·齐泽克:《幻想的瘟疫》,胡雨谭、叶肖译,江苏人民出版社 2006 年版。

60. [斯洛文尼亚]斯拉沃热·齐泽克:《不敢问希区柯克的,就问拉康吧》,穆青译,上海人民出版社 2007 年版。

61. [斯洛文尼亚]斯拉沃热·齐泽克:《因为他们并不知道他们所做的——政治因素的享乐》,郭英剑译,江苏人民出版社 2007 年版。

62. [斯洛文尼亚]斯拉沃热·齐泽克:《享受你的症状》,张伟平等译,南京大学出版社 2010 年版。

63. [斯洛文尼亚]斯拉沃热·齐泽克:《斜目而视:透过通俗文化看拉康》,季广茂译,浙江大学出版社 2011 年版。

64. [斯洛文尼亚]斯拉沃热·齐泽克:《视差之见》,季广茂译,浙江大学出版社 2014 年版。

65. [斯洛文尼亚]斯拉沃热·齐泽克:《延迟的否定:康德、黑格尔与意识形态批判》,夏莹译,南京大学出版社 2016 年版。

66. [德]索恩-雷特尔:《脑力劳动与体力劳动:西方历史的认识论》,谢永康、侯振武译,南京大学出版社 2015 年版。

67. [英]约翰·汤普森:《意识形态与现代文化》,高铦等译,译林出版社 2005 年版。

68. [美]库尔特·考夫卡:《格式塔心理学原理》,李维译,北京大学出版社 2010 年版。

69. [美]奥尔曼:《异化:马克思论资本主义社会中人的概念》,王贵贤译,北京师范大学出版社 2011 年版。

70. [日]广松涉:《唯物史观的原像》,邓习议译,南京大学出版社 2009 年版。

71. [日]广松涉:《物象化论的构图》,彭曦、庄倩译,南京大学出版社 2002 年版。

72. [日]柄谷行人:《跨越性批判——康德与马克思》,赵京华译,中央编译出版社 2010 年版。

73. 叶秀山:《前苏格拉底哲学研究》,社会科学文献出版社 2007 年版。

74. 高觉敷:《西方近代心理学史》,人民教育出版社 2001 年版。

75. 叶浩生:《心理学史》,华东师范大学出版社 2009 年版。

76. 孙伯鍨:《探索者道路的探索》,北京师范大学出版社 2017 年版。

77. 张一兵:《文本的深度耕犁:西方马克思主义经典文本解读》,中国人民大学出版社 2004 年版。

78. 张一兵:《发现索恩-雷特尔:先天观念综合发生的隐秘社会历史机制》,北京师范大学出版社 2018 年版。

79. 黄作:《不思之说——拉康主体理论研究》,人民出版社 2005 年版。

80. 马元龙:《雅克·拉康:语言维度中的精神分析》,东方出版社 2006 年版。

81. 严泽胜:《穿越我思的幻想》,东方出版社 2007 年版。

82. 吴琼:《雅克·拉康》(上下卷),中国人民大学出版社 2011 年版。

83. 孔明安:《物·象征·仿真——鲍德里亚哲学思想研究》,安徽人民出版社 2008 年版。

84. 孔明安、陆杰荣主编:《鲍德里亚与消费社会》,辽宁大学出版社 2008 年版。

85. 孔明安主编:《精神分析视野下的意识形态》,河南大学出版社 2011 年版。

86. 吴冠军:《爱与死的幽灵学——意识形态批判六论》,吉林出版集团 2008 年版。

87. 吴琼:《他者的凝视——拉康的"凝视"理论》,《文艺研究》2010 年第 4 期。

88. 段忠桥:《马克思的异化概念与历史唯物主义——与俞吾金教授商榷》,《江海学刊》2009 年第 3 期。

89. 俞吾金:《再论异化理论在马克思哲学中的地位和作用》,《哲学研究》2009 年第 12 期。

90. 张一兵:《重新回到马克思:社会场境论中的市民社会与劳动异化》,《学术月刊》2021 年第 9 期。

91. 韩立新:《重新评价马克思的自我异化理论——兼评广松涉对马克思的批判》,《清华大学学报(哲学社会科学版)》2020 年第 3 期。

92. 季国清:《观念论》,《求是学刊》1987 年第 3 期。

93. 杨生平:《关于意识形态概念的理解问题——兼与俞吾金等同志商榷》,《哲学研究》1997 年第 9 期。

94. 陈食霖、屈直:《论卢卡奇文化批判理论的内在逻辑》,《武汉大学学报(哲学社会科学版)》2023 年第 3 期。

95. [德]G.施密特:《精神现象学在卢卡奇历史哲学中的再现》,郭官义译,《哲学译丛》1985 年第 2 期。

96. 杨礼银、李倩倩:《霍耐特的物化批判理论评析——以对卢卡奇的批判为视点》,《学术交流》2019 年第 8 期。

97. 尹健、刘同舫:《卢卡奇对实证主义方法的双重批判及其内在冲突》,《自然辩证法研究》2020 年第 3 期。

98. 张双利:《重解历史的必然性——论齐泽克对〈历史与阶级意识〉的重新解读》,《哲学研究》2013 年第 3 期。

99. 胡绪明、韩秋红:《批判的双重维度与革命的"乌托邦"困境——兼论卢卡奇

"物化"思想的现代性批判的意蕴》,《华侨大学学报(哲学社会科学版)》2007 年第 1 期。

100. 熊久勋、高民政:《超限物役社会视域下的人工智能、主体性和家庭——基于索恩-雷特尔现实抽象批判范式的若干讨论》,《理论月刊》2018 年第 9 期。

101. 陈剑:《齐泽克笔下的资本主义恋物癖》,《武汉大学学报(人文科学版)》2017 年第 1 期。

二、外文

1. G. W. F. Hegel, *Science of Logic*, A. V. Miller(trans.), Atlantic Highlands: Humanities Press International, 1989.

2. Jacques Lacan, *The Four Fundamental Concepts of Psycho-analysis*, London: The Hogarth Press, 1977.

3. Jacquece Lacan, *Ecrits: A Selection*, Bruce Fink(trans.), New York: W. W. Norton & Company, 2002.

4. Slavoj Žižek, *The Sublime Object of Ideology*, London and New York: Verso, 1989.

5. Slavoj Žižek, *Enjoy your Symptom*!: *Jacque Lacan in Hollywood and out*, London and New York: Routeledge, 1992.

6. Slavoj Žižek, *Tarring with the Negative*, Durham: Duke University Press, 1993.

7. Slavoj Žižek, *The Metastases of Enjoyment*, London and New York: Verso, 1994.

8. Slavoj Žižek, *Mapping Ideology*, London and New York: Verso, 1995.

9. Slavoj Žižek, *For They Know not What They Do*, London and New York: Verso, 2008.

10. Slavoj Žižek, *Less than Nothing*, London and New York: Verso, 2012.

11. Alfred Sohn-Rethel, *Intellectual and Manual Labor*, London and Basingstoke: The Macmillan Press LTD, 1978.

12. Joan Copjec, *Read My Desire: Lacan Against the Historicists*, Cambridge: The MIT Press, 1994.

13. Peter Sloterdijk, *Critique of Cynical Reason*, London: University of Minnesota Press, 1988.

14. Jürgen Habermas, *Erkenntnis und Interesse*, Berlin: Suhrkamp Verlag, 1991.

15. Bruce Fink, *The Lacanian Subject*, Princeton: Princeton University Press, 1996.

16. Robert Pippin, "Back to Hegel?", *Mediations*, Vol. 26, No. 1-2, Fall 2012-Spring 2013.

后　记

　　本书主体来源于国家社科基金一般项目"精神分析维度中的商品拜物教研究"的结项成果，在此基础上又补充了我近些年来的最新相关研究成果。由于精神分析理论的深奥和晦涩、马克思主义商品拜物教理论的多维度解读之难，目前的书稿只能说是课题的一个小结，商品拜物教及其精神分析维度的研究仍然是一个有待开拓的大课题。

　　在写作过程中，我经常与中国社会科学院马克思主义研究院的张剑老师、原中国社会科学院哲学所的李西祥老师（现为浙江师范大学教授）在读书会上讨论本课题。因此，本书第一章和第四章主要由他们执笔完成；其余各章由我和我的博士研究生共同完成。

　　感谢南开大学马克思主义学院的研究支持和出版资助；感谢人民出版社的认可和支持，尤其是责任编辑的辛勤工作；同时也感谢我的几位博士和硕士研究生在课题结项和书稿校对方面的辛苦付出，在此就不一一列出他们的名字了。

　　最后，特别感谢我的夫人许延广女士，她不辞辛劳的家庭付出和关爱，使我得以有暇修改书稿并完成结项，有关书稿的打印、整理、联系等诸多环节，也都离不开她的代劳。

孔明安

2023 年 12 月于津南

责任编辑：刘海静
封面设计：石笑梦
版式设计：胡欣欣

图书在版编目（CIP）数据

精神分析维度中的商品拜物教研究 ／ 孔明安著.
北京 ： 人民出版社，2024.10. -- ISBN 978－7－01－026646－6

Ⅰ. A811.63；B933

中国国家版本馆 CIP 数据核字第 2024HU9149 号

精神分析维度中的商品拜物教研究
JINGSHEN FENXI WEIDU ZHONG DE SHANGPIN BAIWUJIAO YANJIU

孔明安　著

人民出版社 出版发行
（100706　北京市东城区隆福寺街 99 号）

北京汇林印务有限公司印刷　新华书店经销

2024 年 10 月第 1 版　2024 年 10 月北京第 1 次印刷
开本:710 毫米×1000 毫米 1/16　印张:18.75
字数:295 千字

ISBN 978－7－01－026646－6　定价:95.00 元

邮购地址 100706　北京市东城区隆福寺街 99 号
人民东方图书销售中心　电话 （010）65250042　65289539